U0634990

天津市鲁班工坊研究与推广中心成果

Research Results of Tianjin Luban Workshop Research and Promotion Center

# 2021年
# 鲁班工坊建设与发展报告

LUBAN WORKSHOP CONSTRUCTION AND DEVELOPMENT REPORT IN 2021

金永伟　杨延◎主编

天津出版传媒集团

天津人民出版社

图书在版编目（ＣＩＰ）数据

2021年鲁班工坊建设与发展报告/金永伟，杨延主编. -- 天津：天津人民出版社，2021.11
ISBN 978-7-201-17870-7

Ⅰ.①2… Ⅱ.①金… ②杨… Ⅲ.①职业教育 - 国际化 - 研究报告 - 中国 - 2021 Ⅳ.① G719.2

中国版本图书馆CIP 数据核字 (2021) 第 238925 号

**2021 年鲁班工坊建设与发展报告**
2021NIAN LUBANGONGFANG JIANSHE YU FAZHAN BAOGAO

出　　版　天津人民出版社
出 版 人　刘　庆
地　　址　天津市和平区西康路 35 号康岳大厦
邮政编码　300051
邮购电话　（022）23332469
电子信箱　reader@tjrmcbs.com

责任编辑　郑　玥　　王佳欢
装帧设计　明轩文化·李晶晶

印　　刷　天津新华印务有限公司
经　　销　新华书店
开　　本　787 毫米 ×1092 毫米　1/16
印　　张　15.75
插　　页　2
字　　数　260 千字
版次印次　2021 年 11 月第 1 版　2021 年 11 月第 1 次印刷
定　　价　98.00 元

版权所有　侵权必究
图书如出现印装质量问题，请致电联系调换（022 - 23332469）

# 鲁班工坊研究与推广中心研究成果编委会

主　任：金永伟

副主任：刘　斌　于兰平　于忠武

## 《2021年鲁班工坊建设与发展报告》

主　编：金永伟　杨　延

主要撰稿人（按照姓氏笔画排序）：

王　岚　王　娟　王凤慧　王晓宗　孔维军

邢路路　任　静　刘　盛　李　彦　李立功

李志慧　杨　延　张　超　张　颖　祖晓东

谭起兵　黎志东　戴成林　戴裕崴

# 序言

　　鲁班工坊是中国"工匠精神"的本源，是中国职业教育的国际品牌，是中国职业教育走出国门与世界分享的重要平台。2021年9月，在上海合作组织成员国元首理事会第二十一次会议上，习近平主席提出要在上合组织国家建设10个鲁班工坊，帮助有需要的国家加强能力建设、改善民生福祉。这是继2018年9月3日中非合作论坛北京峰会上，习近平主席宣布在非洲设立10个鲁班工坊，向非洲青年提供职业技能培训之后的又一新任务。由此可见，作为与经济社会联系最为紧密的教育类型，职业教育在"一带一路"建设中具有重要的作用，不仅是促进共建"一带一路"国家之间民心相通、改善民生的重要载体，同时也是培养技术技能人才，助力国际产能合作的重要技术支持。

　　迄今为止，职业教育国际品牌项目鲁班工坊的建设取得了卓越的成就，中国的职业院校、普通高校走出国门，从亚洲的泰国、印度、印度尼西亚、巴基斯坦、柬埔寨，到欧洲的英国、葡萄牙，再到非洲的吉布提、肯尼亚、南非、马里、尼日利亚、埃及、科特迪瓦、乌干达、马达加斯加和埃塞俄比亚。鲁班工坊沿着"一带一路"建设与发展之路，在为合作国培养大量紧缺技术技能人才的同时，也在中亚、中欧与中非之间架起横跨欧亚非大陆的推进中外人文交流的友谊之桥。

　　鲁班工坊建设所取得的成就与影响是巨大的，为了加快鲁班工坊的发展，2020年11月，在教育部的大力支持、中国教育国际交流协会的直接领导下，由中国院校、研究机构、企业和社会组织根据自愿原则发起成立了全国性的、非营利性组织鲁班工坊建设联盟。全国联盟的创立极大地推进了鲁班工坊在全球的建设与发展，联盟实施统筹管理，在借鉴天津经验的基础上，建立鲁班工坊建设标准并在全国推广应用；整合各方资源，搭建全国性的鲁班工坊建设交流协作平台，共同打造中国职业教育"走出去"办学国际品牌。

　　随着鲁班工坊建设规模的不断增长，如何使鲁班工坊的发展更具质量、更具全球影响力，需要进行持续深入的研究。天津市鲁班工坊研究与推广中心研究团队以鲁班工坊的建设与发展实际为依据，采用实证研究方法，以海外项目的学生、教师、企业问卷调查为基础，用大数据分析鲁班工坊在非洲、亚洲和欧洲三大不同区域的建设成果，结合吉布提、肯尼亚、南非、埃及和乌干达五个非洲典型项目的个案研究，系统总结了我国职业院校在海外创建鲁班工坊的路径与成效，凝练提出天津五年来探索的标准化建设模式。采取专题报告的形式对鲁班工坊的人才培养质量、校企合作和职教国际合作基础能力建设，以及全国联盟的运行机制等方面进行深层剖析，提出未来鲁班工坊在全球发展的统筹规划、质量监管和可持续发展等方面的相应策略。因此，本报告不仅能够为全国其他职业院校在海外建设鲁班工坊提供非常宝贵的实践经验，同时也为鲁班工坊在创新发展过程中不断增强服务能力指明方向。

教育部职业技术教育中心研究所副所长 研究员

曾天山

2021 年 10 月

# 目 录

第三部分　分报告

## 第四部分　专题报告

# 第一部分

## 总报告

# 第一章 鲁班工坊建设与发展概览

2021 年 4 月 29 日，鲁班工坊产教融合发展联盟正式成立，这是继 2020 年 11 月 6 日在教育部指导下，全国性的鲁班工坊建设联盟成立以来又一个以鲁班工坊为载体的全国性联盟组织，也是推进国际品牌项目鲁班工坊服务国家"一带一路"建设的重要举措。

鲁班工坊是在教育部大力支持与指导下，天津原创并率先实践的中外人文交流知名品牌，是国家现代职业教育改革创新示范区的标志性成果，是中国职业教育国际化发展的重大创新。

截至 2021 年 4 月，职业教育国际品牌项目——鲁班工坊建设取得了卓越成就，中国的职业院校、普通高校走出国门，从亚洲的泰国、印度、印度尼西亚、巴基斯坦、

图 1-1 2016—2021 年鲁班工坊项目创建时间

柬埔寨，到欧洲的英国、葡萄牙，再到非洲的吉布提、肯尼亚、南非、马里、尼日利亚、埃及、科特迪瓦、乌干达、马达加斯加和埃塞俄比亚，共创建了18个鲁班工坊。这些工坊沿着"一带一路"建设与发展之路，在中亚、中欧与中非之间架起横跨欧亚非大陆的推进中外人文交流的友谊之桥、服务国际产能合作的技术驿站。

2020年以来受全球新冠肺炎疫情影响，鲁班工坊建设面临诸多困难，在市政府的大力支持下，各参建院校结合合作国的实际，整合多方力量，积极推进相关工作落实，充分利用信息技术等手段，开发线上资源、开展线上培训，采用多种渠道积极与国外合作院校进行沟通对接；严格按照鲁班工坊的建设标准保障每一个鲁班工坊项目建设的高质量；创新工作方式，克服重重困难采用"云揭牌"方式，确保项目成功落成。截至2021年4月，天津的参建院校在非洲共建设了11个鲁班工坊，圆满地完成了2018年9月3日习近平总书记在中非合作论坛北京峰会开幕式上，提出在非洲设立10个鲁班工坊，向非洲青年提供职业技能培训的任务。天津市委、市政府高度重视，全力推进10个非洲鲁班工坊的建设任务。目前，鲁班工坊的建设已经覆盖亚洲、欧洲和非洲三大洲，建成的项目总共涉及中外42所院校，其中含10所合作国的知名大学和我国的3所普通高校，包括应用型本科院校、高等职业学校、中等职业学校三个层次。

据鲁班工坊研究与推广中心最新的统计显示，目前鲁班工坊所在国家招收的

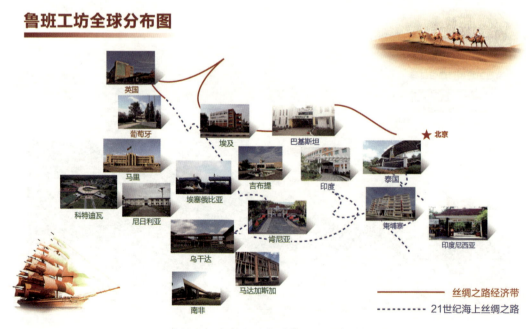

图1-2　亚非欧三大洲鲁班工坊布局图

国际化合作专业的本土学历生与来华留学生总规模达到 3276 人，2020 年疫情期间接受网络线上授课的本土学历生总数达到 224 人，海外合作院校其他专业参加鲁班工坊相关课程的本土学生数量达到 2596 人。鲁班工坊国际合作专业的毕业生以及学习过鲁班工坊课程的相关专业毕业生总量为 491 人。中外合作开发的公开出版的相关纸制教材达到 81 本，校本教材 141 本，信息化教学资源包括 2155 个幻灯片课件，将近 290 小时的视频教学资源，以及 100 多个专业题库，为鲁班工坊的发展提供了坚实的基础。与鲁班工坊合作的中外企业达到 66 个，为了更好地服务项目所在国家的社会经济发展需求，鲁班工坊是开放办学的，不仅为合作地及周边区域的合作企业员工进行职业培训，同时也为所在区域及更广范围的师生和社会人员进行教学方法、实训教学等方面的培训活动，其影响力巨大。截至 2021 年 4 月份，培训总规模达到 11883 人次。这一成果与 2019 年的统计相比较，无论是本土化的技术技能人才培养规模方面，还是合作的中外企业规模方面都有了大幅度增加，尤其是在人才培养规模上有了明显提高，合作专业的学历生教育规模增长 4.8 倍，职业培训规模增长 2.2 倍。

## 第一节　职教国际品牌创建之路

鲁班工坊目前已经建构起较为完善的鲁班工坊管理机制。

### 一、天津的探索与创新

鲁班工坊是中外合作办学项目，其建设与发展需要多方力量的支持。天津市发挥先行先试优势，专门建立了由市教委、市发改委、市外办等多个部门组成的协调联动机制，协同研究解决鲁班工坊建设与发展问题。政策推动是天津鲁班工坊取得巨大成就的重要基础，2018 年天津市委、市政府相继出台系列政策，鼓励有条件的院校，配合国际产能合作，充分发挥专业建设和国际合作优势，落实中非合作八大行动计划，提升鲁班工坊建设水平，加快建设海外鲁班工坊，扩展鲁班工坊服务功能。开展技术技能培训和学历职业教育，促进中国与一带一路沿线各国（地区）之间进行职业教育和职业技术、职业文化的交流合作，增进国际理解、文明互鉴，促进各国（地区）的人文交流与民心相通，服务国际产能合作。

**天津市鲁班工坊政策支持**

| 2018.3 | 2018.7 | 2019.12 | 2021.1 |
|---|---|---|---|
| 《关于推进我市职业院校在海外设立鲁班工坊试点方案的通知》 | 《关于做大做强做优职业教育的八项举措》 | 《天津市鲁班工坊研究与推广中心建设方案》 | 《关于深化产教城融合打造新时代职业教育创新发展标杆的意见》 |

图 1-3 天津市鲁班工坊相关政策情况

同时，在创新鲁班工坊的管理体制机制方面，在市教委的支持下，建立天津市鲁班工坊研究与推广中心，建立以天津市教育科学研究院和相关职业院校为支点、国内国际联动的科学研究、资源开发、指导评价机构，全面负责鲁班工坊的政策研究、标准制定、项目指导、质量评估、教师培训、资源开发、信息发布、学术交流与宣传推广应用等工作。强化鲁班工坊标准化管理，共建共享鲁班工坊经验和成果，确保项目的建设定位、核心内涵、发展模式以及建设成果与鲁班工坊建设要求高度一致。

## 二、全国顶层设计与推动

### （一）全国联盟创建

为加快鲁班工坊建设速度、提高鲁班工坊建设质量、扩大鲁班工坊影响力，更好地服务"一带一路"教育行动和中非教育合作，促进中外职业教育与培训交流合作，提升技术技能人才培养质量，共鉴共享职教改革发展的经验和成果，在教育部等国家部委的大力支持下，2020 年 11 月全国性组织鲁班工坊建设联盟在天津成立。

鲁班工坊建设联盟是全国性的联

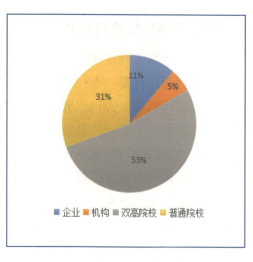

图 1-4 鲁班工坊建设联盟发起单位构成图

盟组织，挂靠中国教育国际交流协会管理。联盟由中国院校、研究机构、企业和社会组织根据自愿原则发起成立鲁班工坊建设联盟，全国性的、非营利性组织实行自治管理。发起单位包括职业院校、科研机构和企业三个方面，院校覆盖全国 29 个省市，目前共有 72 家发起人单位，其中包括"双高校"38 个。联盟成员大会第一次会议审议并通过了《鲁班工坊建设规程》《鲁班工坊建设联盟工作办法》和联盟理事长、副理事长单位名单及专家委员会成员单位名单。

### 1. 任务定位

联盟的发展定位在于，在借鉴天津实践经验的基础上，整合各方资源，搭建全国性的鲁班工坊建设交流协作和宣传推广平台，建立鲁班工坊建设标准并推广应用，探索鲁班工坊建设的创新路径和可持续发展模式，共同打造中国职业教育"走出去"办学国际品牌。

全国联盟的主要任务在于建设中国职业教育"走出去"重要平台，研发鲁班工坊建设标准，开展鲁班工坊立项、质量监管和终止退出工作，根据项目发展实际需要开展职业教育与培训、师资培训、教育教学资源开发、职业技能鉴定、职业技能大赛、技术服务与专业咨询、职教研究、国际合作与交流活动等。

### 2. 制度标准

高标准规范化建设是鲁班工坊建设联盟的核心工作。按照联盟规定，鲁班工坊的监管将实行项目制管理，根据海外办学的实际，从企业、机构、研究等五个领域在全国范围遴选专家团队对项目进行持续性监管。鲁班工坊一个建设周期为三年，项目期满，经评估符合条件的可以续接下一个项目周期，建设成效优异的鲁班工坊，联盟将予以奖励。联盟出台的认证标准是结合全国项目建设的不同需求以天津实践为依托创建的，分培育项目认证标准、正式运营项目认证标准和示范项目认证标准三个层级来进行认证，对于具有良好的鲁班工坊建设基础，但现阶段建设水平尚未达到运营条件的项目给予培育项目认证，允许其在一定时间范围内建设完善后再接受项目认证。对于达标项目则实施运营和示范两级项目认证，鲁班工坊认证评审主要涉及鲁班工坊的建设定位，项目发展环境、软硬件建设条件等决定和影响鲁班工坊建设质量的核心要素，由全国联盟的专家委员会组织全国的专家进行评估。

### 3. 发展模式

鲁班工坊的中外参建方既有院校、机构，也有合作企业、社会组织和政府部门，因此鲁班工坊的发展模式是多方共建的，即凝聚各方力量，对接国家战略，实施协同发展。通过资源整合、优势互补，强化参建的中外院校之间，鲁班工坊与中外社会组织、政府部门和行业企业之间的全方位合作，将各方力量整合在一起，优势互补、共享共建策略，确保为鲁班工坊项目发展提供持续的资源供给，共同打造中国职业教育"走出去"国际品牌。

### （二）相关政策推动

职业教育国际化政策是各级各类职业院校开展职业教育国际交流与合作的政策依据和行动指南。为更好地推动鲁班工坊的建设与发展，我国近几年相继出台的多个国家层面的政策都将鲁班工坊的建设与发展列入其中，主要包括：全面推进教育现代化的纲领性文件《中国教育现代化 2035》提出要鼓励有条件的职业院校在海外建设鲁班工坊，积极参与全球教育治理，深度参与国际教育规则、标准、评价体系的研究制定。教育部、财政部《关于实施中国特色高水平高职学校和专业建设计划的意见》提出开展国际职业教育服务，承接"走出去"中资企业海外员工教育培训，建设一批鲁班工坊，推动技术技能人才本土化。教育部等九部门印发《职业教育提质培优行动计划（2020—2023 年）》，提出助力中国职业教育"走出去"，提升国际影响力。这些政策的实施极大地激励职业院校积极主动地走出国门，与海外院校、国际企业合作建设更多的鲁班工坊，为"一带一路"建设贡献一份力量。

> **专栏一**
>
> 习近平主席在 2018 年中非合作论坛北京峰会开幕式上的主旨讲话中，提出中国决定同非洲加强发展经验交流，支持开展经济社会发展规划方面合作；在非洲设立 10 个鲁班工坊，向非洲青年提供职业技能培训。

> **专栏二**
>
> 习近平主席在上海合作组织成员国元首理事会第二十一次会议上提出，未来 3 年，中方将向上海合作组织国家提供 1000 名扶贫培训名额，建成 10 所鲁班工坊，在"丝路一家亲"行动框架内开展卫生健康、扶贫救助、文化教育等领域 30 个合作项目，帮助有需要的国家加强能力建设、改善民生福祉。

**专栏三**

教育部、财政部《关于实施中国特色高水平高职学校和专业建设计划的意见》（教职成〔2019〕5号）：

积极参与"一带一路"建设和国际产能合作，培养国际化技术技能人才，促进中外人文交流。探索援助发展中国家职业教育的渠道和模式。开展国际职业教育服务，承接"走出去"中资企业海外员工教育培训，建设一批鲁班工坊，推动技术技能人才本土化。

**专栏四**

教育部等九部门关于印发《职业教育提质培优行动计划（2020—2023年）》的通知（教职成〔2020〕7号）：

实施职业教育服务国际产能合作行动，加快培养国际产能合作急需人才。加强职业学校与境外中资企业合作，支持职业学校到国（境）外办学，培育一批鲁班工坊。

## 第二节　鲁班工坊建设天津模式

标准化建设是鲁班工坊国际品牌建设的重中之重。天津在鲁班工坊的建设与探索过程中，在内涵发展上，紧紧围绕天津作为国家职业教育改革创新示范区所积累的优秀成果，确立职业教育"走出去"的办学理念、办学模式及办学标准。在监管制度上，建立了一整套系统化的管理制度体系，规范每一个项目建设——从项目审批立项到具体创建，再到运营监管与验收评估全过程，严格遵照相应规则组织实施，确保鲁班工坊建设的各个环节高质量高标准。

### 一、建设目标与内涵定位

鲁班工坊自创建伊始，其建设定位就在于以"大国工匠"的形象为依托，分享中国产业发展和职业教育发展成果，与合作国共同培养高素质技术技能人才，致力于成为服务国家"一带一路"建设的中外人文交流的重要载体、助力国际产能合作的技术驿站。

图1-5 鲁班工坊建设原则

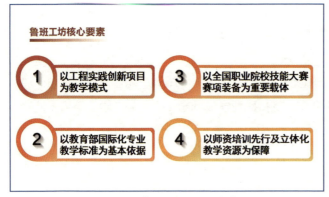

图1-6 鲁班工坊核心要素

项目建设以平等合作、因地制宜、优质优先、强能重技和产教融合五个基本原则为出发点,在中外双方平等合作的基础上,充分考虑合作对象的建设基础与发展需求,遴选我国达到先进水平的专业及教学装备,与合作国的本土院校合作,互学互鉴、产教融合,共同培养急需的本土化技术技能人才。

鲁班工坊天津模式的创立基于十余年国家职业教育改革创新示范区建设与发展的成果,体现了我国职业教育的教育理念、教学模式的优秀成果,包括体现中国特色的职业教育教学模式(EPIP工程实践创新教学模式),对标行业国际先进技术水平与国际职业资格证书要求的国际化专业教学标准,与技能大赛、认证标准和国际通用技术工艺标准对接的实训教学装备,传统纸介与信息化相互融合的立体化教学资源等。

## 二、软硬件建设标准化

国际品牌项目的创立遵循标准化规范化,天津模式的一个重要经验就是在鲁班工坊的准入方面实施软硬件的标准化建设。鲁班工坊建设都必须遵循项目建设的核心要素,实施严格的准入条件,即按照鲁班工坊国际品牌项目的建设目标要求,对工坊的建设空间、实训装备、师资建设、专业标准和教学资源进行标准化与规范化管理。

### （一）场地建设的标准化

鲁班工坊的场地建设无论对教学空间还是展示空间都有明确的面积要求。目前，已经建成的鲁班工坊的场地空间功能包括两个方面：教育教学活动，涉及实训教学和理论教学双用途；互动交流活动，这部分要求能够容纳一定规模的人员进行各种互动活动。

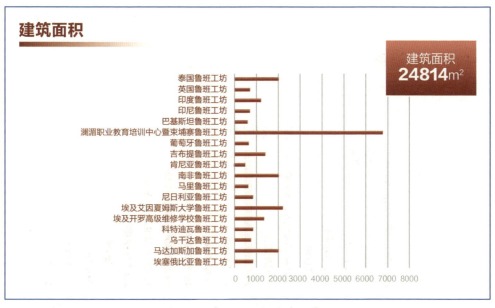

图 1-7　鲁班工坊场地建设情况

已经建成的 18 个鲁班工坊场地建设严格根据合作专业的实际需求准备充足的场地，以满足师生专业教学与交流活动的需求（见图 1-7）。目前，已经建成的 18 个项目总场地建设达到 2.5 万平方米，5 个项目占地面积超过 2000 平方米，最大的柬埔寨项目占地达到 6800 平方米，有力地保障了专业教学与交流活动的开展。

### （二）实训装备的标准化

鲁班工坊所应用的实训装备均是根据中外国际合作专业的建设需要而配备的，其教学装备的配置不仅能够满足合作专业以及相关专业群的学历教育与职业培训的要求，同时也能够达到国际技能竞赛的要求，如泰国鲁班工坊的教学装备中所采用的机电一体化教学装备是我国全国职业院校技能大赛的比赛装备，也是东盟国家技能大赛的竞赛装备。

　　实训教学装备的技术水平先进、数量规模充足是鲁班工坊硬件条件标准化建设一个重要指标。亚非欧三大洲鲁班工坊项目建设以制造类专业居多，每台设备的遴选都是依据实训教学的教学标准而确定的，设备台套数量总额达到4000余套，能够为学生提供2800余个实习工位，为鲁班工坊的教学质量提供坚实保障。

图 1-8　鲁班工坊教学实训设备

### （三）师资培训的标准化

　　鲁班工坊建设的一个重要环节是进行师资培训，这是由中方院校的专业教师对外方合作院校的专业教师进行的系统化的专业综合培训，包括教学模式、专业核心课程、专业实训以及中国企业文化等多项内容，目的是帮助外国专业教师能够理解掌握中国职业教育先进的教学理念、教学模式、教学标准，并能够在本土专业教育中进行应用。

　　培训的外方教师规模达到600余人次，总培训时长达到11.3万课时。疫情期间为了确保师资培训不间断，鲁班工坊项目组的中方院校采取录播视频、线上教学等多种方式，为外方教师 190 人次提供专业培训，确保师资水平的不断提升。经过标准化培训的海外院校师资具备多种能力，一是能够运用具有中国特色的 EPIP 教学模式在本土进行理论与实践一体化的专业教学，二是能够将我国的专业

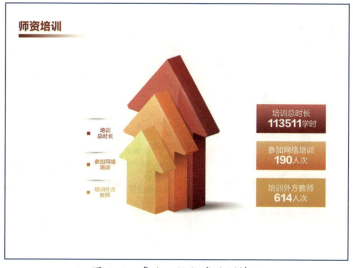

图 1-9　鲁班工坊师资培训情况

教学标准与本土实际相互结合组织实施教学。实践表明，标准化的海外师资培训有力地提升了合作海外院校专业教师的实践教学能力，为鲁班工坊的可持续发展提供支撑。

### （四）专业教学的标准化

质量优先原则是项目建设的核心原则。在已经建成的 18 个鲁班工坊中，中外专业教师团队共同合作开发建设了机电一体化、汽车运用与维修、增材制造（3D）、新能源技术、物流服务与管理、数控技术、云计算、光伏发电技术与应用、中药和保健技术、铁路信号自动控制、电子与信息通信、黑色冶金技术、市场营销 12 大类 47 个专业。

这些专业均是源自 2012—2013 年教育部在天津试点开发的国际化专业教学标准，同时也是中方院校的优势主干专业，在标准设计上对标行业的国际前沿技术标准，在教学组织实施上对标先进的教育理念与教学模式。其中，EPIP 教学模式是鲁班工坊专业教育的重要教学理念，即以真实的工程项目为主导，设计整个专业教学的各个环节，采取项目驱动、真实任务作为主线来建构专业教育的课程体系、教学内容，以及相应的教学方法，来全面提高学生的综合职业能力与创新能力。

正是由于高质量的专业建设，目前在亚洲、非洲和欧洲已建成的鲁班工坊项目中已经有 11 个国际合作专业标准获得合作国家政府部门的评估认证，成功纳入

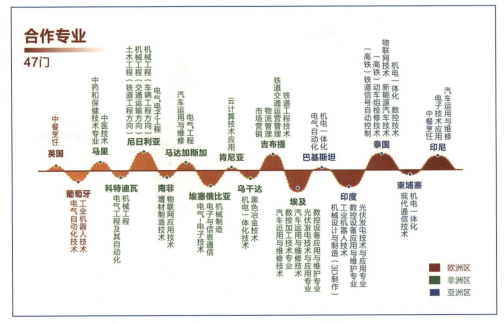

图 1-10　鲁班工坊国际合作专业设置情况

其国民教育体系，其中机电一体化、数控技术、新能源技术、物联网应用技术、动车组检修技术、铁道信号自动控制、铁道工程技术、铁道交通运营与管理、物流管理和市场营销专业获得进入高职专科层面的国家认证，云计算获得本科层面的国家认证，中餐烹饪艺术获得国家层面的职业资格认证，可以对接从中职到应用本科三个层级的学历标准。

### （五）教学资源开发的标准化

鲁班工坊教学资源的需求是巨大的，随着新建项目的不断增加和已建项目的不断完善，合作项目对原有专业的课程资源有着持续且巨大的需求，不仅包括中外文纸质教学资源，同时受到新冠肺炎疫情的影响，很多学校师生无法线下教学，网络教学成为这两年教学的主导形式。因此，鲁班工坊不仅需要纸介教学资源，还需要大量的信息化教学资源，特别是清晰明了的实训教学资源。

鲁班工坊专业教学资源的开发要与专业理论和专业实践教学的本土化经济社会发展要求相适应且适用广泛，专业教学资源应用领域不仅用于学历教育，还用于各种短期培训。因此，为了确保合作专业教学资源能够得到有效利用，并保障教学质量，中外合作开发的教学资源的形式是立体化的，既有传统的纸介教材，又有现代化的信息化教材。目前，项目组的中外教师合作开发的专业课程总量达到 269 门，公开出版的相关纸制教材达到 81 本，校本教材 141 本。由于受新冠肺炎疫情影响，鲁班工坊的线下教学面临巨大障碍，为确保合作院校的教学能够正常进行，2020 年以来合作的中方院校开发了大量的信息化教学资源，通过线上教学等多种形式，为海外的师生进行专业教学，有力地保证了教学进度的正常推进与学生的顺利毕业。目前，开发的信息化教学资源包括 2155 个 PPT，将近 290 小时的视频教学资源等。纸质的中外文教材与多媒体信息化资源同步开发，且形成模块化，极大地提高了教学效益，确保了教学质量。

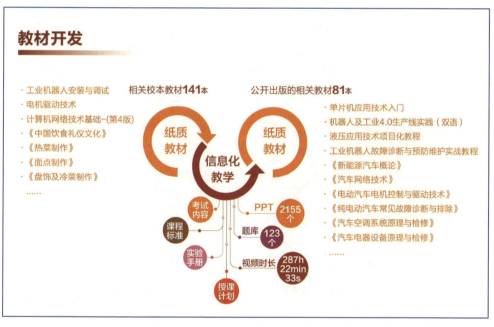

图 1-11　鲁班工坊国际化教材开发情况

## 第三节　鲁班工坊建设成就与影响

### 一、规模化培养本土技术技能人才

#### （一）教育规模

5 年的时间里，亚非欧三大洲的鲁班工坊以合作专业为依托，面向本地区及周边区域实施规模化的学历教育与职业培训，合作专业的学历生教育规模总量达到 3276 人，非合作专业选修学生规模达到 2596 人，接受职业培训及相关培训的人员

图 1-12　鲁班工坊人才培养规模情况

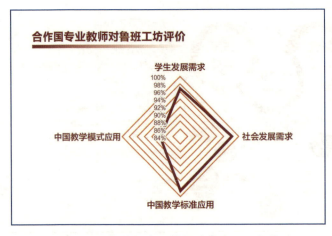

图 1-13　合作国专业教师对鲁班工坊评价

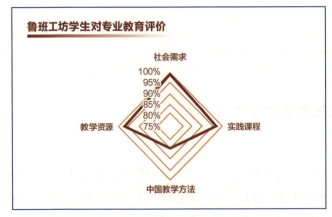

图 1-14　鲁班工坊学生对专业教育评价

达到 11883 人次，疫情期间接受线上授课的学历生与培训人员数量为 170 人次。这一成果与 2019 年的统计相比有了较大幅度的增长，学历生的教育规模增长 4.8 倍，职业培训规模增长 2.2 倍，并首次采用线上线下同步教学方式以应对疫情影响。

2019 年，鲁班工坊开始有首届毕业生，目前经过鲁班工坊国际化专业培养的毕业生总量达到 491 人。

**（二）人才培养质量**

鲁班工坊的专业教育是受到全程质量监控的，中外教师共同努力从教学设计到实训教学等诸多方面实行过程管理，严格保障教学质量。研推中心采取问卷调查的方式对 18 个项目组的海外师生进行了全面的调查，统计分析显示项目所在国的师生对鲁班工坊的教学质量满意度是很高的，主要体现在教学目标定位、教学组织与实施、教学效果等人才培养三个主要方面。

对合作国家专业教师

的调查分析显示，合作国的专业教师普遍认为，鲁班工坊的人才培养目标设计是符合学生发展需求和本土的经济社会发展需求的，这两项调查数据分别为96.92%和98.47%。

对参加鲁班工坊专业学习的学生调查显示，学生在鲁班工坊学习期间，对培养目标的定位、专业课程的设置、教学手段的实施，以及享受到的教学资源等方面的满意度很高。有99%的被调查学生认为工坊为其设置的培养目标和社会需求相符合，对课程设置中的实践教学满意度很高占到98%，有84.64%的学生认为中国的教学方式优于本土的原有模式，96%的学生认为鲁班工坊所提供的教学资源丰富。

### （三）毕业生满意度

调查显示，毕业生的总体满意度较高，主要表现在培养质量、人文交流体验等方面。高达98.41%的鲁班工坊毕业生对鲁班工坊人才培养的总体满意度很高；在人才培养效果方面，高达96.85%的鲁班工坊学生认为通过鲁班工坊学习，自己的就业能力得到有效提升；高达96.83%的鲁班工坊毕业生对人文交流体验的总体满意度很高。毕业生认为自己在人际交往能力、资源管理能力、信息获取和运用能力、技术应用能力和统筹能力五个方面的关键能力上的获得感较强，其中最强的两项为人际交往能力、资源管理能力，分别达到82.54%和79.37%。

对完成鲁班工坊学业的毕业生跟踪调查显示，已经毕业的学生中选择继续升学的学生占比近20%，选择就业的占比70%左右。对这些毕业生的问卷调查显示，在未来就业预期和升学意愿上均表现出对中国的向往，79.53%的鲁班工坊学生想去中资企业就业，83.07%的鲁班工坊学生想去中国继续上学。原因主要在于对准备就业的毕业生来说，由于掌握了高水平的技术技能，其整体就业薪资水平和发展预期高于其他非鲁班工坊毕业生。研推中心的反馈问卷显示，无论是在工作薪酬、工作胜任能力，还是工作环境适应性、未来工作发展空间等方面，毕业生的满意度均较高，已经就业的学生问卷调查表明，其对自己的工作胜任能力、工作环境适应度以及未来工作发展空间方面的满意度均达到85%左右，且这些毕业生中有高达95.23%的学生会结合自己的学习体会，向其他学生推荐鲁班工坊。

## 二、校企合作服务本土经济发展

与当地的本土企业合作，与"走出去"的中资企业合作，为企业发展培养急需的技术技能人才和进行技术创新始终是鲁班工坊可持续发展的最重要任务，也是鲁班工坊可持续发展的重要基础。

鲁班工坊的发展不是独立建设的，而是由国内外的合作院校、行业企业和师生、政府以及社会组织等多方力量，相互协作、共享共建才最终实现的。合作中的企业作为鲁班工坊建设的重要一员，直接参与鲁班工坊整个项目建设从专业设置到毕业生就业的全过程。因此，实施跨国的产教融合、校企合作共建鲁班工坊是这一品牌建设的核心内容。目前，已建项目无论是在项目的合作学校与合作企业的遴选方面，还是在后续的持续建设方面，校企合作的发展能力都是决定性因素。据鲁班工坊研推中心的统计数据显示，目前已经建成的鲁班工坊分别与 48 个中国企业、18 个海外企业合作，在专业教学实训教学、实践教学以及校企协同发展等方面开展了广泛合作，为中国土木工程有限公司、渤海化工有限公司、中非泰达投资股份有限公司和天唐集团等中资企业，为 Marriott Hotel、Hovione FarmaCiência、塞图巴尔 LAUAK 飞机结构有限公司等欧洲、非洲和东南亚整个区域培养培训了大批量的本土技术人才。

国际产教融合、校企合作的模式根据不同的合作国需求有所不同，主要分两种：鲁班工坊与独立企业之间的合作发展，鲁班工坊与区域企业集团之间的合作发展。独立企业合作模式。典型的如吉布提鲁班工坊和印度鲁班工坊。一是吉布

图 1-15　鲁班工坊合作中外企业情况

提鲁班工坊，项目建设紧紧围绕非洲大陆亚吉铁路的建设与发展而创建。亚吉铁路是非洲大陆连接埃塞俄比亚和吉布提以货运为主的铁路，是东非地区首条标准轨距电气化铁路，是落实"一带一路"倡议和中非合作论坛约翰内斯堡峰会"十大合作计划"的标志性工程。工坊开设了铁道工程技术、铁道交通运营与管理、物流服务与管理和商贸专业四个专业，为亚吉铁路的实际运营管理以及吉布提港口贸易的发展需求有针对性地培养急需的技术技能人才。二是印度鲁班工坊，项目建设伊始就为中国海外企业提供了极大的支持，在项目启动仪式上中天科技（印度）、中材国际（印度）、天锻压力机（印度）、中国巨轮（印度）、中国昇龙生物科技（印度）是五个中国在印度的制造业企业，与外方合作学院印度金奈理工学院签署订单培养协议，定向培养中资企业在印度本土发展急需的数控机床安装与调试、风光互补发电技术、工业机器人应用技术、3D 扫描和模型重建几个专业的技术技能人才。

区域性合作发展模式。典型的如巴基斯坦鲁班工坊，项目选址于"中巴经济走廊"的纵向交合点——"超级大省"旁遮普省省会拉合尔市，旁遮普省是巴基斯坦人口最多、实力最强的省份，也是巴基斯坦工业和农业最发达的地区，省内建有巴基斯坦海尔－鲁巴经济区、中国能源建设集团湖南火电巴基斯坦分公司等知名大型企业，其中巴基斯坦海尔－鲁巴经济区是中国商务部批准建设的首个"中国境外经济贸易合作区"，也是巴政府批准建设的"巴基斯坦中国经济特区"，是中国境外经济区的旗舰项目，经济区产业包括家电、汽车、纺织、建材、化工等多个产业，鲁班工坊的建设为经济特区的发展提供了有力的教育支撑。

### 三、人文交流与影响力不断提升

鲁班工坊是中外人文交流的重要载体，其建设与发展对中外两国之间的人文交流影响巨大，中外院校之间紧密的师生互动、国际论坛、技能竞赛等多形式、多层次的交流，极大地促进了两国之间的民心相通与相互认同。

截至目前，以鲁班工坊为载体的中外重大人文交流包括国际技能竞赛、学术论坛、师生互访等多种形式，累计交流师生人次达到 1600 余次，其中来华的师生数量近 770 人次，中国师生赴海外交流近 470 人次，参加线上交流师生总量为 401 人次。2020 年以来，受到全世界疫情的影响，中外之间线下的师生人员往来困难重重，尤其是非洲地区的 11 个项目和亚洲区域的 5 个项目分别受到多轮疫情大规模暴发的影响，很多项目都无法正式进行线下的教学活动，因此人文交流面临巨大挑战。项目组充分借助信息技术手段，利用线上教学、师资培训和远程会议等多种方式，不间断中外交流与合作，持续推进鲁班工坊的建设与发展。

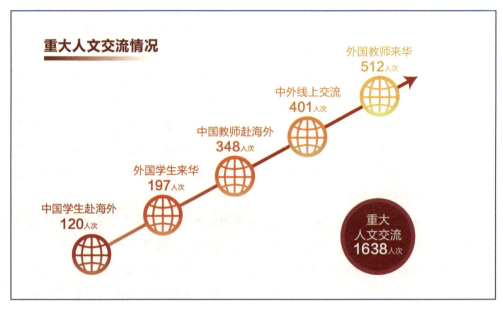

图 1-16　中外师生交流情况

图 1-17　中外师生院校获得奖项情况

　　鲁班工坊建设取得的巨大成就得到了社会各界的广泛关注。BBC、CNC、Daily News、Siam Rath Online News、Khaosod、Thairath 等海外媒体 115 家，新华社、《人民日报》《光明日报》《中国日报》、中央电视台、天津电视台等 786 家中国媒体对项目建设进行了报道。

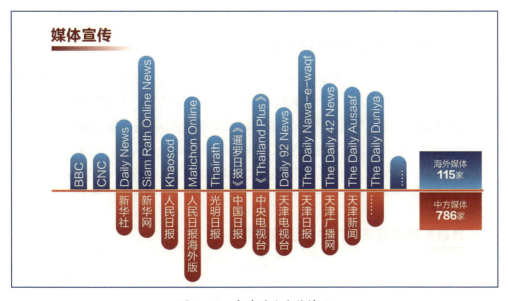

图 1-18　中外媒体宣传情况

　　鲁班工坊的建设以及相关的中外互学互鉴活动，不仅为合作国家培养了急需的技术技能人才，为合作国的职业教育体系建设提供了巨大的帮助，而且形式多样的中外师生互动活动，极大地提高了我国与共建"一带一路"国家之间的相互理解，促进民心相通，因此鲁班工坊自创建以来受到合作国政府的高度认可。泰国政府授予天津渤海职院"诗琳通公主奖"，英国鲁班工坊受邀参加首相府中国农历新年招待会，吉布提总统盖莱表示鲁班工坊是中国送给吉布提最好的礼物。柬埔寨王国政府授予天津中德应用技术大学萨哈梅特里军官头衔勋章和骑士头衔勋章。2019 年，以葡萄牙鲁班工坊为载体，举办第三届中葡职业教育研讨会，并成立中葡校企合作联盟。2020 年，面对新冠肺炎疫情，鲁班工坊项目却搭建起友谊的桥梁。天津轻工职业技术学院和天津交通职业学院向埃及合作学校捐赠口罩等防疫物资，埃及鲁班工坊四所学校守望相助，埃及艾因夏姆斯大学对中国抗击新冠肺炎疫情的努力和对全球作出的贡献给予了高度评价，并表示中国的抗疫壮举将被历史所铭记。南非鲁班工坊利用合作专业实训装备的 3D 打印技术制作了数千个防护口罩，免费提供给南非德班的医院及机构，另外南非鲁班工坊专业教师还应用物联网技术设计出空气质量检测应用软件，为政府决策提供大数据支持，为此德班政府表示鲁班工坊带来了先进技术，助力德班科学抗疫。除了合作国家政府的高度肯定之外，我国对鲁班工坊的外方院校的努力也给予了高度肯定，2021年在泰国鲁班工坊创建五周年纪念大会上，泰方合作院校的原校长通过线上云颁奖活动获得了天津海河友谊奖。

## 四、协同合作创建智库服务平台

为了更好地发挥鲁班工坊研究与推广中心的功能，出台了鲁班工坊研究与推广中心建设方案，即以天津教育科学研究院为主导，与天津职业大学（欧洲分中心）、天津渤海职业技术学院（亚洲分中心）和天津铁道职业技术学院（非洲分中心）三个分中心协同合作，联合天津市院校，采取"1+3+N"的模式，共同组织实施鲁班工坊科学研究与成果应用推广工作，为鲁班工坊的发展提供决策、监控与支持服务。

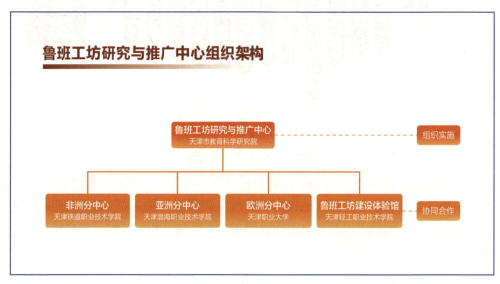

图 1-19　鲁班工坊研究与推广中心组织架构图

研推中心工作紧紧围绕鲁班工坊这一国际人文交流品牌的发展需求，实施理论研究与实践探索同步推进，以高水平、系列化的科研成果为鲁班工坊的高质量、可持续发展服务，其职能包括五大方面理论与政策研究、质量监控与评估、教师培训、资源开发、成果宣传与推广。

### （一）科学研究

决策研究与理论研究是研推中心科学研究工作的两个中心任务，决策研究主要围绕鲁班工坊的宏观规划与监督管理来进行，研推中心研究制定的鲁班工坊建设标准体系已经被全国联盟采纳，作为新建鲁班工坊的遴选标准在全国应用。理论研究研究主要围绕鲁班工坊建设过程中取得的成就与存在问题来进行，2020年出版发行我国第一部鲁班工坊建设与发展年度报告，用大量翔实的统计数据、个案分析与专题研究，全面论述天津鲁班工坊的建设成就与发展策略。目前，鲁班工坊研究与推广中心、鲁班工坊建设院校已经申请立项国家哲学社会科学基金项目、全国教育科学规划项目、省级教育科学规划项目等各级各类课题多项，主要包括：国家社科基金项目"'双循环'新格局下基于鲁班工坊推进中国引领全球职业教育治理体系建设研究"，全国教育科学规划课题"'一带一路'视域下海外鲁班工坊建设的标准化模式研究"，"基于'工程实践创新项目'的教学模式研究与实践"，天津教育规划课题"提升职业院校国际化水平研究"等。出版专题性研究如《2020年度鲁班工坊建设与发展报告》《鲁班工坊核心要义》等多部专著，其中后者还被翻译成葡萄牙语在海外公开出版。截至目前，在《中国职业技术教育》等全国期刊发表的有关鲁班工坊内涵概念、建设路径与发展策略的研究报告已达95篇，其中绝大多数为项目建设与管理单位的科研和专业教师研究发表。这些研究成果为推进政府部门制定相关政策，加快鲁班工坊的建设与发展提供了有力的理论支撑。

### （二）师资培养

海外鲁班工坊的建设质量关键在于海外本土专业教师的教学水平，为了确保项目顺利推进，每个中方合作院校的专业教师团队在项目建设之初和建成之后，都需要结合海外合作院校专业教师实际，不间断进行专业知识、专业技术和技能以及教学模式的培训工作，以此确保海外专业教师能够熟练地应用中国的教学标准、教学模式在本土完成专业教育。疫情期间，已经建成的18个项目组的专业教师均采用远程线上教学的方式，完成了周期性的培训工作。此外，研推中心还设立了面向鲁班工坊中方院校的师资培训基地，开发和组织多层级、多类型的师资培训项目，举办国际化高级研修班和实地调研工作，提高中方教师的国际教育能力，加强天津市参建院校与鲁班工坊全国联盟其他省市之间的合作交流。2020年，研推中心与浙江、湖南、重庆、福建等地的联盟单位之间互学互鉴，共同探讨中国职业教育"走出去"的发展之路。

### （三）资源建设

研推中心资源开发建设有两个目的，一方面为海外国家的职业教育发展研发成套的国际化专业教学资源，为已有项目继续建设、新建项目的发展服务；另一方面则是开发对接国际先进行业技术标准、体现先进教育模式的教学资源，促进我国职业院校自身的职业教育国际化水平的提升。2020年，天津市启动了新一轮的国际化专业教学标准开发计划，该计划由鲁班工坊研究与推广中心组织实施。全市职业院校开展国际化教学资源建设研究与制定工作涵盖三个层次：中职、高职和应用本科，开发工作对接国际最新标准，对接国际资格证书和"1+X"证书制度，全力推动天津市职业院校国际化发展基础能力的进一步提升。除了专业教学标准之外，鲁班工坊研究与推广中心还开展核心课程标准、双语教材以及配套资源的建设，相关专业均已进入合作国家国民教育体系。

### （四）推广宣传

为更好地建立加深国际交流与合作的宣传大平台，全面打造鲁班工坊的国际形象，提升鲁班工坊的国际知名度及影响力，研推中心创建了鲁班工坊中文和英文两个网站及微信公众号。鲁班工坊中文网站设立了新闻资讯、鲁班云课、成果分享、鲁班讲堂、融媒工坊、人文交流等16个一级栏目和13个二级栏目，英文网站设立了About us、Lubanworkshop、Media center、Training、Culture、Achievements 6个一级栏目和15个二级栏目，全方位、实时对各国鲁班工坊的建设进程、运营工作等重大活动的相关资讯进行介绍，分享国际化教育资源、建成成果，让更多国内外人士能更便捷、直接地了解鲁班工坊的最新动态，为鲁班工坊带来更多的国际交流合作机遇。同时，中英文网站与微信公众号结合共同打造鲁班工坊融媒体宣传矩阵，多种形式提高宣传水平。2020年疫情期间，在参建单位无法全部到现场的情况下，尼日利亚、埃及、科特迪瓦、乌干达、马达加斯加鲁班工坊启运仪式均采取云揭牌方式，揭牌仪式举办期间，网站全程跟踪非洲项目的建设进程并进行报道宣传。2020年，鲁班工坊建设联盟成立大会，网站采取同步直播方式进行全程报道。

## 第四节　鲁班工坊国际品牌发展策略

随着鲁班工坊全国联盟的成立，未来鲁班工坊的建设规模将会实现快速增长，鲁班工坊的建设面临数量扩张与完善制度建设双重任务。一方面，需通过全国层面的统筹规划，推动各省市在海外的鲁班工坊建设工作规范有序，扩大规模；另一方面，需要通过完善的管理制度体系建设，为鲁班工坊这一国际品牌的高水平建设与可持续发展提供支持服务。

## 一、完善顶层设计统筹规划

中国职业教育"走出去"创建国际品牌需要体系化管理制度的保障，完善的管理机制与系统化的制度体系是鲁班工坊高质量、可持续发展的关键。

由院校、研究机构、企业共同发起创立的鲁班工坊建设联盟，作为我国鲁班工坊的民间管理机构，承担着鲁班工坊建设的项目立项、质量监管、资源开发、合作交流与推广研究等职责，决定着鲁班工坊的建设与发展。因此未来要充分发挥联盟的职能作用，以鲁班工坊建设联盟为主导，统筹规划实施全国职业院校海外鲁班工坊的建设与发展规划，将鲁班工坊的建设与我国"一带一路"总体发展相结合，实施品牌项目建设的整体规划，在现有的亚洲、非洲和欧洲建设成就的基础上，拓展在北美洲、南美洲和大洋洲的项目建设。[①] 同时，也要对现有项目进行优化调整，2021 年亚太经合组织领导人非正式会议提出，中国 3 年内将在上海合作组织国家建成 10 所鲁班工坊，因此未来鲁班工坊在亚洲的建设应重点研究、探索在哈萨克斯坦、吉尔吉斯斯坦、俄罗斯联邦、塔吉克斯坦、乌兹别克斯坦等国家建设和发展鲁班工坊的具体策略。

## 二、系统化鲁班工坊质量监管制度

鲁班工坊这一国际品牌的竞争力在于具有规范化的管理与严格的质量标准，因此实施认证管理制度非常重要。鲁班工坊的认证制度包括从项目创立到组织实施全程管理，是一个完整的闭环体系。天津市在鲁班工坊的建设过程中进行了 5 年的实践与探索，积累了一定的经验。

目前提出的鲁班工坊建设标准是以天津经验为基础，围绕鲁班工坊的发展定位与核心要素，在全国范围内实施鲁班工坊认证标准。除了认证标准之外，需借鉴发达国家职业教育海外推广模式，以天津鲁班工坊建设的成功经验为参考依据，充分考虑全国其他省市的职业教育发展实际，研究设计具有广泛适用性的鲁班工坊全过程监管制度与标准，对鲁班工坊进行从创立到实际运营以及周期结束进行验收的全过程监管，确保这一创新型国际化的品牌项目质量。创建阶段的监管重点是项目核心要素的标准化建设，组织实施阶段的监管重点是中外合作开发的国际化专业教育的实施水平，是否能够对接合作国的国民教育体系和国家职业资格证书体系认证要求，实现中外职业教育的互学互鉴。

---

① 参见王岚、杨延：《全球职教命运共同体：基于鲁班工坊看中国参与全球职业教育的网络治理》，《中国职业技术教育》，2021 年第 6 期。

### 三、推进鲁班工坊产教融合发展联盟

深度探索依托职业院校的校际合作、配合企业和产品的校企合作等模式，共研、共享、共用鲁班工坊建设经验和成果。坚持平等合作、优质优先、强能重技、产教融合、因地制宜的原则，在更大范围内实现共鉴共享鲁班工坊建设经验和成果。

在天津市教委、市人社局、市商务局指导下，2021 年由天津铁道职业技术学院和鲁班工坊研究与推广中心牵头发起，以企业为主，院校、科研机构共同参与的鲁班工坊产教融合发展联盟，联盟首批成员包括 32 家国际型中资企业和 18 所参建鲁班工坊职业院校。联盟创立的核心目的在于，以鲁班工坊为载体，深化产教融合、校企合作，为中国企业海外发展提供多形式、多层次人才培养与技术创新等智力支持服务，提升"走出去"中资企业服务合作国经济社会发展的软实力，为鲁班工坊高质量、可持续发展提供支撑。

基于产教融合联盟的定位，为更好地发挥联盟的功能，需鲁班工坊参建院校与企业共同努力，紧紧围绕以下七大方面进行深入的实践探索，具体包括：服务企业海外拓展，助力联盟企业开拓海外市场，孕育和壮大新的经济增长点，促进国际产能合作，开辟和拓展国际合作新空间；培养技术技能人才，结合企业境外项目和合作国需求，全方位培养企业发展所需的高技能人才；助力企业技术培训，紧紧围绕海外企业需求，校企合作共建共享鲁班工坊校内外实习实训基地，实行招工招生一体化，打造海外高技能人才培训基地；跨区域创立多层次、多样性的产教融合项目，以"学历教育＋技能等级证书"为模式，积极推进国际 1+X 证书制度试点工作，推动鲁班工坊内涵建设；强化广泛交流协作，推广优秀研究成果和企业典型经验，增强联盟成员之间的交流合作，助推国际业务合作新业态，推进联盟可持续发展；建立互培互聘机制，建立专业教师、工程技术人员及高技能人才资源库，实现国际化的校企专业技术人员互聘，并建立相关专业共享师资培训基地。

未来，鲁班工坊产教融合发展联盟应遵循"共同建设、共促发展、共享成果"的基本原则，创建具有中国职教特色的服务"一带一路"建设、助力企业海外发展、拓展学校合作空间的鲁班工坊国际产教融合发展模式，在助力中资企业"走出去"的同时推进鲁班工坊的高质量可持续发展。

# 第二部分
## 区域报告

# 第二章
## 亚洲区域项目建设成就报告

　　鲁班工坊的首个项目落户在亚洲，泰国大城成为鲁班工坊所在的首个城市，随后，印度、印度尼西亚、巴基斯坦、柬埔寨等5个国家相继建设了鲁班工坊。其中，东南亚有泰国、印度尼西亚和柬埔寨3个鲁班工坊，特别是泰国鲁班工坊已经形成覆盖泰国全境、辐射东南亚的良好局面。另外，柬埔寨鲁班工坊的建成是为落实"澜湄合作协议"，直接服务澜湄五国（即柬埔寨、越南、老挝、缅甸和泰国）。南亚有印度和巴基斯坦2个鲁班工坊。印度是金砖国家之一，作为金砖国家中经济体量较大和人口较多的成员之一，印度在该合作机制中起到的作用不容忽视。"一带一路"倡议的旗舰工程是"中巴经济走廊"，巴基斯坦处于"海上丝绸之路"与"丝绸之路经济带"交汇处，对共建"一带一路"国家有很好的示范作用和先行导向作用。

### 第一节　亚洲的社会经济与教育概况

#### 一、亚洲的社会与经济概况

　　亚洲，全称亚细亚洲，是七大洲中面积最大、人口最多的一个洲，同时也是人口密度最大的洲。亚洲绝大部分地区位于北半球和东半球，东临太平洋，北临北冰洋，南临印度洋，地跨寒、温、热三带，是世界上纬度最广、东西距离最长的洲，东西时差达11—13小时。西部与欧洲相连，形成地球上最大的陆块欧亚大陆。

　　亚洲地域辽阔，按照地理方位，亚洲分为东亚、南亚、东南亚、中亚、西亚和北亚6个地区。亚洲的历史和文化都非常悠久。世界四大文明古国中的中国、印度和古巴比伦都位于亚洲大陆。

　　在18世纪工业革命开始之前，由于世界的经济重心在亚洲，所以大部分人类的技术成就都产生于亚洲。早在公元前3000年，亚洲人已经发明了烧制陶器和冶炼矿石，亚洲的苏美尔人首先发明了文字和系统的灌溉工程，中亚的游牧民族发明了马鞍、挽具和车轮，中国人发明了瓷器、马镫、火药、指南针、造纸术和印刷术，并最早种植稻谷。印度人和阿拉伯人发明了十进位计算技术。亚洲各种地方性的医药技术即使到今天也非常有效，还在很多地区使用。

亚洲各国中，除了日本、韩国、新加坡、以色列是发达国家，其余均为发展中国家。许多国家发挥其自然条件和资源的优势，经营多种热带和亚热带作物，积极勘探、开采矿产资源，大力发展制造业，使经济体制由以农业、矿业为主的单一化向多元化方向发展，亚洲的工业、农业和交通运输业在世界经济中心已占重要地位。畜牧业和渔业也很发达。亚洲各国、各地区工业发展水平和部门、地域结构差异显著。绝大多数国家工业基础薄弱，采矿和农产品加工及轻纺工业占主要地位。中国工业发展迅速，工业体系完整；蒙古工业以畜产品加工为主；新加坡、泰国、马来西亚是新兴工业化国家；印度尼西亚和文莱以生产原油为主；印度工业较发达，除阿富汗、黎巴嫩和土耳其外。西亚多数国家工业均以生产原油和炼油为主，西亚能源在世界能源中占有重要地位。

## 二、亚洲的教育概况

由于历史发展不同、资源条件不一等多种原因，亚洲国家的教育水平存在较大的差异。本文着重介绍亚洲鲁班工坊所在国家的教育状况。

泰国实行 12 年制义务教育。中小学教育为 12 年制，即小学 6 年、初中 3 年、高中 3 年。中等专科职业学校为 3 年制，大学一般为 4 年制，医科大学为 5 年制。泰国的教育系统较为完善，可分为正规正式教育、非正规教育和非正式教育三类。正规正式教育包括基础教育、高等教育及专门化教育。非正规教育独立于正规教育之外，补充、完善着正规学校教育体系，由大众和私人机构、非政府组织、工厂或政府实体（如行政技能培训中心）提供。非正式教育是指自学领域，由教育部支持提供的基于学习者个体兴趣、潜能、意愿和机会，从社会、媒体或其他渠道学习知识的特殊学习活动。

印度教育实行 12 年一贯制中小学义务教育。高等教育共 10 年，包括 3 年本科、2 年硕士、2 年副博士和 3 年博士课程。此外，还有各类职业技术教育、成人教育等非正规教育。全国现有 20 所国立大学、215 所邦属大学、100 所自治大学及其他多所学院。2018 年，印度成人识字率达 74%，其中男性识字率为 82.1%，女性识字率为 65.5%，南部邦区喀拉拉邦识字率为 93.9%，为全印度各邦第一。印度成人文盲约有 3 亿，居世界首位。近年来，印度 6 岁至 14 岁儿童毛入学率为 93%~95%，但全国小学平均辍学率高达31%。近年来，部分企业财团投资兴办了一批私立学校，虽然学费相对较高，但因其校舍、师资配备较好，部分满足了较高层次教育的需要。

巴基斯坦虽然实行中小学免费教育，但受经济发展水平所限，教育比较落后，学校数量相对于其庞大的人口明显不足，小学入学率和初级教育普及率均较低，能接受高等教育者较少。由于教育资源的匮乏，越来越多的贫困家庭将孩子送进宗教学校。据联合国教科文数据显示，当前小学适龄人口入学率可达到76%，中学为45%，教育支出约占其GDP的2.76%，10岁以上人口识字率仅为62.3%左右，其中男性72.5%，女性51.8%。另据不完全统计，巴基斯坦全国共有小学15.8万所，初中2.9万所，高中1.6万所，大学51所。

印度尼西亚实行9年制义务教育，其教育体系包括四个层次——小学、初中、高中和高等教育。2017年教育预算开支约2100亿元人民币。印度尼西亚高等教育分为普通高等教育和高等职业教育两种，目前高等教育机构绝大多数是私立的，整体入学率偏低，约有11%的经济活动人口接受大学水平的教育。自1978年起，印度尼西亚开始实行非学位教学计划，即职业教育。学生在专科学校或理工学院完成学习后，可以得到毕业文凭或毕业证书。[①]

柬埔寨的教育制度包括四个层次——学前教育、小学教育、中等教育、高等教育。柬埔寨实行9年制义务教育。小学入学率，尤其是城市入学率相当高，净入学率达到91%。学生完成义务教育后，可以选择继续接受高中教育，也可以参加劳工与职业培训部提供的中级职业培训课程。高中毕业后，约有50%的学生进入大学深造，30%的学生就业，17%的学生参加职业培训，1%的学生帮助家庭劳动，2%的学生选择其他方向。[②]目前，全国共有4014所幼儿园，7144所小学，1731所中学，63所高等学院（其中18所公立院校，45所私立院校）。

## 第二节 中亚之间的经济教育合作概况

### 一、中国与亚洲其他国家之间的经济合作概况

#### （一）中国与柬埔寨的合作

中国与柬埔寨是传统友好邻邦。近年来，两国在各领域的合作不断深化，取得重要进展。中柬双边经贸规模不断扩大，中国已连续多年是柬埔寨最大外资来

---

① ② 参见白滨、吕欣姗：《东盟国家职业教育研究》，北京师范大学出版社，2020年。

源国。据中方统计，2019 年，中柬双边贸易额 94.3 亿美元，增长 27.7%。对柬埔寨非金融类直接投资 6.9 亿美元，增长 7.2%；在柬埔寨新签工程承包合同额 55.8 亿美元，增长 93.6%；完成营业额 27.8 亿美元，增长 54.1%。两国在电力、农业、旅游开发、经济特区、信息通信等领域的投资合作取得积极成果，为柬埔寨社会经济发展作出了重要贡献。[①]

### （二）中国与印度尼西亚的合作

近年来，中国和印度尼西亚在贸易、投资和工程承包等领域合作发展迅猛。印度尼西亚是"21 世纪海上丝绸之路"首倡之地，2013 年 10 月，习近平主席在印度尼西亚首次提出共建"21 世纪海上丝绸之路"，中国和印度尼西亚双边关系提升至全面战略伙伴关系。投资已成为双边经贸合作的最大亮点。

据印度尼西亚官方统计，2019 年中国对印度尼西亚直接投资达 47 亿美元，位列印度尼西亚第二大外资来源国，中国已连续多年保持印度尼西亚第一大贸易伙伴，持续成为印度尼西亚第一大出口目的国。印度尼西亚长期以来是中国企业开展工程承包的前十大海外市场之一。2019 年，中国企业在印度尼西亚工程承包新签合同额和完成营业额分别达 140 亿美元和 87 亿美元。中国企业积极参与印度尼西亚的电站、高速公路、桥梁、水坝等项目建设，为增进印度尼西亚各地的互联互通、推进基础设施建设作出了积极贡献。[②]

### （三）中国与泰国的合作

在中泰两国政治互信不断加深、中国–东盟自贸区建成并不断深化，以及"一带一路"倡议全方位推进的大背景下，两国经贸合作已进入历史最好时期。据中国海关统计，2019 年中泰贸易额达 917.5 亿美元，中国连续 7 年成为泰国第一大贸易伙伴；2019 年当年，中国在泰国投资额达到 9.02 亿美元，成为泰国最大境外投资来源地。中国企业在泰国投资质量稳步提升，经济影响与日俱增，越来越多的中国大企业在泰投资建厂，一批批大型项目相继投产。中泰之间的投资合作已逐步形成多层次、多渠道、全方位的合作格局。泰国政府还积极响应"一带一路"倡议，主动将国家发展战略与澜湄合作、"南向通道"等区域合作对接，开展与中国的友好合作。泰国的发展规划及战略与中国推动的"一带一路"倡议和国际产

---

[①] 参见中华人民共和国商务部：《对外投资合作国别（地区）指南 柬埔寨（2020 年版）》，http://www.mofcom.gov.cn/dl/gbdqzn/upload/jianpuzhai.pdf。

[②] 参见中华人民共和国商务部：《对外投资合作国别（地区）指南 印度尼西亚（2020 年版）》，http://www.mofcom.gov.cn/dl/gbdqzn/upload/yindunixiya.pdf。

能合作战略具有高度的契合性。①

### （四）中国与巴基斯坦的合作

巴基斯坦是与中国山水相连的好邻居、好伙伴、好朋友、好兄弟，是我国唯一的"全天候战略合作伙伴"，也是"一带一路"上重要的支点国家，建设中的中巴经济走廊更是"一带一路"倡议的先行先试和标杆项目。目前，两国在各领域合作不断深化，走廊建设进入充实拓展新阶段，双边经贸合作前景广阔。中国已连续 5 年成为巴基斯坦最大贸易伙伴，是巴基斯坦第一大进口来源国和第二大出口目的国，连续 6 年成为巴基斯坦外国直接投资最大来源国，巴基斯坦还是中国重要的海外承包工程市场。②

### （五）中国与印度的合作

中国和印度同属文明古国，两国人民的友好交往源远流长。在绵延几千年的历史进程中，两大文明交相辉映、互学互鉴，共同谱写了世界文明史上的绚丽篇章。自 1950 年两国正式建立外交关系以来，中印关系不断向前发展。迈入 21 世纪，两国关系驶入快车道，建立了面向和平与繁荣的战略合作伙伴关系。中国是印度第三大出口目的地和第一大进口来源地。目前，中国在印度正在开展的产业园区有两个，分别是新疆特变电工集团开展的古吉拉特邦电力产业园区项目和北汽福田牵头开展的马哈拉施特拉邦汽车产业园项目。其中，特变电工产业园区已于2014年正式投产，入园企业 4 家，年销售收入达数亿美元，北汽福田产业园区正在推进中。③

## 二、中国与亚洲其他国家之间的教育合作情况

中国同亚洲其他国家的教育合作在政府间对话、校企多方合作、院校人才培养与交流等多个方面不断深入。

### （一）政府统筹，推进教育合作不断深入

亚洲国家各国政府均重视教育合作，并推动教育合作成为服务经济社会合作的重要推手。各方政府的统筹推进为亚洲教育合作搭建了良好的平台。

---

① 参见中华人民共和国商务部：《对外投资合作国别（地区）指南 泰国（2020 年版）》，http://www.mofcom.gov.cn/dl/gbdqzn/upload/taiguo.pdf。

② 参见中华人民共和国商务部：《对外投资合作国别（地区）指南 巴基斯坦（2020 年版）》，http://www.mofcom.gov.cn/dl/gbdqzn/upload/bajisitan.pdf。

③ 参见中华人民共和国商务部：《对外投资合作国别（地区）指南 印度（2020 年版）》，http://www.mofcom.gov.cn/dl/gbdqzn/upload/yindu.pdf。

### 1. 政府领导的对话、互访等交流活动为教育合作营造了良好的氛围

习近平主席在亚洲文明对话大会开幕式上指出，要共同构建亚洲命运共同体、人类命运共同体，并多次强调将人文交流、人才培养作为合作的重要内容。李克强总理在中国东盟领导人会议上指出，要建设更为紧密的中国－东盟共同体，提出"未来之桥"中国－东盟青年领导人研修计划、中国－东盟菁英奖学金等多项教育领域合作项目。中国还同联合国教科文组织合作设立了第一个社科领域国际学术资助项目《丝绸之路青年学者资助计划信托基金协议》。

### 2. 多边和双边合作政策为教育交流设定了良好的顶层规划

中国政府分别与柬埔寨、马来西亚、印度尼西亚等多个国家政府联合声明，推动双方在政治、经济、社会安全、文化教育等领域的合作。目前，中国和亚洲国家之间的教育交流合作平台不断增多，亚洲教育北京论坛、东亚峰会高等教育合作论坛、亚太经合组织教育部长会议、中阿高教合作研讨会等平台已经建立，全方位多层次、双边多边互动的交流机制逐步形成，交流内涵不断深化，战略共识进一步增强，形式日趋多元。

### 3. 常态化交流机制推进了教育合作持续深入发展

中国同多个亚洲国家已建立或准备建立年度青年交流机制，实施了"21 世纪东亚青少年大交流计划"等项目，开阔了青少年学生的国际视野，增进了彼此友谊，深化了交流合作，形成了辐射效应，夯实了社会基础。再如，中日韩教育主管部门于 2012 年开始联合组织实施"亚洲校园"项目，迄今已有 3 国 39 所知名高校的近4000 名学生通过该项目进行交流学习。

### 4. 多方参与的国际项目不断提升了教育合作质量

中国教育国际交流协会设立的"中国－东盟双百职校强强合作旗舰计划"，计划 5 年时间内分批遴选 100 个东盟高职院校特色合作项目。截至 2021 年，已经分三批遴选出"强化鲁班工坊内涵建设，提升国际化人才培养质量""中柬澜湄职教培训中心暨鲁班工坊"等 60 个特色合作项目。[①]

### （二）校企深度合作，为教育国际合作提供不竭动力

深化产教融合，促进教育链、人才链与产业链、创新链有机衔接，是当前推进人力资源供给侧结构性改革的迫切要求，对新形势下全面提高教育质量、扩大就业创业、推进经济转型升级、培育经济发展新动能具有重要意义。

---

① 参见任君庆、王琪：《"一带一路"职业教育研究蓝皮书》，厦门大学出版社，2020 年。

　　企业对能够胜任国际化工作的技术技能人才的旺盛需求推动了教育合作。我国院校对接企业的用人需求，通过与亚洲国家合作培养留学生、交换生等形式为"走出去"企业输送技术技能人才。

　　企业"走出去"对当地员工的技术技能提升需求推动了教育合作。通过境外办学、选派教师赴亚洲国家开展短期培训和技术指导等途径，帮助"走出去"企业提升当地员工的技术技能水平。

### （三）院校积极互动，推动教育国际合作向深入发展

　　院校是教育国际合作的实施主体，近年来，中国和亚洲国家院校积极互动，创设合作项目，创新合作形式，不断推动教育合作深入发展。

　　师生短期交流项目的内容和形式不断创新，交流人数不断增加。各院校通过师生短期交流、交换项目，从教育教学、实习时间、文化体验、教育论坛等多维度持续推进合作交流。

　　留学生教育规模不断扩大。近年来，赴亚洲国家和亚洲国家来华留学生的人数规模不断扩大。据教育部公布的 2018 年来华留学统计显示，2018 年，共有来自 196 个国家和地区的 492185 名各类外国留学人员，其中亚洲学生总数为 295043 人，占 59.95%。

　　共同设置合作办学机构，联合培养技术技能人才。当前，我国与亚洲国家的院校合作成立了多个办学机构，如天津职业技术师范大学、天津工业大学、天津城建大学联合与巴基斯坦旁遮普省技术教育与职业培训部开展了跨境办学项目——旁遮普天津技术大学，以联合办学的形式使用中国高等教育培养模式为巴基斯坦培养应用型技术人才。天津高校还在亚洲国家建立了鲁班工坊。这些办学机构在为当地培养人才的同时，也有效推动了亚洲教育的交流合作。

## 第三节　亚洲鲁班工坊的建设成就

### 一、亚洲鲁班工坊概况

　　亚洲鲁班工坊分布在泰国、印度、印度尼西亚、巴基斯坦、柬埔寨 5 个国家。其中，泰国鲁班工坊是天津渤海职业技术学院和泰国大城技术学院合作创建的我国境外第一所鲁班工坊，2016 年 3 月 8 日揭牌启运，随后天津铁道职业技术学院

加盟，共同完成了三期建设，形成了"一个鲁班工坊，内设渤海中心、铁院中心"的"一坊两中心"建设模式；印度鲁班工坊是天津轻工职业技术学院和天津机电职业技术学院在印度金奈理工学院建设的，2017 年 12 月 8 日正式揭牌启运；印尼鲁班工坊是天津市东丽区职业教育中心学校与印尼东爪哇省波诺罗戈市第二职业技术学校共建的，于 2017 年 12 月 12 日揭牌启运；天津现代职业技术学院与巴基斯坦旁遮普省技术教育与职业培训局合作共建了巴基斯坦鲁班工坊，2018 年 7 月揭牌启运；柬埔寨鲁班工坊由天津中德技术应用大学与柬埔寨技术与职业教育领域领军院校柬埔寨国立理工学院共同建设，于 2018 年 10 月 28 日正式揭牌。

亚洲鲁班工坊参加学校涉及中职学校、高职院校和应用本科学校，共 7 所学校，外方涉及 2 所本科院校、1 所高职学校、1 所中职学校和 1 个省级教育局，共 4 所学校、1 个教育局。鲁班工坊的建设场地严格符合设计要求，既能满足日常教学，又能满足各种人文交流活动的需求。其中，柬埔寨鲁班工坊的建筑面积最大，达到 6814 平方米，泰国鲁班工坊也达到了 2000 平方米。

亚洲鲁班工坊涵盖中职、高职、本科职业教育类型，合作专业数量为 16 个，主要集中在机械、自动化、汽车、铁道及信息领域，体现出在人工智能、新能源、高铁、移动通信等领域，中国产业与技术的优势地位。其中，泰国鲁班工坊开设机电一体化技术、新能源汽车技术、物联网技术、数控技术、（高铁）动车组检修技术、（高铁）铁道信号自动控制 6 个专业；印度鲁班工坊开设工业机器人、工业产品数字化设计与制造、光伏发电技术与应用、数控设备应用与维护 4 个专业；印尼鲁班工坊开设汽车运用与维修、电子技术应用 2 个专业；巴基斯坦鲁班工坊开设机电一体化、电气自动化 2 个专业；柬埔寨鲁班工坊开设机电一体化技术、通信技术 2 个专业。

表 2-1 亚洲鲁班工坊专业建设情况

| 教学层次 | 工坊名称 | 开设专业 |
| --- | --- | --- |
| 本科工程应用 | 印度鲁班工坊 | 工业机器人 |
| | | 工业产品数字化设计与制造 |
| | | 光伏发电技术与应用 |
| | | 数控设备应用与维护 |
| | 柬埔寨鲁班工坊 | 机电一体化技术 |
| | | 通信技术 |

续表

| 教学层次 | 工坊名称 | 开设专业 |
|---|---|---|
| 高等职业教育 | 泰国鲁班工坊 | 机电一体化技术 |
| | | 新能源汽车技术 |
| | | 物联网技术 |
| | | 数控技术 |
| | | （高铁）动车组检修技术 |
| | | （高铁）铁道信号自动控制 |
| 中等职业教育 | 印度尼西亚鲁班工坊 | 汽车运用与维修 |
| | | 电子技术应用 |
| | 巴基斯坦鲁班工坊 | 机电一体化 |
| | | 电气自动化 |

## 二、国内外影响

### （一）政府的认可情况

#### 1. 泰国鲁班工坊得到中泰两国政府的高度认可

泰国鲁班工坊自建成以来，开展多期培训，辐射泰国全国，培养了大批职业技能人才，为泰国的职业教育作出了积极贡献。天津市教委、天津渤海化工集团有限责任公司、渤海学院的领导被泰国授予"诗琳通公主纪念奖章"，泰国十世国王在《暹罗早报》上寄语"铁院中心"："努力为泰国高铁培养技术人才！"大城技术学院荣获"国王奖"。原泰国大城技术学院院长哲仁荣获 2020 年天津市人民政府"海河友谊奖"。渤海学院荣获 2016、2018 年职业教育国际影响力 50 强，2018、2020 年亚太职业教育影响力 50 强，2020 年中国职业院校世界竞争力 50 强。

#### 2. 中国驻印度大使高度重视印度鲁班工坊的发展

我国驻印度时任大使认为，鲁班工坊的建设不仅服务了"一带一路"倡议，是"走出去"的重要举措，同时也是发展良好双边关系的一部分。

### 3. 印度尼西亚总统听取印度尼西亚鲁班工坊介绍

印度尼西亚共和国总统在出席"加强教育，促进文化"印度尼西亚全国教育和文化会议时，听取了印度尼西亚鲁班工坊的情况汇报并给予高度评价。印度尼西亚教育部部长参观了印尼鲁班工坊无人机植保及设备并给予高度评价。

### 4. 巴基斯坦旁遮普省政府高度评价鲁班工坊

旁遮普省工商业与投资部部长、旁遮普省 TEVTA 首席运营官认为，巴基斯坦鲁班工坊项目是中巴友谊的一座新里程碑，是"一带一路"倡议下中巴职业教育合作的历史性成果，是中巴省级合作的新开端，是中巴友谊新源泉。鲁班工坊项目将有效提升巴基斯坦青年技术水平，培养未来巴基斯坦现代工业体系中的领导者。

### 5. 柬埔寨政府高度认可柬埔寨鲁班工坊

柬埔寨政府高度认可柬埔寨鲁班工坊对于柬埔寨职业教育的促进作用，授予天津中德技术应用大学 3 名校领导由柬埔寨洪森首相亲笔签名的萨哈梅特里荣誉勋章。柬埔寨劳工与职业培训部授予 11 名参与柬埔寨鲁班工坊建设教师突出贡献荣誉。

## （二）中外媒体反响

鲁班工坊自创建以来，就备受中外政府和社会各界的广泛关注。《人民日报》《光明日报》《环球时报》，以及泰国、印度、印度尼西亚、巴基斯坦和柬埔寨等中外各类主流权威媒体都相继对其建设历程进行了深度报道。

2016 年 4 月 26 日，《光明日报》报道中国首所海外鲁班工坊落户泰国。报道称，作为中国第一所落户海外的鲁班工坊，该工坊以工程实践创新项目教学模式为核心理念和主线。

2016 年 9 月 29 日，《人民日报》刊发《职业教育的"共享"之路》。报道称，如果说鲁班的名字是中国工匠精神的象征，那么鲁班工坊则称得上是中国职业教育"走出去"的标志。天津渤海职业技术学院在泰国大城府大城技术学院建立的鲁班工坊正式挂牌运营。它的成立意味着中国优秀的职业教育成果走出国门，与世界分享优质职业教育资源。

2017 年 5 月 30 日，《中国教育报》头版头条报道了《"鲁班"环游记》。

2017 年 12 月 16 日，《天津日报》以"天津职教走向世界添新'星'"为题，报道印度鲁班工坊落成。报道称，印度和印度尼西亚两个鲁班工坊的正式运营标志着新时代下，天津把自己的优秀职业教育成果与世界分享计划的顺利实施，同时天津职业教育的国际化已经进入中高国际交流合作发展的新阶段。

2018 年 1 月 7 日，《人民日报》报道《鲁班工坊培养泰国小工匠》。报道称，参加鲁班工坊项目的泰国学生赴华深造，实现了中国倡导的工程实践创新项目教学模式在泰国落地，提高了泰国职业教育的人才培养水平。

2018 年 7 月，巴基斯坦鲁班工坊启动运行式，10 家国家及省级媒体《旁遮普日报》《白沙瓦日报》《工业经济日报》《92 新闻》等进行了连续报道，赢得社会各界广泛赞誉并掀起一股"中国热"，认为巴基斯坦鲁班工坊项目是中巴友谊的一座新里程碑，是"一带一路"倡议下中巴职业教育合作的历史性成果，是中巴省级合作的新开端，是中巴友谊新源泉。鲁班工坊项目将有效提升巴基斯坦青年技术水平，培养未来巴基斯坦现代工业体系中的领导者。

2018 年 8 月 25 日，《人民日报》（海外版）报道鲁班工坊"铁院中心"在泰国大城技术学院揭牌成立。这座由天津铁道职业技术学院建立的培训中心，是中国在海外建立的第一个高铁类技术技能培训基地。报道称，这是中国职业教育向世界贡献中国智慧的缩影。智行四方的鲁班工坊正在用自己的工匠品牌，将中国职业教育的发展成果与世界共享。

2019 年 5 月 8 日，《光明日报》头版头条刊发《鲁班工坊出国记》，写到天津市跨越国界建设鲁班工坊，让中国工匠精神漂洋过海，叫响世界。

2020 年 2 月 29 日，新华社刊发《鲁班工坊师生对中国战"疫"充满信心》。报道了泰国、巴基斯坦、柬埔寨鲁班工坊学生为武汉点赞加油，获得中外各界广泛关注。

2021 年 1 月 9 日，人民网刊发《鲁班工坊推动印尼职业教育》。报道称，鲁班工坊这一创新合作模式，为印尼培养更多技能人才提供了新思路。

2021 年 6 月 16 日，《中国日报》刊发 *Tianjin champions vocational training Luban Workshops overseas groom young workers for digitalized world*，报道了鲁班工坊人才培养取得的重要成果。

### （三）学术论坛情况

随着鲁班工坊建设规模的扩大,中国先后举办两届中国－印度职业教育合作论坛、中国－东盟职业院校高峰论坛、中国·泰国职业院校校长论坛、中国·印尼职业学校校长论坛、EPIP 国际教育联盟论坛、鲁班工坊与产教融合国际论坛等多场国际论坛,向国内外介绍鲁班工坊,极大地提升了鲁班工坊的影响力。在 2021 年 4 月外交部庆祝澜湄合作启动五周年暨 2021 年"澜湄周"澜湄合作专项基金成果展上,柬埔寨鲁班工坊成为教育领域澜湄合作两项重要宣介成果之一对外展示。

## 三、对企业发展的作用

### （一）人才支持

鲁班工坊通过采取职业培训、学历教育等多种方式，在合作国开展职业教育和技术技能培养培训。

自 2017 年 12 月揭牌启运以来，印度鲁班工坊已培训企业员工共计 760 人，学生 600 余人。目前，已有 20 名左右订单培养的学生被在印中资企业录用，有 60 余名学生被当地企业录用。2021 年 6 月，山东豪迈集团股份有限公司代表团到天津轻工职业技术学院访问，与印度鲁班工坊达成了初步合作意向，希望招收印度鲁班工坊毕业学生作为印度子公司员工。

巴基斯坦鲁班工坊服务"中巴经济走廊"技术人才培养项目开展了两期，每期 6 个月的教学培训，完成 1600 学时的教学任务，共 50 名巴基斯坦学生圆满完成了学习，400 余人次参加了短期培训。与中国北方工业集团承建的拉合尔橙线轨道项目确认了顶岗实习的岗位和标准，鲁班工坊毕业学生走上专业翻译和设备维护的实习岗位。

### （二）技术支持

#### 1. 持续深化产教合作，提升中国企业国际竞争力

天津圣纳科技有限公司研发的新能源汽车成为鲁班工坊的标准配置，该企业成为泰国大城的新能源汽车改造指定商；东方亨瑞科技发展有限公司承接了鲁班工坊空中课堂项目，该公司的交互智能平板注册了国际品牌 MAXHUB，已经进入泰国市场；"729"创意文化体验中心也入驻泰国鲁班工坊，成为鲁班工坊的标配设施。

印度鲁班工坊为在印度的中资企业中国中天科技印度有限公司、中国巨轮（印度）私人有限公司、中国中材国际工程股份有限公司、中国昇龙生物科技（印度）有限公司、天津市天锻压力机有限公司提供订单式服务，培养中资企业紧缺的技术技能人才。印度鲁班工坊还聘请了 2 位在印度中资企业领导作为客座教授，参与工坊建设，以提高人才培养质量，使印度鲁班工坊培养的技术技能人才真正符合当地经济和行业发展需要。

巴基斯坦鲁班工坊与 8 家中资企业和当地大型企业签订了产教协同育人联盟战略合作协议。企业为鲁班工坊提供实训场地，工坊为企业培养所需技能人才。

#### 2. 深化校企科研合作，提升中国企业核心竞争力

泰国鲁班工坊铁院中心深化科研合作，天津铁道职业技术学院与天津骥腾科

技公司校企联合，成功研发了高铁标准动车组制动仿真实训系统。该系统能够满足高铁标准动车组检修核心技术的培训需求。该设备也因其功能定位准确，成为2019年度天津市铁道运输行业大赛设备。通过大赛的成功举办，该套设备的性能、质量及实用性经受住了考验，得到了参赛院校的一致认可。天津铁道职业技术学院与天津骥腾科技有限公司共同申请的专利已经被国家知识产权局批准，专利名称为"一种高铁标准动车组制动实训装置"，分别获得了实用新型专利和发明专利。2021年5月，该套设备还获得了由全国职业高等院校校长联席会议颁发的职业高等院校技术研发与应用优秀成果奖。

## 四、对中外院校发展的作用

### （一）人才培养成效

亚洲5家鲁班工坊共为所在国培养培训技术技能人才10000多人次，毕业生国际竞争力日益增强。

5年来，泰国鲁班工坊学历教育培养1125人，技能培训交流师生8000余人次。其中，马来西亚和印尼学生到泰国鲁班工坊学习，回国参加国家自动化生产线技能大赛获得一等奖。泰国学生在鲁班工坊学习后，2016年获得第11届东盟技能大赛"工业自动化系统"竞赛奖牌，2018年获得第27届泰国国家劳动技能大赛工业自动化专业赛项金牌冠军奖，2019年泰国留学生回国参加泰国首届"职业教育宝石王杯"大赛并荣获金牌冠军诗琳通公主宝石王杯，2020年获得泰国首届铁道运输系统邀请赛冠军奖，获得第二届国际职业学生创新项目大会创新奖1项、创业奖1项、三等奖2项。招收留学生200多人，已毕业的66名泰国留学生，27人到本科院校深造，其余均已就业，就业率达100%。

印度鲁班工坊学生参加2018年全国职业院校技能大赛国际邀请赛，并在"机电一体化"项目中荣获二等奖、"风光互补发电系统安装与调试"和"工业产品数字化设计与制造（3D）"项目均荣获优胜奖。印度鲁班工坊一组团队参加2019年全国职业院校技能大赛国际邀请赛"工业产品数字化设计与制造（3D）"项目，获得二等奖。印度鲁班工坊参加印度Micro Mouse比赛时荣获第一名，参加Techfest 2020年Micro Mouse印度（孟买）国际比赛获得优胜奖。

印度尼西亚鲁班工坊选派5名优秀学生参加了"启程杯"EPIP鲁班工坊国际邀请赛和2018年中国职业院校技能大赛中职组汽车运用与维修技能比赛，并取得优异成绩。目前，波诺罗戈第二职业学校轻型汽车维修、机械工程、计算机和多媒体工程等 8 个专业 1200 名学生，每周在印尼鲁班工坊开展 4 课时技能培训。多家企业抢订参加鲁班工坊培训毕业生，2019 年 480 名学生被当地优秀企业录用，47 名学生被当地知名日资企业录用。

巴基斯坦鲁班工坊构建专科层次联合培养育人体系。天津现代职业技术学院与 TEVTA 确立了巴基斯坦鲁班工坊专科层次学历教育联合培养模式。此模式学制 3 年，分为"0.5+2+0.5"三阶段。学生可获得巴基斯坦旁遮普省 G3 等级职业资格证书、天津现代职业技术学院专科层次毕业证书和驻巴中资企业实习鉴定书。

柬埔寨鲁班工坊累计招收澜湄国家留学生 148 人，其中在读研究生 1 人，涉及高职、本科、研究生 3 个层次学历教育、8 个专业。针对澜湄国家生源特点，实现贯通式培养。一方面，针对"高职－本科"留学生，注重学生实用技能的培养及训练，此类留学生的培养目标是精实用技能的应用型人才。另一方面，助力澜湄国家职业高等教育师资能力提升和增值，探索基于澜湄国家人才能力建设的应用型"本科－硕士"人才培养体系，招收柬埔寨国立理工学院教师 1 人来天津中德技术应用大学深造硕士研究生，以基于澜湄国家实际问题的科研项目助力师资能力提升。组织柬方师生参加 2019 年第三届 EPIP 工程实践创新项目国际论坛，参加 2019 年国际电脑鼠邀请赛，教师代表队获得二等奖、学生代表队获得三等奖；参加 2019 年自动化生产线安装与调试国际邀请赛获得三等奖；培养的柬方教师团队在 2019 年柬埔寨国家职业院校技能大赛自动化生产线安装与调试赛项中获第一名。

### （二）师资能力提升

鲁班工坊的师资队伍是以当地专业教师为主导的，项目建设前期接受天津职业院校的专门培养培训。天津职业院校负责对海外合作单位的教师团队进行培训，以便更好地发挥鲁班工坊在合作国培养本土技术技能人才作用。亚洲鲁班工坊目前已培训师资近 350 人次。

泰国鲁班工坊培养培训 142 人次。其中，天津渤海职业技术学院已培训师资 60 人次，旨在打造一支具有从事国际化专业教学所需的跨文化知识，了解从事专业的前沿知识动态，能够用双语讲授专业知识，具备国际思维和国际视野的"双师、双语、双能"的师资团队。天津铁道职业技术学院采用"四双五能四有"的师资培训模式，为铁院中心培训教师 82 人次，特别是为泰方培养了 2 名专业带头人，7 名骨干教师。疫情期间，积极探索线上教学新思路，勾勒出"多元结合，教学相长，分类施教"的教学导图，完成线上培训 44 人次。

印度鲁班工坊共开展了 5 次师资培训，累计培训 32 人次。举办印度鲁班工坊 EPIP 师资研修班，培训期间，校企共同制定培训方案，采用理论学习、时间实训、企业实地考察相结合的方式，为印度鲁班工坊的顺利运行储备了高水平的师资及专业带头人。培训的师资参加中国职业院校技能大赛并获奖。从 2016 年至今，中方两所学校与企业共同按照国际职业标准，结合先进的教学理念，校企共同制定培训方案，采用理论学习、实践实训、企业实地考察相结合的方式，为印度鲁班工坊进行师资培训。印方派出骨干教师及优秀学生赴津培训 3 次，中方教师赴印进行鲁班工坊现场培训 2 次，为印度鲁班工坊的顺利运行储备了高水平师资及专业带头人，也为印度鲁班工坊学生参加中国职业院校技能大赛奠定了基础。

印尼鲁班工坊先后开展了 9 期师资研修班，累计培训 56 人次。先后为东爪哇省波诺罗戈第二职业技术学校、第三职业学校、第五职业学校等 12 所印尼职业院校的教师开展汽车维修技术、工程实践创新项目、无人机技术、新能源汽车技术等培训达 2000 余课时数。培训中围绕汽车维修与应用技能、无人机技术、工程实践创新项目、新能源汽车技术，双方教师针对国际化专业教学标准和教学方案进行了深入探讨、形成成果。

巴基斯坦鲁班工坊开展了 EPIP 师资研修班，5 位硕士学历的巴基斯坦名校毕业的教师参加了为期 5 周的培训，培训内容为国际专业的 4 个重点教学模块的实训内容，并在参加职教周期间举办的国际师资技能大赛中取得优异成绩。

柬埔寨鲁班工坊在近 3 年建设和运行时间里，共派出 10 批次、28 人次专业教师赴柬埔寨合作院校开展不同职业等级师资培训，中德教师驻柬埔寨鲁班工坊最长工作时间近半年。累计为柬埔寨及澜湄国家培训教师 108 人次。柬方合作院校共派出 2 批次、17 人次教师到访天津中德技术应用大学及中国企业进行培训、实习和研修，人均接受培训时长达到 120 课时。培训效果评估采用理论和实践相结合的方式，培训合格者获得天津中德技术应用大学和企业所认证颁发的结业证书。2019 年，柬埔寨鲁班工坊开展两期面向柬埔寨其他 6 所学校及越南、泰国和缅甸 3 个澜湄国家 7 所学校共计 46 名职业教师的师资培训。2020 年，柬埔寨鲁班工坊自主开展面向当地院校师生的培训工作，培训教师 6 人、学生 390 人。柬埔寨鲁班工坊开展澜湄国家师生培训量累计达 2 万人次。柬埔寨鲁班工坊教师团队参加 2019 年柬埔寨国家职业院校技能大赛自动化生产线安装与调试赛项获得第一名。柬埔寨鲁班工坊作为澜湄国家师资培训基地，实现了为柬埔寨和其他澜湄国家开展职业教育和职业培训的核心职能。

### （三）教育教学资源

泰国鲁班工坊开设的6个专业全部通过泰国国家职业教育委员会的认证，为中国职教标准服务泰国经济社会发展，服务"走出去"中国企业奠定了基础。目前，渤海学院已完成省部级以上国际化课题研究4项，参编出版了《鲁班工坊》《鲁班工坊核心要义》等著作。编印教材26本，制作课件232个，视频资源600多分钟，训练题库16套（涉及1.6万套训练题）。铁道学院基于EPIP教学模式开发了13门课程标准及教学设计标准，开发了13本配套工学结合双语教材，开发了7本实训指导书，建设了3门精品在线开放课程，正在建设4门课程配套资源，填补了泰国职业教育在动车组检修技术、铁道信号自动控制专业的空白。渤海学院牵头主持，铁道学院参与的《开发国际化专业教学标准创设鲁班工坊职业教育国际合作的研究与实践》荣获2018年职业教育教学成果国家级一等奖；渤海学院主持的《中泰职业教育研究与探索》荣获2018年天津市职业教育教学成果市级一等奖。

为保证印度鲁班工坊建设能够真正落地实施，轻工学院、机电学院、印度金奈理工学院及相关龙头企业多方共同开发了光伏发电技术与应用专业、数控设备应用与维护专业、机械设计与制造（3D制作）专业、工业机器人技术专业4个国际化专业。在充分调研印度本土对专业人才培养需求的基础上，中印双方共同开发、编写了4个国际化专业教学标准、课程标准，并公开出版了4本国际化双语教材，形成了完整的教学实训体系。根据课程标准，天津轻工职业技术学院还利用主持建设国家级新能源专业教学资源库的优势，丰富了教学资源，实现了企业、岗位与专业教学的有机衔接。疫情期间，天津轻工职业技术学院为印度鲁班工坊录制了视频课程，助力印度鲁班工坊线上运营。

印尼鲁班工坊建有汽车运用与维修、电子技术应用以及中餐烹饪3个专业，在印尼建有360平方米的实训场地。工坊依托中国天津－印尼东爪哇职业教育发展研究中心合作框架，多方合作，开发了基于工程过程的汽车运用与维修专业国际化教学标准。结合印尼鲁班工坊教学需求，与天津鹏顺隆科技发展有限公司、天津启诚伟业科技有限公司合作编写《无人机组装与调试》《无人机航空知识手册》《智能鼠原理与制作》等双语教材。《在转化全国大赛赛项资源中 实施"一中七化"人才培养模式》教学成果荣获市级一等奖。参与完成的教学成果，获2个国家级一等奖。为了保障印尼鲁班工坊的教育质量，东丽区职业教育中心学校不仅在教学设计、课程设置、教材开发、师资培训等方面给予全方位的质量保障，同时借助现代信息技术，在印尼鲁班工坊内设立空中课堂、视频微课，实现天津东丽职业教育中心学校的课堂跨区域与印尼鲁班工坊课堂教学同步化，保证了印尼鲁班工坊高标准人才培养质量。通过双方实践共建鲁班工坊，创立了"一中七化"校际协同合作印尼鲁班工坊人才培养模式。搭建了合作办学平台、交流互访平台、国际技能竞赛平台、特色专业与服务平台，保障鲁班工坊正常运行。

巴基斯坦鲁班工坊一期占地约 560 平方米，重点建设电气自动化技术和机电一体化技术两个拥有国际化专业教学标准专业。实施"学历＋职业等级证书"国际化高素质技术技能人才培养，将融通中巴职教体系为运行主线，并行驻巴中资企业职业技能培训，实施巴基斯坦鲁班工坊产教协同育人联盟企业员工培训项目，以技术人才储备＋岗位技能提升助力 "中巴经济走廊"上中资企业的发展。

柬埔寨鲁班工坊首期建设专业为机电一体化和通信技术 2 个专业，建成机械加工技术、机电一体化技术、通信技术 3 个实训中心，建筑面积 6814 平方米，共计 18 个实训室。天津中德技术应用大学基于柬埔寨鲁班工坊实验实训设备，参考我国职业工种的培训技术标准，针对柬埔寨人力资源情况，按照初、中、高三个难度等级开发配套教学资源，内容涉及教师培训方案、课程标准、教材、教案、题库及答案。培训方案参考我国职业教育成熟经验，将菜单式培训、模块化课程、综合性考核等我国职业教育特色内容及培训标准带入柬埔寨职业教育培养体系，助力我国标准走向国际。学校针对项目一期 6 个职业工种开发 19 本国际化双语培训教材，13 本双语教材将正式出版。未来，针对澜湄职教中心项目二期和三期建设专业还将进行配套教育教学资源的开发。

### （四）跨国科研合作

柬埔寨鲁班工坊与澜湄国家相关院校共建澜湄国家技术研究平台，开展我国自有技术在柬埔寨的适应性及实用性研究，解决当地电力匮乏难题。天津中德技术应用大学教师团队利用光伏光热等绿色新能源技术，与企业合作将科学研究设备模型样机进行产业化改造及落地，助力解决澜湄职教中心电力供应不稳定问题。同时，发挥我国在能源产业和科技创新管理方面的优势，并在此基础上进行本土化开发，帮助澜湄国家开展基础研究和自主研发，带动我国技术、产品、标准在当地的应用和推广，有效服务当地经济社会发展。截至目前，依托项目共完成自制设备 4 套；已授权相关专利 10 余项，其中发明专利 2 项，含柬埔寨发明专利 1 项，正在申报专利 10 余项；与柬埔寨国立理工学院、企业共同合作获批天津市"一带一路"联合实验室——天津中德柬埔寨智能运动装置与互联通信技术推广中心。

### （五）人文交流

亚洲鲁班工坊均设立了中国天津职业院校师生海外拓展基地，同时立足当地，辐射周边，广泛开展形式多样、内容丰富的人文交流，扩大了鲁班工坊的辐射功能。

鲁班工坊不仅是当地区域进行职业教育教学活动的场所，同时也是我国每年一度的职业院校技能大赛的延伸场馆。承办了泰国首届铁道运输系统邀请赛、中泰鲁班锁大赛，承担了泰国宝石王杯大赛四个专业赛项的命题工作。举办了 5 届 IEEE 电脑鼠走迷宫国际邀请赛暨世界 APEC 电脑鼠大赛中国选拔赛。2018 年，天津渤海职业技术学院成为首批天津市外国留学生实习实践基地建设单位，每年承担天津市 300 人次外国留学生的实习实训工作。两校对等互派优秀师生组成"百人团""百日行"互培交流，已经形成惯例。铁院中心成为高铁技术的科普宣传基地、高铁人才培养基地。泰国鲁班工坊成为高铁技术的科普宣传基地、高铁人才培养基地。与泰国 8 所院校签署"中泰高铁职业教育联盟"合作备忘录，形成覆盖泰国全境、辐射东南亚的高铁专业国际化人才培养体系。

印度鲁班工坊成立了中印职教联盟，吸纳中印优秀院校及在印中资企业、印度当地企业、中印教育协会等单位，搭建中印优质产业和职业教育的对话与沟通平台。成立了印度新德里班墨文化研究院。

印尼鲁班工坊的无人机植保机已经服务于当地农业生产，还参加了在雅加达举办的职业学校创新展览会，受到高度关注。2019 年 6 月，4 名在津经过多次培训掌握了无人机植保机调试、飞行、喷药技术以及维修技术的波诺罗戈第二职业学校的教师，带着购置的 2 台无人机植保机回到印尼，波诺罗戈第二职业学校教师带领电子专业的学生，无条件地帮助周边农业生产喷洒农药，提高生产效率，服务于当地农业发展。2019 年 12 月 4 日，印尼教育部举办的全国职业学校创新展览在雅加达举行，展会上印尼教育与文化部部长参观了印尼鲁班工坊无人机植保机设备并给予高度评价。印尼鲁班工坊已接待来自政府、企业、学校、社会团体等 40 余次的学访、培训、交流。

巴基斯坦鲁班工坊成立了由海尔－鲁巴经济区、中国能源建设集团、巴基斯坦国家级汽车零部件制造商协会等 11 家中资巴资企业构成的产教协同育人联盟，精准对接巴基斯坦产业发展现状和驻外中资企业人才需求，广泛开展合作。巴基斯鲁班工坊以职业教育合作新模式开启中巴友谊新篇章，为当地技术青年提供"职业培训＋来华留学＋优质就业"的国际教育平台，惠及巴基斯坦人民和经济社会发展，体现了中巴全天候、全方位合作伙伴关系。巴基斯坦鲁班工坊将汇集天津职业优质教育资源，发挥合作共建单位巴基斯坦旁遮普省技术教育与职业培训局（TEVTA）的政府职能优势，统筹规划全省 401 所职业院校的教育资源，围绕电气、机械、能源、纺织、建筑等专业不断推广、复制鲁班工坊合作模式，开展全方位职业技能培训和专业学历教育的国际合作，为驻巴大型中资企业提供技术技能人才支撑保障；为巴基斯坦青年学生和人民增长技术技能及巴基斯坦社会经济发展提供有效服务。

柬埔寨鲁班工坊积极响应并落实澜湄合作第二次领导人会议关于设立"澜湄周"的倡议；着眼培育"平等相待、真诚互助、亲如一家"的澜湄文化，组织 2 次澜湄周系列活动。通过理事会议、图书阅读、师资培训、文艺展演、文化展示、教育论坛、校企交流等多种形式丰富澜湄周活动内容。活动受到了澜湄国家驻华使馆的大力支持和踊跃参与。

推广工程实践创新项目教学模式，提升中国职业教育国际话语权。成立工程实践创新项目国际教育联盟。目前，已有中国、泰国、葡萄牙等国家的 50 余家院校企业，美国、波兰、法国、巴基斯坦等世界各地近百位职业教育学者、行业企业专家、工程技术人员和数十个团体加入联盟。自联盟成立以来，通过举办论坛、校企合作、开展培训等多种形式，不断夯实理论研究，积极推广实践应用。联盟在渤海学院建设了 EPIP 体验中心，成立了泰国 EPIP 教学研究中心和印度 EPIP 教学研究中心，在葡萄牙、吉布提等国家相继建立了 EPIP 应用中心、研究机构或推广中心。中国天津的工程实践创新项目体验中心，以及泰国大城技术学院、葡萄牙塞图巴尔理工学院的 EPIP 教学研究中心，已经成为中外 EPIP 教学研究的集散地。

# 第三章

## 欧洲区域项目建设成就报告

欧洲，全称欧罗巴洲，位于东半球的西北部，北临北冰洋，西濒大西洋，南滨大西洋的属海地中海和黑海。大陆东至极地乌拉尔山脉，南至马罗基角，西至罗卡角，北至诺尔辰角。

欧洲的人口数量约为 7.4 亿人，欧洲国家数量众多，共有 48 个主权国家，面积居世界第六，是世界人口第三的洲，仅次于亚洲和非洲，99% 以上人口属欧罗巴人种，比较单一。欧洲是人类生活水平较高、环境以及人类发展指数较高及适宜居住的大洲之一。

18 世纪，欧洲爆发人类第一次工业革命，成为当时世界经济中心。欧洲推动人类历史进程贡献巨大，经济发展水平居各大洲之首，工业、交通运输、商业贸易、金融保险等在世界经济中占有重要地位。欧洲是资本主义经济发展最早的洲，工业生产水平和农业机械化程度均较高。生产总值在世界各洲中居首位，其中工业生产总值占比很大。西欧工业发展程度较高的国家主要为英国、德国、法国，其次为比利时、荷兰和瑞士等。英国、法国和德国的工业生产在世界工业生产中均居前列。

大不列颠及北爱尔兰联合王国，简称英国。本土位于欧洲大陆西北面的不列颠群岛，被北海、英吉利海峡、凯尔特海、爱尔兰海和大西洋包围。英国是由大不列颠岛上的英格兰、威尔士和苏格兰以及爱尔兰岛东北部的北爱尔兰以及一系列附属岛屿共同组成的一个西欧岛国。除本土之外，其还拥有十四个海外领地，总人口超过 6600 万，其中以英格兰人（盎格鲁撒克逊人）为主体民族，占全国总人口的 83.9%。英国是一个高度发达的资本主义国家，亦为欧洲四大经济体之一，其国民拥有极高的生活水平和良好的社会保障。作为英联邦元首国、七国集团成员国、北约创始会员国，英国同时也是联合国安全理事会常任理事国之一。英国作为一个重要的贸易实体、经济强国以及金融中心，是世界第五大经济体系，也是全球最富裕、经济最发达和生活水准最高的国家之一。

葡萄牙共和国，简称葡萄牙，是一个位于欧洲西南部的共和制国家。东邻同处于伊比利亚半岛的西班牙，葡萄牙的西部和南部是大西洋的海岸。除了欧洲大陆的领土以外，大西洋的亚速群岛和马德拉群岛也是葡萄牙领土。葡萄牙首都里斯本以西的罗卡角是欧洲大陆的最西端，葡萄牙语是 2.4 亿人的共同母语，也是世界第六大语言。葡萄牙是一个发达的资本主义国家，拥有相当完善的旅游业，也是欧盟成员国之一，欧元和北约创始成员国之一；还是世界贸易组织、联合国等国际组织的成员。葡萄牙是欧盟中的中等发达国家，工业基础较薄弱。纺织、制鞋、酿酒、旅游等是国民经济的支柱产业。软木产量占世界总产量的一半以上，出口位居世界第一，因而有"软木王国"之称。

## 第二节　中欧之间的经济教育合作概况

### 一、中欧之间的经济合作概况

近年来，中欧经贸关系不断深化，"一带一路"建设、中欧班列的开通都为中欧两大经济体的贸易往来提供了便利。据欧盟统计局的数据显示，2020 年欧盟与中国进出口额增长率高达 4.9%，[①] 中国成为欧盟最大的贸易伙伴。2020 年 12 月，中欧全面投资协定 (CAI) 谈判的如期完成更进一步巩固了中欧全面战略伙伴关系的经济基础。自 1985 年中国与欧盟签订了《贸易与经济合作协定》开始，中欧之间的经贸关系就在不断加速深化。自 2004 年以来，中国与欧盟的商品贸易持续处于顺差状态，在 2008 年两者的贸易差额最大，为 2516.62 亿美元。在出口方面，总体上是波动式增长，其中 2019 年中国对欧盟的出口额最多，达到 4686.33 亿美元。受全球金融危机的影响，中国对欧盟的出口额从 2008 年的 3670.74 亿美元跌至 2009 年的 3000.59 亿美元，同比增长率为 −18.26%，是 2004—2019 年中下降幅度最大的一次。在进口方面，总体呈稳中有升的态势，其中 2019 年中国对欧盟的进口额最多，为 2495.95 亿美元。而对进口同比增长率进行比较发现，2015 年的增

---

① 参见李雨珊：《中欧投资协定：开启中欧合作新时代》，《中国外资》，2021 年第 3 期。

长率下降最大，为 -13.70%，这是由于 2015 年希腊债务危机爆发，欧债危机持续扩散，而且当年全球经济增长缓慢。据海关总计，中国总进口额下降了 13.20%，但中国对欧盟的进口仍达到了 1875.92 亿美元。总而言之，中国与欧盟之间的贸易关系较为稳定，互为重要的战略合作伙伴。

在众多西方国家中，英国作为第一个加入亚洲基础设施投资银行的国家，为中国"一带一路"建设提供了强有力的支持。英国目前是中国在欧亚大陆上的第二大贸易与投资合作国，而中国是英国第七大出口国和第三大进口国，两国在经贸上拥有着丰富的合作内容。也正因如此，两国在金融贸易、企业合作、文化交流等方面都有着强力的合作基础。"一带一路"倡议的发起给两国间深厚的双边合作带来了更加丰富的发展机会。如"中国制造 2025 计划""英国工业 2050"、发展"英格兰北部经济中心"等诸多战略不谋而合，两国在多边机构合作、减少关税壁垒、签订自贸协定、加强项目投资等方面的努力，为两国更深层和更广泛的经济合作打下基础。

英国是中国在欧洲的重要经济合作伙伴，2015 年习近平主席对英国进行了成功的国事访问，开启了中英关系的"黄金时代"，为双边贸易和投资合作指明了方向。英国政府一直是"一带一路"倡议的坚定支持者。2018 年 1 月，英国国际贸易部在国际贸易大臣访华前宣布将对参与"一带一路"倡议的英国企业提供 250 亿英镑的财政支持。伦敦荣誉市长在论坛上表示，伦敦是"一带一路"向西延伸最自然的终点。2017 年，伦敦金融城发起成立了"绿色'一带一路'投资者联盟"，联盟鼓励投资者们针对"一带一路"可持续发展项目的投资。中英贸易结构持续优化，汽车、航空、通信、动力等高附加值产品已经成为两国贸易的主流。截至 2016 年底，已有 500 多家中国企业落户英伦，中国对英非金融类直接投资存量达 178 亿美元，居欧洲国家之首。中国对英投资覆盖高端制造、金融行业、基础设施、品牌网络、研发中心、酒店地产等多个领域。

英国创新研发能力全球领先，高端制造业发达，而中国具有号称"世界工厂"的强大生产和制造能力，正在推进产业转型升级，两国合作将取得"双赢"效应。英国崇尚自由贸易，市场规范，对中国投资持开放态度，中资企业可在基础设施、房地产开发、品牌创意、节能环保等领域加大对英国投资合作力度。英国作为"一带一路"的重要参与方，在金融服务、法律专业服务、项目运营、风险管控等领域经验丰富，中英双方可在"一带一路"框架下携手探索开发第三方市场，打造"一带一路"项目合作亮点。

自葡中建交以来，两国保持着良好的贸易往来，两国高层往来频繁，政治互信不断加强。三峡集团、国家电网、中建集团等一批中国企业纷纷对葡展开投资。

截至目前,中国在葡投资总额已超过90亿欧元。2010—2016年,按经济体量计算,葡萄牙获得中国投资金额在欧洲排名第二,仅次于芬兰。2017年,中国与葡萄牙签署海洋合作文件,建立"蓝色伙伴关系"。2018年11月29日,葡萄牙总理宣布,希望在与中国签署备忘录后,使位于大西洋沿岸的锡尼什港加入中国的"一带一路"倡议。中国"十四五"规划和葡萄牙经济复苏计划都强调科技创新、数字转型和绿色发展等目标,为两国深化经贸合作、开拓发展新机遇提供了有利条件。双方在绿色经济、数字转型、新能源等新兴产业领域有巨大的合作空间,在通信、电子商务、电动汽车等领域有广阔的合作前景。葡萄牙从中国进口的十大类商品分别是:服装和鞋类、通信、音响、视听设备、家电产品、金属制品、纺织织物和面料、办公设备和计算机、道路车辆、陶瓷和玻璃制品、皮革制品和鱼类;葡萄牙出口到中国的十大类商品分别是:办公和信息产品、机械设备、贱金属制成品、软木、矿砂、音响和影像设备、石化产品、服装和鞋类配件、纸浆和纺织品。

## 二、中欧之间的教育合作情况

我国与欧盟机构以及欧盟28个成员国建立了稳定的教育交流与合作关系,[①]与欧盟建立了中欧高级别人文交流对话机制,与欧盟委员会以及英、法、德、意、爱(尔兰)、芬等国建立了定期磋商机制,与法、德、意、荷、葡等19个欧盟成员国签署了高等教育学历学位互认协议。中欧教育交流与合作呈现出良好的发展局面。2007年,双方建立了中欧教育政策对话机制(司局级)。此后,双方共召开6次政策对话会议,双方在高等教育质量保障、课程学分互认、学生学者流动项目和科研合作等领域深入探讨,有力地推动了我国与欧盟的教育政策交流。2012年2月14日,第十四次中欧领导人会晤期间,中欧双方达成关于建立高级别人文交流对话机制的共识。2012年4月18日,中欧高级别人文交流对话机制第一次会议在布鲁塞尔召开,中欧高级别人文交流对话机制正式建立。

英国教育在世界上享有盛誉,以基础教育的先进理念和高等教育的高水平著称。在全面战略伙伴关系和每年一次的中英教育部长磋商会议的推动下,中英合作办学不断扩展和深化,中英联合办学蓬勃展开。中英合作办学机构和中英合作办学项目都是中英教育交流的重要形式。近年来,中英高等教育领域的合作办学发展迅速,中英各

---

① 参见赵学瑶、卢双盈:《德国"双元制"培养模式在我国职业教育中应用的再思考》,《职业技术教育》,2015年第4期。

级各类合作办学机构共有20个，合作办学项目400多个。[①] 其中，本科及本科以上阶段的中英合作办学机构共有13个，合作办学项目已达300多个，专科阶段的中英合作办学机构共1个，合作办学项目共99个。此外，在英国境内的中英合作办学也得到一定程度的发展，共建有29所孔子学院，148个孔子课堂，其他类型的中英合作办学也开始在英国出现。

在目前中英合作办学的合作办学机构和合作办学项目中，开设的专业共有421个，其中含有310个本科专业、70个硕士专业以及41个博士专业，涵盖了10个专业门类。包含有经济学类、法学类、教育学类、文学类、理学类、工学类、农学类、医学类、管理学类以及艺术学类。在所有的学科门类中，工学类专业占到所有专业数量的近三分之一。在传统工科类专业中，如电气工程及其自动化、机械设计制造及其自动化、土木工程和计算机科学与技术在合作办学机构和项目中均有涉及。这也说明作为传统工业强国，工科专业具有较强的竞争优势。除工科类专业外，管理类专业也是合作办学中较多选择的，其中主要课程为工商管理和会计学。在理学类专业中，生物学相关专业是最受两国合作办学所青睐的，文化类专业则集中在英语和新闻传播两个专业中，而这些专业基本都是英国具有传统优势的学科。除了上述几大优势学科外，其他学科类别中的专业设置则相对较少。除了传统的学科设置外，一些英国高校还将自身的传统学科同我国当前经济建设环境相结合，将一些专业进行了本土化改造，实现了新兴学科与交叉学科的建立。宁波诺丁汉大学就在这样的思维下开设了当代中国学系，关注重点放在了中国的商业、地理、媒体、经济、语言、文化、政治、历史等领域。

随着中国与葡萄牙在各领域交流的不断深入，日渐增进的文化交流是中国与葡萄牙关系稳固发展的基石之一。1982年，中葡两国签署《中华人民共和国政府和葡萄牙共和国政府文化和科技合作协定》；2001年，签署《文化交流计划》，鼓励双方教育机构，特别是高等教育机构开展直接交流和长期合作，并在教育领域进行资料和信息交流及互相参加对方举办的研讨会及其他学术活动；2002年，两国教育部长签署《合作备忘录》；2005年，双方签订《相互承认高等教育学历、学位证书的协定》。越来越多的葡萄牙民众对中国语言和文化的兴趣日益浓厚。葡萄牙目前有多所大学开设汉语课，并与中国的天津外国语大学、北京外国语大学等在葡萄牙语教学方面有着良好的合作关系。除语言教学合作外，葡方愿与中方扩大合作的领域和范围，愿加强两国高校在科技领域的合作与交流。

---

① 参见项贤明：《当前国际教育改革主题与我国教育改革走向探析》，《北京师范大学学报》，2005年第4期。

## 第三节 欧洲鲁班工坊的建设成就

### 一、欧洲鲁班工坊建设总体情况

欧洲鲁班工坊共 2 个，包括英国鲁班工坊和葡萄牙鲁班工坊。英国鲁班工坊由中国·天津市经济贸易学校和英国·奇切斯特学院合作共建，这是天津在海外建立的第二个鲁班工坊，也是天津在欧洲建立的首个鲁班工坊；葡萄牙鲁班工坊由中国·天津机电职业技术学院和葡萄牙·塞图巴尔理工学院合作共建。

英国鲁班工坊课程采用模块式教学，包括热菜制作、盘饰及冷菜制作、面点制作、津派面塑、中餐饮食礼仪文化 5 个模块，配套开发了 850 个小时的英国教育标准的职业教育学习资源库，教学资源包括 60 万字教学大纲、教材考评标准和专业评估方案，以及 200 个教学视频和 21 个动画影片。

葡萄牙鲁班工坊在工业机器人技术和电气自动化技术专业建设了 5 门课程，以工程实践创新项目为教学模式，开发编写了 5 套中英双语教材，配套 YL-335B自动化生产线（升级版）、工程实践创新项目、机电一体化技术、工业机械手与智能视觉系统应用、YL-158GA1 现代电气控制系统（升级版）相应的教学资源课件 36 个、视频 360 分钟、微课 12 门、题库 4 套。

截至目前，英国鲁班工坊接待来华接受培训教师 15 人次，平均学习时长 37 学时；赴海外交流中国教师 14 人次；培训鲁班餐厅、奇切斯特学院集团、HIT 厨师学院、波兰学院、剑桥路演等专业学生 166 人，进行英国营养膳食从业人员等其他社会人员培训 120 人。葡萄牙鲁班工坊已培训自动化专业专科生 44 人，自动化专业本科生 18 人，已有 10 名本科生在鲁班工坊内完成可编程自动化项目学习和应用。

### （一）英国鲁班工坊建设情况

英国鲁班工坊是面向英国及欧盟 16~19 岁学生开展学历教育，服务英国及欧盟在岗在职人员技能培训，获得英国国家资格框架体系 2、3、4 级认证的中餐烹饪专业技术人才培养的国际职教合作项目。

中方建设单位天津市经济贸易学校是一所具有 60 年办学历史积淀的国家级重点中等职业学校，享有"津门烹饪第一校"的美誉。天津市第二商业学校（以下简称二商校）中餐烹饪专业是天津市级骨干专业，该专业师资力量雄厚，其中多名教师是国家级烹饪大师或天津市烹饪大师。二商校常年举办初中高级"中式烹调""中（西）式面点""公共营养师""餐厅服务员"等工种培训，并可考取天津市劳动和社会保障局颁发的技术等级证书。

英方建设单位英国奇切斯特学院成立于 1964 年，是一所公立综合性职业教育学院，其优秀的教学质量闻名全英，并在 2005 年被英国女王授予"女王纪念奖"。英国超卓教育顾问公司以定制教育解决方案著称，拥有一批英国教育界的知名专家，精通英国学历课程和教学资源开发，可提供专业培训和国际教育资源融合服务。

英国鲁班工坊先期在中英合作院校校内建立两个鲁班工坊中餐实训基地，配有国际领先水平的烹饪教学设施设备，呈现"互联网+"现代智能烹饪教学载体的空中课堂，有效地发挥着成果展示、技能培训、学习体验等功能。为进一步满足专业建设、从业资格培训以及推进产教融合的需要，2019 年 11 月天津市经济贸易学校与英国超卓教育顾问服务有限公司合作建成利物浦教育教学中心。中心占地约 600 平方米，集产、教、研三位一体，设有中餐培训厨房、品鉴室、中餐示范餐厅、菜品研发区，鲁班工坊学员在这里能够通过实践活动和现场演示教学，接受正宗的中餐技能培训、感受中餐饮食文化。这里既是英国鲁班工坊的教学、研究中心，也有对外营业的中餐旗舰店；既可以开展中餐烹饪专业英国现代学徒制的教学与研究，又可以通过对外营业获得收益，实现鲁班工坊的自运转。

### （二）葡萄牙鲁班工坊建设情况

中方建设单位天津机电职业技术学院是全国优质专科高等职业院校，是天津市世界先进水平高职院校项目建设单位、全国机械行业骨干职业院校和校企合作与人才培养优秀职业院校、全国职业院校数字化校园建设实验校、国家级国防教育特色示范校。学校现有在校生 11000 余人，设有电气学院、机械学院和管理与信息学院 3 个二级学院，开设的 32 个专业服务于机械装备、航空航天、汽车、环保、电子信息、金融、物流、港口等行业和相关领域。

工业机器人技术是实现先进智能制造产业中重要的技术手段，也是"中国制造 2025"确定的重点发展领域。天津机电职业技术学院工业机器人技术专业作为天津市"十三五"期间优质骨干建设专业，2017 年获选为"全国职业院校装备制造类示范专业"，参与机械行业工业机器人技术专业（群）标准制定，在国内具有一定影响力。以鲁班工坊建设项目作为抓手，通过实验实训平台建设、国际化教学标准与双语教学资源建设、EPIP 师资培训，不断推动专业国际化建设，实现职业教育的专业标准、课程标准国际化。

天津机电职业技术学院电气自动化技术专业是学院着力发展建设的品牌专业。该专业先后被批准为天津市教学改革试点专业、全国机械行业技能人才培养特色专业、"中央财政重点支持建设项目"重点建设专业、"天津市高等职业院校提升办学水平建设项目"重点建设专业。该专业本着"创新引领、工学结合、赛训一体、复合技能"的先进职教理念，以国家"十三五"发展纲要为纲领，围绕天津市"三区一基地"的城市功能定位及京津冀协同发展、自由贸易试验区建设、国家自主创新示范区建设、"一带一路"建设、滨海新区开发开放五大发展机遇，服务"中国制造2025"现代装备制造业的发展，旨在培养各类工业控制自动化生产设备的使用、安装、调试、维修、设计的高素质、复合型、可持续发展的技术技能人才。

葡方建设单位塞图巴尔理工学院成立于1979年，是一所公立学院，学院有两个校区，分别位于塞图巴尔与巴雷罗。塞图巴尔地理位置优越，是连接葡萄牙与整个欧洲的桥梁，同时又掌握着纸业与汽车制造业，是个背山面海的美丽城市。塞图巴尔理工学院目前有在校生6500名左右，教师500名左右。主要开设有自动化、机器人和工业控制、生物医学工程、环境工程等29个本科专业、23个本硕连读专业，以及28个硕士专业，就业率高居全国第二位。

葡萄牙鲁班工坊选址于塞图巴尔理工学院主校区图书馆一楼，占地650平方米，首期开设工业机器人技术和电气自动化技术两个专业，拥有现代电气控制系统、自动化生产线安装与调试装备、工业机器人与智能视觉系统、药品灌装生产线等16台套装。装备与现代制造技术紧密衔接，紧贴现代先进制造与人工智能技术。塞图巴尔理工学院在工业机器人技术和电气自动化技术专业引入鲁班工坊的五门课程，利用鲁班工坊提供的人才培养方案、课程标准、教材、课程资源和实训装备，开展专科及本科层次学历教育的技术技能人才培养；同时面向在葡的中资企业和葡萄牙本土企业，开展在岗人员的技术技能培训。通过海外师生拓展培训基地开展中葡职教论坛、师资培训、资源共建、技能竞赛等国际交流活动。

## 二、教学标准被欧洲职业教育认可

### （一）英国鲁班工坊构建了国际学历认证体系

英国现代职业教育体系包括中等职业教育和高等职业教育两个层次的学校职业教育体系和以现代学徒制为主体的职业教育培训体系。[1] 1990年以来，英国开始建立5级国家职业资格框架（NVQ）；2004年，在5级国家职业资格框架的基础上修订完善为9级国家资格框架（NQF）；2011年，拓展学分系统后以资格与学分框架（QCF）取代原有体系。英国现代职业教育体系在不断完善国家资格框架的基础上，

---

[1]　参见李德富：《德澳国家职业资格标准框架及其启示》，《广东社会科学》，2017年第4期。

形成了开放性、职普高度融通、适应终身学习需要和经济发展需求等的特征。

英国国家职业教育学历体系"资格与学分框架（QCF）"纵向共9个等级，分为入门级、1级至8级。[①]横向为3种层次的资格，即资格认证（award）、资格证书（certification）和学位文凭（diploma）。对应我国职业教育和本科教育学历理解，其中2级为初等学历、3级为中职学历、4级和5级为高职学历、6级为高等教育本科学历，7级为高等教育硕士学校，8级为高等教育博士。从5级开始可与普通教育衔接，既可继续选择职业技术学历教育，也可选择高等教育。

英国鲁班工坊按照英国的教学模式、体例、技术标准，采用模块式教学，包括热菜制作、盘饰及冷菜制作、面点制作、津派面塑、中餐饮食礼仪文化5个模块，配套开发了850个小时的英国教育标准的职业教育学习资源库，教学资源包括60万字教学大纲、教材考评标准和专业评估方案，以及200个教学视频和21个动画影片。重新编写制定后，提交英国职业教育资格证书颁发机构Qualifi对英国鲁班工坊中餐烹饪专业的教学及测评标准进行审核，以纳入英国国家资格框架等级认证。Qualifi是英格兰资格及考试监督办公室（Ofqual），爱尔兰The CCEA，以及威尔士QIW认可的职业教育资格证书颁发机构，是少数几家提供英国2级至8级技术技能职业资格学历的机构。[②] Qualifi在英国、美国、中东、南部非洲拥有认证的教学中心，美国3000余家大学和学院承认Qualifi资格证书的学分。Qualifi从中职、专科、本科到专业学位研究生的培养体系使职业教育背景的学员有机会接入学历学位教育体系，满足各层次技术技能人才对学历教育的需求。

2017年8月，英方Qualifi专家组对第二商业学校进行了考察评估，考评包含学校背景、组织架构、教学管理、烹饪专业教学资质、烹饪专业优势、安全及健康管理、招生就业情况、品牌推广计划等。天津市第二商业学校进行了现场答辩。2018年4月，英国鲁班工坊中餐烹饪国际化教学标准与资源经Qualifi核准颁证，成为英国国家职业教育首个承认的唯一具有开发讲授2至8级学历的教育认证中心。成功开发了中餐烹饪艺术（鲁班）3级学历证书，并正式在英格兰国家普通和职业学历框架上架，该学历同时获得欧盟及美国共3000余家大学和学院认可，具备在欧盟及美国教育推广资格。英国政府定期财政拨款以支持学历课程运行成本，英国以及欧盟的青年学生（16~19岁）可免费学习。英国鲁班工坊开办英国中餐烹饪艺术（鲁班）3级学历实验班，共招收8名学员。

---

① 参见谢晶：《国际视野下国家资历框架对我国职业资格制度改革的启示借鉴》，《中国行政管理》，2018年第8期。

② 参见苟顺明：《欧盟职业教育政策研究》，西南大学博士论文，2013年。

"英国鲁班中餐烹饪艺术"学历认证体系,纳入英格兰国家普通和职业学历框架,具备在欧盟教育推广资格。其特有的中餐学历教育衔接机制,突破了目前英国餐饮管理服务学徒项目无学历的狭窄空间,使学生拥有了更宽广的向上通道。随着项目的深度发展,英国鲁班工坊开发的英国中餐烹饪技术标准和产教结合式人才培养体系在业内获得了多方好评,受邀接受世界顶尖的职业技能资历颁授机构之一"英国伦敦城市行业协会 City & Guilds"的资质评估,英国鲁班工坊所有资格证书以及旗下餐厅的工作经验将获得 City & Guilds 和世界厨师协会认可。鲁班工坊的学员将获得一个证书、两个资格,大大增加了就业机会。

### (二)葡萄牙鲁班工坊开发了国际标准教学资源

在建设过程中,通过对塞图巴尔理工学院《自动化、机器人和工业控制专业学习计划》的研讨与分析,以教学装备支撑课程教学为原则,结合中方工业机器人技术专业、电气自动化技术专业人才培养方案,与葡方专家共同开发出工业机器人技术专业、电气自动化技术专业国际化人才培养方案。根据合作的专业,配合使用的装备和课程,由天津机电职业技术学院定制了《工业机器人技术专业国际化人才培养方案》与《电气自动化技术专业国际化人才培养方案》2 套国际教学标准,有针对性地开发编写了 5 套中英双语教材《工程实践项目创新》《机电一体化设备安装与调试》《自动化生产线安装与调试》《工业机器人视觉系统安装与调试》《电气控制系统安装与调试》。在工坊的运营过程中,还将对标准、教材等进一步完善、修订。为了保障葡萄牙鲁班工坊的教育教学质量,在教学设计、课程设置、教材开发、师资培训等方面给予全方位的质量保障。同时,借助现代信息技术,在葡萄牙的鲁班工坊内设立空中课堂、视频微课,实现课堂跨区域与葡萄牙的鲁班工坊课堂教学同步,保证葡萄牙鲁班工坊的高标准人才培养质量。葡萄牙鲁班工坊正在逐步实现职教理念、专业标准与葡语国家教学体系的融合。葡萄牙鲁班工坊也为塞图巴尔理工学院的师生提供了多次工业机器人技术专项培训服务。

## 三、国内外影响

### (一)英国鲁班工坊走进首相府

"国之交在于民相亲,民相亲在于心相通。"英国鲁班工坊的发展让更多的英国民众了解中国、支持中英合作,为"一带一路"中外人文交流机制提供了有益探索和积极贡献。

2019 年春节前夕,应英国首相府的邀请,由天津市经济贸易学校(天津市烹饪技术学校）4 位烹饪大师带领的英国鲁班工坊中餐烹饪艺术专业的师生，为英国首相府举办的春节招待会制作了 8 道具有天津特色且兼具西方美食形态的佳肴，受到宾客广泛赞誉。英国鲁班工坊开展全英大师巡回讲座，受邀在剑桥大学圣约翰学院、奇切斯特学院克劳利校区，利物浦市希尔顿酒店进行了三场路演展示，中英双方通力合作为热爱中餐烹饪的学员们献上了三场精彩纷呈的中式面点技艺展示，得到了英国民众的欢呼与认可，极大地提高了英国鲁班工坊的声誉和影响。为进一步扩大英国鲁班工坊的海外影响力，探索人才培养新模式，2020 年 7 月学校国家级资深烹饪大师吴正熙老师正式收英国大师级学徒 David 为徒，实现了中英文化与技艺的深度互融。

### （二）葡萄牙鲁班工坊获得欧洲各国关注

葡萄牙鲁班工坊的建设意义重大，标志着以天津为代表的中国职业教育，在先进制造、人工智能领域所积累的产教融合、校企合作的成果，得到合作国家的认可；经过天津的国家职教示范区建设，已经上升到一个新的高度。在中葡两国建交 40 周年之际，天津与塞图巴尔共同携手，谱写出一首跨越亚欧大陆的友谊新曲。30 年前，天津学习欧洲，把先进的职教理念和教学模式"照搬"回家。经过多年的发展，作为国家现代职业教育改革创新示范区的天津，已经在现代职业教育教学理念、教学模式、教学内容等方面形成了自己独有的特色。鲁班工坊将天津优秀职业教育成果与葡萄牙共同分享。自鲁班工坊揭牌以来，来自塞尔维亚、巴西、安哥拉、乌克兰、罗马尼亚等国家的教育团组及葡萄牙国内的众多高职院校、工业企业参观了鲁班工坊，累计 200 余人次，来访团组对鲁班工坊的设备及人才培养模式印象深刻。巴西圣卡塔琳娜联邦学院和安哥拉南宽扎理工学院在参观完葡萄牙鲁班工坊后，均通过塞图巴尔理工学院向中方表示，希望复制葡萄牙鲁班工坊的建设模式，期待与中方合作。葡萄牙各类高中及职业学院，如伊内特职业学校、Alcochete 高中、Pedro Alexandrino 高中、阿尔伯费拉高中等院校教师来校参观鲁班工坊，希望借鉴鲁班工坊的教学模式开展教学。双方将共同加强葡萄牙鲁班工坊的宣传、推广力度，总结凝练葡萄牙鲁班工坊的特点、特色，将葡萄牙鲁班工坊建成欧洲最好的鲁班工坊，建成向葡语国家宣传职教理念的桥梁。

## 四、对中资企业发展的影响

英国鲁班工坊在运行的过程中，始终以分享中国－天津市优秀职业教育成果、传播和弘扬正宗中餐烹饪文化和技艺为宗旨，实现国际合作办学新形式。目前，天津利民调料有限公司、天津利达粮油有限公司产品已被列入英国鲁班工坊教学实施标配，并已成功将"利达包"引入英国市场，受到英国大众的欢迎。中国天津餐饮行业相关的食材制品、调料产品和烹饪器具成为英国鲁班工坊的标准配备教学物资及耗材。随着英国鲁班工坊在当地的深入发展，中国食品行业的特色产品及烹饪器走入英国伦敦、利物浦市场，利物浦市政府大力推进本土企业与天津食品集团合作，带动两地贸易发展。

通过葡萄牙鲁班工坊建设校企合作，经过技术改造与升级，将国内5家品牌教学仪器厂商的16台套设备推荐给葡萄牙院校，服务于鲁班工坊建设。塞图巴尔当地航空、造船、汽车等20家企业已参观葡萄牙鲁班工坊，企业代表纷纷表示希望加强与学校合作，接收葡萄牙鲁班工坊培养的毕业生。

# 第四章
## 非洲区域项目建设成就报告

非洲（英文：Africa），全称阿非利加洲，位于东半球西部，欧洲以南，亚洲之西，东濒印度洋，西临大西洋，纵跨赤道南北，面积大约为3020万平方千米（土地面积），占全球总陆地面积的20.4%，是世界第二大洲，同时也是人口第二大洲（约12.86亿）。

2018年9月，中国国家主席习近平在中非合作论坛北京峰会上提出："在非洲设立10个鲁班工坊，向非洲青年提供职业技能培训。"

作为国家现代职业教育改革创新示范区，天津积极落实中非合作论坛北京峰会精神，着力打造中非人文交流标志性成果，加快推进非洲鲁班工坊建设，组织启动在非洲建设鲁班工坊的工作。2019年3月28日，由天津市政府、吉布提教育部、天津铁道职业技术学院、天津市第一商业学校、吉布提工商学校、中国土木工程集团有限公司共同建设的非洲第一家鲁班工坊——吉布提鲁班工坊启动运营，由此也开启了天津与非洲在职业教育领域的交流互鉴。

## 第一节 非洲的社会经济与教育概况

### 一、非洲的社会与经济概况

非洲国家产业结构的明显特征是农业所占的比重较高，而制造业和服务业所占的比重低于世界平均水平。这与非洲经济的发展历程有一定的关系，非洲国家独立后，其经济发展思路是：忽视农业，重视工矿业。许多非洲国家将大量资金投向工矿业，农业在很长一段时间内只占到投资比例的10%左右。但非洲农村人口占到总人口的60%~70%，这使得农业占国内生产总值的比重远远高于世界平均水平。一般来说，农业占国内生产总值的比重越大，说明它的经济结构转型越缓慢，它的人均收入就越低。与此同时，非洲国家重视工业的发展，但主要集中于采掘业，制造业一直处于较低的发展阶段。非洲大部分的劳动人口集中在第一产业，从事第二、第三产业的比重很小。非洲产业结构的主体是农业和采掘业，制造业和服务业发展缓慢、整体薄弱，经济结构较为单一。[1]

21 世纪以来，非洲经济增速一直保持中高水平，2014 年开始放缓，但仍然高于世界平均水平。然而非洲经济的结构性矛盾日益凸显。非洲开发银行 2013 年发表《非洲处于转型中心：2013—2022 年战略报告》，指出非洲未来十年的转型目标是加速实现经济包容性增长和绿色增长。非洲联盟（非盟）2015 年发布的《2063 年议程》也将实现经济包容性增长列为重要目标之一。2012 年南非通过的《2030 年国家发展规划》和博茨瓦纳政府正在实施的"加速经济多样化"战略（EDD 战略）聚焦五大重点领域：钻石、旅游、牛肉、矿产和金融服务，旨在促进经济转型，以实现经济多元化发展。

在非洲一些国家，以移动支付为代表的数字经济开始兴起，成为非洲经济的新亮点。非洲自身对数字经济也有强劲需求，中产阶级兴起，对资金往来和消费品的需求显著增长，但是银行网点和交通基础设施建设的落后远远不能满足现实需求。现阶段，非洲数字经济在移动支付和电子商务这两个热门领域发展最为迅速。在电子商务领域，联合国贸发会议（UNCTAD）数据显示，2014—2017 年非洲网购用户数量年均增长 18%，是全球增速最快的地区之一。目前，非洲已经建立数个具有影响力的电商平台，如 Jumia、Kilimall、Zando 等。其中有着"非洲阿里巴巴"之称的 Jumia 已于 2019 年 4 月在美国纽交所上市，目前为尼日利亚、埃及、摩洛哥等10 个非洲国家提供服务。全世界普遍看好非洲电商发展的巨大潜力。据麦肯锡预测，未来十年非洲电商年均增速可达 40%，2025 年电商在非洲主要市场零售总额中将占 10%，规模达到 3000 亿美元。近年来，非洲数字经济的快速发展主要得益于软硬件基础设施建设的进展。作为人口最年轻的大陆，非洲在数字化应用方面发展很快，过去十年上网人数的增加创造了很高记录，在总人口中占比从 2005 年的 2.1%上升到 2018 年的 24.4%。不过，这与世界平均水平的 58% 上网率相比仍有较大差距。非洲通信网络基础设施滞后和移动互联网网速慢、资费高等问题仍是制约非洲数字经济进一步发展的瓶颈之一，需要加大投入。

---

[1]　参见深益坚：《试论非洲新型工业化与产业聚集》，《非洲研究 2015 年第 2 卷（总第 7 卷）》，2016 年 1 月 1 日。

## 二、非洲的教育概况 [①]

人才不足是阻碍非洲发展的三大瓶颈之一，也是制约我国企业投资非洲的主要因素。非洲的历史与现状表明，人才瓶颈对非洲发展的制约已越来越凸显。如何克服人力资源提升过程中遭遇的重重困难，吸引外来投资，促进非洲经济社会发展，成为当前非洲各国政府亟待解决的重要问题之一。非洲国家在产业结构转型过程中，原先大量低素质的劳动力供应与当前制造业、服务业高素质的劳动力需求存在错配，现有的劳动力无法满足行业需求，高素质、高技能人才匮乏，从而造成非洲产业结构转型步伐缓慢。

非洲国家教育资源及配套设施不能满足教育教学的需要。联合国数据显示，截至 2016 年，学生需要共用课本的非洲国家有 23 个，其中喀麦隆平均 14 名学生共用 1 本课本，乍得和南苏丹为 5 人，赤道几内亚为 4 人。此外，非洲中小学校园设施普遍存在问题，包括桌椅数量不足、干净用水缺乏，以及厕所数量严重短缺等，这些问题在中西非国家最为严重，在毛里塔尼亚、尼日尔及乍得等国，学校厕所缺失率高于 70%。

自 20 世纪 80 年代以来，非洲职业教育发展迟缓，在部分国家甚至出现停滞或倒退的情况。现有的职业技术培训学校或机构教学质量低下、范围分布不均衡、收费混乱；基础教育缺失导致职业教育生源良莠不齐，教学效果堪忧；教育资金匮乏，政府层面不够重视，使职业教育难以推广，无法为社会提供足够具有职业技能的人才。

## 第二节 中非之间的经济教育合作概况

### 一、中非之间的经济合作概况

中非经贸合作始于 20 世纪 50 年代。中非虽然发展程度不同，但双方经贸合作互补性很强。半个多世纪以来，特别是 2000 年中非合作论坛成立以来，中非经贸合作规模逐步扩大，合作领域不断拓宽。

---

① 参见苏庆列：《"一带一路"倡议下职业教育国际化探索实践——以福建船政交通职业学院助力中国企业走进非洲为例》，《机电技术》，2020 年第 3 期。

### （一）多点开展，中非双边贸易持续增长[①]

中非同作为发展中国家和地区，发展经济、改善民生、提升国力都是当务之急。中非经济结构互补性强，有深入合作的巨大空间。近年来，中非经贸合作取得了长足的发展。

#### 1. 双边贸易实现平稳增长

据商务部数据显示，2018 年，我国与非洲进出口总额达 2042 亿美元，同比增长 20%，超出我国同期外贸总体增幅 7.1 个百分点，中国已连续十年成为非洲最大的贸易伙伴。其中，我国对非出口 1049.1 亿美元，增长 11%，自非进口 993 亿美元，增长 32%。贸易顺差 56.3 亿美元，同比降低 70.0%。我国对非贸易涨幅全球最高，进口涨幅也为全球最高，且高出我国同期外贸进口涨幅 15 个百分点。

#### 2. 对非投资规模持续扩大

非洲大陆已成为中资企业的海外投资热土。截至 2017 年底，中国对非投资存量已超过千亿美金。据商务部数据显示，2017 年中国对非直接投资 31 亿美元，与 2003 年相比增长了近 40 倍；2018 年增至 33 亿美元，同比增长 7%，且所涵盖的产业也越来越广，如基建、矿产、制造、金融、批发零售和农业等。

#### 3. 基础设施领域需求巨大

非洲是中国企业的第二大海外承包工程市场。据商务部数据显示，2017 年上半年中国企业在非新签承包工程合同额 313 亿美元，完成营业额 203 亿美元。2018 年全年为 784 亿美元，同比增长 3%，完成营业额 488 亿美元。项目涉及电力、通信、水利、道路、桥梁和港口等。广袤无垠的非洲大陆正日益成为中国企业海外拓展经贸关系的热土。

### （二）援帮结合，中非共同发展前景广阔

作为全球发展中国家最为集中的地区，非洲面临内部经济基础薄弱、战乱与自然灾害频发，外部长期受制于西方发达国家的内外交困局面。援助一直是中非关系的重要组成部分。前期主要以外交和争取国际地位为目的，后期主要以寻求经济合作和共同发展，打造中非命运共同体为目标。与西方国家对非洲的援助不同，中国对非援助绝不附加额外条件；与西方将援助与民主挂钩的干涉主义不同，中国对非援助完全是"去意识形态化"的。

---

① 参见李慧征：《"一带一路"背景下的中非经济合作：现状、挑战及前景》，《北方经济》，2019 年 10 月 20 日。

### 1. 稳步提升基础设施承载能力

自 1970 年开工建设坦赞铁路以来，我国对非洲基础设施援建项目广泛，涉及公路、铁路、港口、电力、医院、体育设施以及电信通信网络等领域。据北京峰会发布的数据显示，目前在建或即将竣工的基建项目有蒙内铁路、亚吉铁路、吉布提港、多哥洛美港等，这些项目竣工投产后可为非洲国家新增约 3 万千米公路、8500 万吨 / 年港口吞吐能力、超过 900 万吨 / 日的供水能力、近 2000 万千瓦的发电能力和 3 万多千米的输变电线路。据中非合作论坛提出的北京行动计划（2019—2021），双方将积极落实"中非基础设施合作计划"，在民航、通信等领域进一步加强基础设施规划、建设、运营和维护等方面的合作。

### 2. 积极开展人才能力提升计划

中方始终秉持"授人以鱼不如授人以渔"的对外援助理念，始终愿意通过合作培养、技术交流、志愿者服务等多种形式同其他发展中国家分享发展经验，为受援国培养技术人才，提升自主发展能力。北京行动计划提出，未来 3 年内中方将继续举办中非合作论坛中的智库论坛，实施"中非智库 10+10 合作伙伴计划"，成立中国非洲研究院；继续实施中非青年互访计划，向非洲青年提供职业技能培训，为帮助非方开发人力资源。

### 3. 主动降低经济债务偿还负担

作为负责任的大国，中国始终注重履行大国义务。2018 年中非合作论坛北京峰会期间，习近平主席宣布对非合作"八大行动"，将以政府援助、金融机构和企业投融资等多种形式再向非洲提供 600 亿美元资金支持，同时免除非洲国家所有 2018 年底到期未偿还债务。

## 二、中非之间的教育合作情况

长久以来，中国与非洲各国在发展友好关系的同时，在教育领域也开展了形式多样和富有成效的交流合作。截至目前，中国已同 50 多个非洲国家建立了教育交流与合作关系，双方的教育往来从最初的互派留学生，发展到现在的多层次、多领域、多形式的教育交流与合作。

### （一）教育合作以援为主[①]

2012—2015 年，我国政府实施"非洲人才计划"，为非洲培训了 3 万名各类人才。

---

① 参见蒲大可、沈子奕、郝睿：《非洲教育及人力资源的现状与建议》，《中国国情国力》，2018 年 9 月 7 日。

2015 年，中非合作论坛约堡峰会提出的中非"十大合作计划"中包含"中非人文合作计划"，内容包括：3 年内为非洲提供 2000 个学历学位教育名额和 3 万个政府奖学金名额；每年组织 200 名非洲学者访华和 500 名非洲青年研修；每年培训 1000 名非洲新闻领域从业人员。随着非洲各国经济发展和工业化程度的提高，应用技术型人才供不应求，我国政府也不断加强与非洲国家在职业技术教育领域的合作，通过在非洲企业建立培训中心、在职培训以及选派优秀员工赴华培训等方式，培训了大批熟练技术人员。

### （二）职教合作稳步推进 [①]

随着非洲各国经济发展和工业化程度的提高，应用技术型人才供不应求，中非职业技术教育合作不断发展。在此过程中，中国对非洲国家开展的职业培训、援非教师选派以及非洲国家职业教育教师来华进修等项目成为中非教育合作与交流的新途径，进一步促进了中非教育友好合作以及中非传统友谊的发展。

21 世纪初，中国政府不断加强与非洲国家在职业技术教育领域的合作。例如，中国与埃塞俄比亚之间的职业教育合作项目非常具有代表性。由于历史及现实的原因，长期以来，埃塞俄比亚经济发展缓慢，工农业生产落后，基础设施薄弱，人民生活贫困，是联合国公布的世界上最不发达国家之一。1991 年，埃塞俄比亚政府制定了以农业为先导的工业化发展战略，强调要重视职业技术教育的优先发展地位，并提到国家发展战略的高度。埃塞俄比亚政府认为，通过职业技术教育的发展，中国培养了大批中高级实用型人才，这一成功经验非常有借鉴意义，因而迫切希望加强与中国在职业技术教育上的合作。2001 年，中国和埃塞俄比亚两国政府正式签署协议并开始实施职业技术教育领域的双边合作。为了保障合作项目的顺利实施和可持续发展，2003 年 4 月，中国教育部在天津工程师范学院（现名天津职业技术师范大学）成立了教育部教育援外基地，应埃塞俄比亚政府的要求，该基地已先后派遣多批教师、百余人次赴埃塞俄比亚全国 20 多所重点职业学校从事教学工作。通过双方共同的努力，两国职业技术教育领域的合作内容日益丰富，合作方式不断拓展，管理水平日臻提高。人员交往、学术交流、人才培训、教材开发、体系建设等多层次、全方位的建设性合作关系日益彰显。根据中国和埃塞俄比亚两国新的合作协议，2007—2010 年内引进的中国职业技术教育教师超过 170 人。

2007 年 9 月，由中国政府援建的亚的斯亚贝巴职业技术教育学院正式投入使

---

① 参见叶张瑜：《改革开放以来中非教育合作与交流》，《改革开放与中国特色社会主义——第十五届国史学术年会论文集》，2015 年 9 月 23 日。

用，该学院采用了中国先进的职业技术教育模式，成为埃塞俄比亚及周边国家一所示范性职业技术教育学院。与此同时，中国在许多非洲国家还开展了种植业、养殖业、渔业、编织、刺绣、皮革加工等实用技术的培训。例如，中国为利比里亚战后难民、辍学学生、贫困农民举办了多期竹藤编技术培训班，为当地竹藤产业的发展起到了重要的推动作用。而且培训班学员通过出售竹藤编制产品增加了收入，有效地改善了生活条件。另外，中国还通过在非洲各国企业建立培训中心、在职培训、选派优秀员工赴华培训等方式，为所在国培训了大批熟练技术人员。

## 第三节　非洲鲁班工坊的建设成就

天津市主动服务我国总体发展规划，统筹各方面资源推动优质职业教育成果走出津门。截至 2021 年 4 月，天津市组织相关院校和企业，累计在非洲 10 个国家建设完成了 11 个鲁班工坊，圆满完成了在非洲设立 10 个鲁班工坊的任务，先后完成了吉布提、肯尼亚、南非、马里、尼日利亚、埃及、乌干达、科特迪瓦、马达加斯、埃塞俄比亚鲁班工坊的建设。

为满足落地国经济社会和"走出去"中资企业的发展需要，非洲鲁班工坊参建单位积极开展企业需求调研，在轨道交通、机械、电子、商贸、中医等领域，11 个鲁班工坊建设完成了 27 个高职和本科层次专业，学历教育招生规模达到 1760 人，培训规模达到 320 人，11 家鲁班工坊参与建设的中外合作企业共计 26 家（其中国外企业 2 家）。从标准、教材、资源、流程到教师，从技术标准到实训设备，非洲鲁班工坊已经建立起从中职学校到高等院校、从技能培训到学历教育全覆盖的职业教育国际合作体系，为新时期中非人文交流赋能增效。

### 一、响应倡议，全面落实北京峰会精神

#### （一）校企合作，创设非洲第一家鲁班工坊

为落实习近平主席在中非合作论坛北京峰会上提出的"在非洲设立 10 个鲁班工坊，向非洲青年提供职业技能培训"指示，由天津市政府、吉布提教育部、天津铁道职业技术学院、天津市第一商业学校、吉布提工商学校、中土集团共同建设的非洲第一家鲁班工坊——吉布提鲁班工坊，于 2019 年 3 月 28 日启动运营，

由此也开启了天津与非洲在职业教育领域的交流互鉴。

吉布提鲁班工坊依托政府间的战略合作，致力于服务亚吉铁路和吉布提港口经济发展，配合中国企业和产品"走出去"规划，依托职业院校校际的国际合作，培养本土化的技术技能人才，满足国（境）外企业发展的需要。吉布提鲁班工坊建设有铁道工程技术、铁道交通运营与管理、商贸和物流4个专业，开发完成了所有专业的专业教学标准和课程标准，所建设专业全部获得了吉布教育部的认证；吉布提鲁班工坊建有坊内教学区和坊外实训基地，坊内建筑面积1400平方米，坊外实训基地占地150万平方米；吉布提鲁班工坊课程建设以吉布提国家职业资格标准和中国国家教学标准为依据，以实践创新能力培养为核心，对接企业岗位技能需求，采用EPIP教学模式；铁道类专业已编写了12门课程教材和7门实训指导书；商科类专业已完成了10多门核心课程的编写，为鲁班工坊正常教学提供了重要保障；工坊坚持"师资培训先行"，按照"请进来、走出去"的思路，开展工坊师资培训工作，先后派出12名教师赴工坊开展教学工作，为吉方近50名教师开展线上线下培训，有效提升了工坊师资的教育教学水平和专业技术能力。

吉布提鲁班工坊的建设，开创了吉布提举办高等职业教育专科层次的先河，填补了吉布提在铁路专业和商科专业上高等职业教育的空白，实现了工坊建成即得到当地国家专业认证的新突破。

以吉布提鲁班工坊为平台，形成了"全方位、深层次、多形式"的校企合作机制。校企双方共同制定工坊建设方案，共同商定人才培养方案，共同招生、共同开发课程资源和培养学员，并根据企业人员岗位需求及发展趋势对学生实行订单式培养。2019年招收的24名学员，在工坊完成学校式教育后，全部与亚吉铁路运营公司签订就业协议，并进入企业的订单式培养，学生从接受工坊校方的教育后，迅速转入企业的订单式培养，完成了从"校"到"企"的无缝对接。此外，天津一商校还与振华物流集团有限公司签订非洲技术技能人才培训基地合作备忘录，为服务非洲经济发展和就业作好充分准备。

### （二）中高贯通，打造埃及鲁班工坊建设新体系

在天津市委、市政府的领导和天津市教委的指导下，天津轻工职业技术学院与天津交通职业学院两校联合，与埃及艾因夏姆斯大学和开罗高级维修技术学校合作，全力推进埃及两个鲁班工坊建设，全面落实鲁班工坊建设"五到位"的要求。2019年12月31日，按照市委、市政府的要求，履行天津职教人的承诺，埃及两个鲁班工坊建设任务如期完成。2020年11月30日，埃及鲁班工坊云揭牌仪式在

中埃两国同时举行，分设埃及艾因夏姆斯大学、埃及教育与技术教育部、中国驻埃及大使馆、埃及驻中国大使馆、天津市教委 5 个线上会场，两国嘉宾在 5 个分会场共同见证鲁班工坊启动运营。

埃及两个鲁班工坊是本市在非洲建设的第六个和第七个鲁班工坊，致力于为埃及青年提供技术技能培训，为"走出去"的中国企业服务。埃及鲁班工坊占地 1820 平方米。艾因夏姆斯大学部分约为 1200 平方米，建设有数控设备应用与维护、新能源应用技术、汽车运用与维修技术三个专业（属高职层次）和相关实验实训设施；开罗高级维修技术学校部分约为 620 平方米，建有数控加工技术和汽车维修技术两个专业（属中职层次）和相关实验实训设施。

埃及鲁班工坊启动运营后以来，先后完成了两批次埃及教师为期 10 周的 EPIP 师资培训，完成了 5 个专业的双语专业标准、课程标准和教材编写，完成了初中高级培训大纲的制订，完成了埃及鲁班工坊配套设备的采购、运输和相关空间和场所的规划与设计。

为贯彻落实习近平主席在中非合作论坛第八届部长级会议上提出的"中国将继续同非洲国家合作设立鲁班工坊，鼓励在非中国企业为当地提供不少于 80 万个就业岗位"的讲话精神，为促进中国和埃及职业教育合作交流，共同培养服务埃及当地经济发展的应用型技术技能人才，天津轻工职业技术学院、天津交通职业学院、艾因夏姆斯大学、埃及泰达特区开发公司 4 家单位携手共建了的埃及鲁班工坊培训就业基地。为了进一步推动"走出去"中资企业发展，提升中资企业影响力，发挥鲁班工坊平台的作用，提升鲁班工坊品牌效应，2021 年 2 月 4 日举办了云上埃及鲁班工坊产教融合工作会暨中资企业赴埃及投资推介会，会议旨在以埃及鲁班工坊为平台，进一步深化产教融合、校企合作，为中资企业"走出去"搭建实体桥梁，从而发挥鲁班工坊的更大作用，实现合作共赢。

埃及基础教育及技术教育部副部长和埃及高教与科研部副部长对鲁班工坊建设所呈现的中国质量与中国速度给予高度评价。

建设非洲鲁班工坊是落实习近平主席在第二届中非论坛北京峰会上提出的"八大行动"的具体举措，凭借鲁班工坊这一平台，文明、开放、包容的中国将继续张开手臂拥抱世界，与世界人民携手共建"一带一路"。埃及两个鲁班工坊将深入探索中高职衔接的职教体系构建，努力建成非洲鲁班工坊的标杆和样板工程，致力于打造中非职业技术教育合作的新模式！

### （三）标准融入，扩大中国职业教育的国际影响力

为服务"一带一路"建设，以实际成果落实中非合作"八大行动"，天津职业大学与南非德班理工大学共同建立的南非鲁班工坊于 2019 年 12 月 16 日正式揭牌运营。南非鲁班工坊围绕南非经济社会发展和产业结构调整需要，结合南非产业发展现状和人才培养需求，针对南非教育特点和现有条件进行定制化和体系化设计，首期在德班理工大学瑞斯顿校区建设完成了近 2000 平方米的教育教学场地，建设完成了物联网应用技术和增材制造技术两个专业，为南非提供急需的职业教育与培训。

物联网应用技术专业为体现环境建设多元化、实践场所职业化、课程教学理实化、实践项目企业化特征，并满足物联网技术未来从业者学习需要的教学与实践环境，建设了包括物联网技术学习区、智慧教室展示体验区和空中教室交流区。以及面向物联网平台高级工程师认证、专业人才培养设置的教学功能区。根据南非德班物联网行业人才培养分布设计专业人才培养方案，将南非当地急需的物联网技术体系融入专业课程建设，以人才培养目标为出发点，以职业素养为基础，以专业技术培养为主线，依据物联网平台高级工程师认证要求，面向物联网系统设备安装与调试、物联网系统运行管理与维护、物联网系统应用软件开发、物联网项目的规划和管理等相关岗位所需职业技能，采用 EPIP 教学模式，突出"教学做一体化"，设计了嵌入式系统与设计、传感器原理及应用技术等 6 门课程为核心的课程体系。

设计增材制造技术专业建成了熔融堆积成形打印教学区、逆向数据采集与数字化设计教学区、激光光固化成型教学区、激光内雕技术教学区等在内的布局紧凑、功能多元的专业化实训室。以南非德班理工大学课程体系和课程标准为参考，设计增材制造技术专业人才培养和培训标准，紧密结合南非 3D 打印产业发展状况和技能教学需求，以培养高素质应用型 3D 打印人才为目标，设计了包括计算机辅助制造、增材设备与机床、产品创新设计等在内的 9 门课程为核心的课程体系，精准服务德班理工大学 3D 打印技术人才培养和技能培训。

师资队伍是鲁班工坊顺利运行的重要保障。为确保南非鲁班工坊揭牌后正常教学，天津职业大学围绕中国职教理念、专业技能、企业应用案例等，制定了包括专业核心课程基础知识讲授、设备工艺培训、课程教学观摩、项目实践和企业考察等在内的模块化培训课程，为德班理工大学优选了 8 名骨干教师在津开展了为期 4 周的专业培训。通过培训，参训教师熟练掌握了实训室设备的操作与维修，

具备了讲授专业核心课程的基本能力。在培训后期，两位参训教师参加了 2019 年"百匠杯"工业产品创新设计与 3D 打印技术技能大赛国际组比赛并获得二等奖。

南非鲁班工坊的建立标志着中南两国在深化人文交流、增进中南友谊方面又迈上了新台阶。南非鲁班工坊揭牌后两个月内即接待接纳近百名师生开展实训和创新项目实践，接待南非当地各界人士参观学习近千人次。同时，德班理工大学依托南非鲁班工坊，使用天津职业大学核心专业课程标准申报当地本科专业，开发建设 6 本国际化教材及音视频等配套教育资源，促进实现中国职教标准真正融入南非国民教育体系。

## 二、夯实基础，创设高适应性的人才培养条件

### （一）基于岗位需求，开发高适应性国际化专业教学标准

专业教学标准从职业面向、培养目标、培养规格、课程设置、教学条件及质量保障等方面对人才培养作了明确的规定。专业教学标准是人才培养的基础大法，校企合作编制适应岗位需要的、适应行业发展的、高标准的、可实施的专业教学标准是培养高质量复合型人才的关键。吉布提鲁班工坊是由中国土木和天津铁道职业技术学院、天津第一商业学校共同建设，面向亚吉铁路建设和运营需要，共同开发铁道类专业教学标准。铁道工程技术专业面向亚吉铁路和吉布提非洲经济发展，培养掌握铁路线路、公路、房屋建筑及其附属设施等施工与维护理论知识和技能的专业技能的技术技能人才。通过三年培养，学生应具有铁道工程技术专业必备的基础理论和专业知识，具有生产一线的铁路、公路、房屋建筑等岗位能力和专业技能，同时要具备良好的人际交流和沟通、团队合作和组织协调等社会能力；铁道交通运营管理专业面向亚吉铁路及非洲经济发展，培养适应铁路客运工作、货运工作和行车工作等铁道交通运营一线岗位的技术技能人才。通过三年培养，使学生能掌握铁路客运工作、货运工作和行车工作等专业理论知识和技术技能，能够完成铁路运输生产、服务、管理一线岗位实际工作，同时要具备良好的人际交流和沟通、团队合作和组织协调、职业道德和敬业精神等社会能力。

### （二）基于能力需求，培养"四双五能"专业教师团队

为保障吉布提鲁班工坊专业技术技能人才的培养，天津铁道职业技术学院遵循"师资培训先行"的原则，采取"四双五能"的培养形式，培养了一批鲁班工坊本土化的师资队伍。"四双"是过程，专业教师在开展培训中要做到"讲理论讲实践"，要做到"练技能练教学"，要开展"测理论测实践"，要获取"结业

证和资格证"。"五能"，即提升教师的专业实践能力、教学能力、资源开发能力、信息化应用能力和自我学习提升能力。"四双五能"是针对鲁班工坊专业教师的特点而设计的培养模式，意在培养出鲁班工坊急需的合格专业教师，使其既具有专业技术技能，也具备提升教育教学的技能，从而能够更好地培养鲁班工坊复合型专业技术技能人才。

在鲁班工坊专业师资队伍建设方面有两个重点：一是配置合理的教师团队。鲁班工坊专业教师队伍要从人员数量、年龄分布、职称结构、学历结构、专业能力等方面进行合理配置，要培养队伍的双语教学能力，要重点培养教师的专业实践能力。二是要提升教师国际化专业素养。为保障鲁班工坊的师资数量和质量，要努力为教师创造多种形式的国际化培训学习机会，提升教师的专业能力和教学水平、职业素养和信息化能力，开展语言、人文、管理等方面内容的学习，加强了教师语言交流和沟通能力。

### （三）基于学习需求，开发高适用性的教学资源

为了提升鲁班工坊专业人才培养质量，提升教学效果，采取校企共建共享专业教学资源，达到更好的技术技能适应性和更有效的学校效果。吉布提鲁班工坊专业在课程资源建设中，以吉布提国家职业资格标准和中国国家教学标准为依据，以实践创新能力培养为核心，对接企业岗位技能需求，采用EPIP教学模式，由中国土木集团有限公司和天津铁道职业技术学院联合开发活页式教材和线上教学资源。

活页式立体化教材，是以"企业岗位（群）认知要求、职业标准、工作过程、项目或产品"为主体内容，结合课程特点设计，形式灵活多变，因时制宜、因人制宜；活页式教材基于企业真实场景，展现行业新业态、新水平、新技术，培养学生综合职业素养。活页式教材配套教学资源，帮助学生理解教材中的重点及难点；活页式教材融入工匠精神和职业岗位素质培养；页式教材采取"任务式编写方法"，以国家职业标准为依据，以综合职业能力培养为目标，以典型工作任务为载体，以学生为中心，以能力培养为本位，将理论学习与实践学习相结合。目前，已经开发完成了《直线轨道修理》《商务谈判》《车站调车作业技术》3本活页式立体化教材，在教学中效果良好。

线上教学资源。按照专业技术由简入繁的逻辑，集合文本、图片、图表、音频及视频资源，依据课程知识树构建教材资源逻辑图谱。理论性文字知识，以现行的国家规划教材资源为基础，提取各知识板块引入活页式教材。图表型知识融入行业标准、行业比赛资料、知名企业培训资料等。实操演示类资源以音频和视

频为主，校企合作建设了精品开放线上教学资源。

### 三、服务需要，助推走出去中资企业发展

鲁班工坊建设的核心目的是服务于走出去中资企业的岗位人才需要。非洲鲁班工坊的建设，秉持平等合作、优质优先、强能重技、产教融合、因地制宜的原则，以培养适应合作国经济社会发展急需的高素质技术技能人才为目标，将中国职业教育的教学模式、专业标准、技术装备、教学方案与世界分享，为非洲国家建设服务，为国际产能合作服务，为推动构建人类命运共同体服务。

目前，已经建设完成了11家非洲鲁班工坊。天津市政府依据"一带一路"建设和国际产能合作需要，遴选了13所院校、26个专业，联合国（境）内外37家企业，坚持共研、共建、共享、共用、共赢的机制，在非洲的适宜职业院校和机构创建鲁班工坊，致力于培养非洲本土化的技术技能人才，满足落地国企业发展的需要。

表4-1 非洲鲁班工坊校企合作建设专业情况统计表

| 序号 | 项目名称 | 建设专业 |
|---|---|---|
| 1 | 吉布提鲁班工坊 | 铁道工程技术 |
| | | 铁道交通运营管理 |
| | | 物流管理 |
| | | 市场营销 |
| 2 | 肯尼亚鲁班工坊 | 云计算技术应用 |
| 3 | 南非鲁班工坊 | 物联网应用技术 |
| | | 增材制造技术 |
| 4 | 马里鲁班工坊 | 中医技术（针灸推拿专业） |
| | | 中药和保健技术专业 |
| 5 | 尼日利亚鲁班工坊 | 电气电子工程 |
| | | 机械工程（车辆工程方向） |
| | | 机械工程（交通运输方向） |
| | | 土木工程（铁道工程方向） |
| 6 | 埃及艾因夏姆斯大学鲁班工坊鲁班工坊 | 数控设备应用与维护专业 |
| | | 光伏发电技术与应用专业 |
| | | 汽车运用与维修技术 |
| 7 | 埃及开罗高级维修学校鲁班工坊 | 数控加工技术专业 |
| | | 汽车运用与维修技术 |
| 8 | 科特迪瓦鲁班工坊 | 机械工程 |
| | | 电气工程及其自动化 |
| 9 | 乌干达鲁班工坊 | 黑色冶金技术 |
| | | 机电一体化技术 |

续表

| 序号 | 项目名称 | 建设专业 |
|------|----------|----------|
| 10 | 马达加斯加鲁班工坊 | 电气工程 |
| | | 汽车运用与维修 |
| 11 | 埃塞俄比亚鲁班工坊 | 机械制造 |
| | | 电子与信息通信 |
| | | 电气-电子技术 |

以吉布提鲁班工坊为例，自2019年3月揭牌启运以来，已在当地完成200余人次的短期培训，接待了来自埃塞、索马里、塞内加尔、日本等国代表团的多次访问，辐射效能愈发显现，影响日渐扩大，成果日益丰硕。吉布提鲁班工坊24名学生已全部实现订单式培养，中国土木工程集团有限公司、中铁十八局与铁道学院洽谈订单培养，招收学院9名毕业生服务亚吉铁路、几内亚达圣铁路项目。

## 四、做实品牌，促进职业教育高质量发展

### （一）鲁班工坊上升为国家品牌

专业教学标准获得落地国教育主管部门认证。吉布提鲁班工坊建设的4个专业——铁道工程技术、铁道交通运营管理、商业贸易和物流获得了吉布提教育部的认证，标志着中国职业教育能够参与其职业教育体系的构建与职业教育的治理，完善其职业教育体系。专业教学标准的认证，促进了中国职业教育的国际化从局部技术输出转向支撑非洲国家技术技能教育体系的建构。在专业教学标准的指导下，在吉布提鲁班工坊建成了非洲最先进的铁道类专业教学实训基地，培养了一支本地化的专业教学团队，建设完善了一批专业教学资源。吉布提鲁班工坊的建设，开创了吉布提举办高等职业教育层次的先河，填补了吉布提没有铁道类专业的空白。

鲁班工坊建设填补了中非职教合作的空白。鲁班工坊是中国在2018年中非合作论坛北京峰会上提出的中非"八大行动"倡议中能力建设合作的一部分。作为中非共建"一带一路"人文交流合作平台的重要举措，鲁班工坊填补了中非职业教育合作的空白：一方面，中非合作鲜有职业教育领域的合作，而鲁班工坊的出现正好填补了这块空白；另一方面，人才培养在经济发展中的重要作用不言而喻，但由于非洲教育资源相对贫乏，缺乏有能力运营已建成合作项目的人才，因此部分中非合作项目在中方建设和非方运营之间存在断裂风险。部分国家的鲁班工坊瞄准中非合作的一些重点项目，有针对性地培养了一批与这些项目对口的非洲当地人才，有助于化解这一风险。

鲁班工坊建设促进了非洲职教发展。20世纪80年代以来，非洲职业教育发展迟缓，

部分国家的职业教育甚至出现停滞或倒退。进入 21 世纪，随着非洲一体化进程加快和经济社会发展回升，许多国家的职业教育随之升温。鲁班工坊采取学历教育与职业培训相结合的方式，不仅"授人以鱼"，更"授人以渔"。在建设实训中心、提供先进教学设备的同时，中方还组织教师和技术人员为当地教师展开技术技能培训，并邀请其来华实地交流。此外，鲁班工坊发挥机械自动化与人工智能数字化等优势，因地制宜通过产教融合、校企合作的方式，培养符合非洲社会发展需求的劳动力。

### （二）鲁班工坊影响力持续提升

鲁班工坊是天津原创并率先实践的中外人文交流知名品牌，是中国职业教育国际化发展的重大创新。鲁班工坊不仅为"走出去"的中国企业提供人力支撑，还为众多国内的企业搭建起国际舞台，助推中国企业走向世界。鲁班工坊是"一带一路"建设的重要助推器，承担着推广中国装备、传播中国技术、推行中国标准、展示中国成果的重要作用。鲁班工坊的开设受到当地政府的高度重视和中外媒体的热烈反响。

2019 年 3 月，在非洲第一家鲁班工坊——吉布提鲁班工坊启动仪式上，吉布提总统、总理、驻吉布提大使、天津市委常委、天津市教委主任、副主任及各方代表 300 余人出席仪式。吉布提总统在致辞中对鲁班工坊的落成表示祝贺，高度赞扬其对吉教育及经济发展的作用。他说，感谢中国将非洲首个鲁班工坊建在吉布提，中国的技术将为吉布提教育带来革新，鲁班工坊铁道、物流、贸易等专业培养的年轻人，将大大提升吉布提铁路和港口的国际竞争力，"这是给吉布提人民和国家的机遇"。吉布提总统为吉布提鲁班工坊揭牌并致辞，参观了工坊教学区，体验了机车模拟驾驶和企业全景感知系统，并现场题词。吉布提鲁班工坊的建设，中央电视台《新闻联播》，新华社、《人民日报》《天津日报》、吉布提国家电视台等 30 余家中外媒体广泛报道。

2019 年 12 月 14 日，中肯建交 56 周年纪念日，由天津城市职业学院与肯尼亚马查科斯大学共建的肯尼亚鲁班工坊正式揭牌运营。中国驻肯尼亚大使馆公参、肯尼亚信息通讯与技术部部长、天津市教育委员会副主任、天津市河北区副区长、Konza 科技城发展署主席、肯尼亚职业教育部、马查科斯郡代表、天津城市职业学院与马查科斯大学师生代表及东方中原企业代表等 100 余人参加了揭牌暨启运仪式。肯尼亚鲁班工坊的运营，国内外多家媒体进行了广泛的报道和宣传。

# 第三部分
## 分报告

# 第五章
## 吉布提鲁班工坊发展与成就报告

2018年9月，中国国家主席习近平在中非合作论坛北京峰会上提出："在非洲设立10个鲁班工坊，向非洲青年提供职业技能培训。"

2019年3月28日，由天津市政府、吉布提教育部、天津铁道职业技术学院、天津市第一商业学校、吉布提工商学校、中土集团共同建设的非洲第一家鲁班工坊——吉布提鲁班工坊启动运营，由此也开启了天津与非洲在职业教育领域的交流互鉴。

### 第一节 吉布提鲁班工坊建设概况

#### 一、吉布提相关行业发展及专业岗位需求分析

随着我国"一带一路"倡议和铁路"走出去"政策不断深入推进实施，中资企业在全球范围内推动实施了一大批铁路项目。非洲铁路市场发展空间广阔，连接埃塞俄比亚和吉布提两国的亚的斯亚贝巴－吉布提标准轨铁路、肯尼亚蒙巴萨－内罗毕标准轨铁路等一系列铁路项目的建设，开启了非洲现代化铁路建设的新纪元，非洲迎来了铁路建设发展的新机遇。非洲联盟于2019年8月发布的非洲综合高速铁路网计划，规划74条铁路项目，在非洲大陆构建"四纵六横"铁路网，形成区域铁路互联互通。

亚吉铁路是目前中国公司在埃塞俄比亚和吉布提承建的最大铁路项目，西起埃塞俄比亚首都亚的斯亚贝巴西南方向的SEBETA，向东经ADAMA、MIESO至国境站DAWANLE，进入吉布提境内到DJIBOUTI港区，全线长751.7千米。亚吉铁路运营维护管理项目公司需要向亚吉铁路运营维护管理项目业主提供能力建设服务，为亚吉铁路业主单位提供铁路项目运营维护管理等专业知识的理论教学及相

关技能培养。根据国内用人标准,每 100 千米运营线路需要配备铁路工务人员 39 人,共需要铁路工务人员 293 人。

近年来,中国与吉布提经贸合作主要集中在港口、铁路、公路、水利等基础设施建设领域。目前,驻吉布提投资的中资企业已超过 30 家,主要从事基础设施建设、物流运输、投资、能源开发等。2018 年 7 月,招商局集团投资的非洲规模最大的吉布提国际自由贸易区正式封关运作,一期工程占地规模 6 平方千米,包括物流产业集群、商贸产业集群、加工制造业、商务配套服务四大产业集群。自贸区开始运营后,将直接促进吉布提的商业发展,通过分期开发的项目实施,直接或间接带动 10 万个以上的就业机会,超过吉布提全国可就业人口的六分之一。伴随"一带一路"建设的不断推进,中国与吉布提经贸合作关系愈加紧密,吉布提商贸、物流行业发展具有非常广阔的前景。

## 二、吉布提鲁班工坊建设路径

### (一)围绕需求,高标准规划吉布提鲁班工坊蓝图

鲁班工坊紧紧围绕吉布提的产业和我国"一带一路"建设对接要求,以天津铁道职业技术学院铁道类和天津第一商业学校商科类优质教育资源为支撑,以建立校企合作基础上的技术技能人才培养目标机构为载体,以铁道工程、铁道交通运营管理、商业贸易和物流等国际化专业教学标准为依据,以工程实践创新项目为教学模式,将中国优质职业教育和中国优质产品技术向吉布提服务,培养当地熟悉中国轨道交通和商科类技术、产品、标准的技术技能人才。

吉布提鲁班工坊配合中国企业和产品"走出去"规划,致力于服务亚吉铁路和吉布提港口经济发展,以"国家现代职业教育改革创新示范区"建设成果为总体支撑,以平等合作、优质优先、强能重技、产教融合、因地制宜为原则,以天津研制的"工程实践创新项目(EPIP)"为教学模式,以国际化专业教学标准为基本依据,以中国职业院校技能大赛赛项装备为重要载体,以师资培训先行及提供必要教学资源为保障,开展学历教育和职业培训,为吉布提培养经济社会发展需要的技术技能人才。

### (二)立足国情,多方协同开展吉布提鲁班工坊建设

吉布提鲁班工坊是依托政府间的战略合作,充分发挥其作为人才交流机制的重要作用,配合中国企业和产品"走出去",并依托职业院校校际的国际合作而创办的。吉布提鲁班工坊与承揽海外大型工程的企业(中国土木工程集团有限公

司坦赞分公司）合作，选择在吉布提工商学校创建鲁班工坊，致力于培养本土化的技术技能人才，满足国（境）外企业发展的需要。

吉布提鲁班工坊采取校企共管模式。校企各方以经济效益、社会效益、公益效益为纽带，在共商、共建、共享的基础上，进行分工合作。在天津市教委、吉布提教育部的指导下，由天津铁道职业技术学院和合作企业共同开发教学标准、人才培养方案、教材和资源；由天津铁道职业技术学院、天津第一商业学校负责工坊师资的培养，打造"双师、双语、双能"的师资团队；由天津铁道职业技术学院牵头组织校企各方共同开展工坊的建设，在广泛调研的基础上，梳理企业岗位核心能力，确立专业人才培养目标，构建工程项目引领的国际化专业课程体系，校企合作开发国际化专业教学标准；由校企双方共同开展招生，由以吉布提工商学校为主开展日常运行管理；由中方校企共同建设工程实践基地和评价体系，培养本体化的高技术技能型人才。

工坊建成后，铁道工程技术、铁道交通运营与管理、商贸和物流4个专业获得吉布教育部的认证，开创了吉布提举办高等职业教育专科层次的先河，填补了吉布提在铁路专业和商科专业上高等职业教育的空白，实现了工坊建成即得到当地国家专业认证的新突破。

## 第二节　吉布提鲁班工坊发展现状

### 一、建设更加完善的教学环境

吉布提鲁班工坊建成了非洲最先进的铁道专业教学和商业专业教学实训基地。围绕亚吉铁路建设需求以及商贸和物流专业的实际需求，工坊建有坊内教学区和坊外实训基地。坊内建筑面积1400平方米，坊外实训基地占地150万平方米，在已有的建设基础上，各个专业的教学场地建设进一步完善，具体情况如下：

#### （一）铁道工程技术专业教学环境

吉布提鲁班工坊铁道工程实训教学区总投资近140万元人民币，占地面积近300平方米。铁道工程技术专业的教学区设置了一段15米长的与亚吉铁路一致的铁路线路，线路结构采用有砟轨道，钢轨型号50轨，路基地段铺设混凝土轨枕，由中国土木工程集团支持并施工建造。在此基础上，又配备了道尺、起道器、拨道器、捣固机、锯轨机、打磨机、水准仪、全站仪等铁路线路检查、养护、维修设备，使得铁道工程技术专业教学场地的设备更趋完善。

铁道工程教学区能够满足学员进行铁路线路构造认知、铁路线路施工、铁路线路检查、铁路线路养护维修等实训需求；能够满足铁路线路工、测量工等铁路技术岗位的核心技能实训需要。

## （二） 铁道交通运营管理专业教学环境

吉布提鲁班工坊工商学校教学区面积约400平方千米，分别建设铁道运营（沙盘）实训区、机车模拟驾驶实训区、模型展示区、EPIP教研区。铁道交通运营（沙盘）采用"两站两区间"形式，车站线路模拟亚吉铁路两端拉布站和那嘎达站设置，能进行列车运行控制、接发车、调车等作业。在此基础上，坊外实训基地又添加了港前站。

至此，吉布提鲁班工坊的坊外实训基地设在亚吉铁路的那嘎达站和港前站。那嘎达站是吉布提最大的客货运输站，车站设有亚吉铁路调度中心、机车整备库、货运站场等；港前站主要承担港口的集装箱运输业务。亚吉铁路实训基地能满足教学实习、技能实训、岗前培训等培养需求。

## （三） 物流专业教学环境

工坊物流专业建有"两室一区"实训场所，即物流仓储模拟实训室、叉车模拟驾驶实训室及叉车操作实训区。近年来，在已有设备的基础上，各个实训室配置了相应的教学软件，设备配备更加齐全。

物流仓储模拟实训室配置计算机及物流仓储实训教学软件，用于满足模拟物流仓储实务的实训教学需要；叉车模拟驾驶实训室配置叉车模拟教学设备，可以实现多场景、多型号叉车驾驶模拟操作和考试；叉车操作实训区配置内燃平衡重式叉车，与叉车模拟驾驶实训室构成"虚实结合、能力进阶"叉车技能训练模式，满足物流专业技能培养中叉车驾驶技能实训教学需要。

针对吉布提师生培训需要，在一商校本部智慧物流控制作业实训中心，采购Flexsim物流仿真软件、补充智慧物流实训设备，全面提升智慧物流控制作业实训中心功能，搭建情境化实训环境，实现《仓储作业实务》《物流信息技术应用》等专业课程的工作过程化的物流项目化教学，使学员能够掌握智能化、信息化背景下的物流运行模式，并将学到的新技能、新技术带回当地，从而实现实训设备的共享共赢。

### （四）　商贸专业教学环境

坊内商贸专业进一步完善企业全景感知实训室、企业模拟经营认知实训室和坊外吉布提国际自由贸易区实训基地建设。

企业全景感知实训室能满足企业全景感知实训、市场营销基础、商品知识等课程教学。实训室依托虚拟现实、增强现实、人机交互等技术和感知设备，创设出跨越时间与空间的多感官实践环境，使学生沉浸在虚拟的动态场景中，了解企业真实生产和经营过程。

企业模拟经营认知实训室能满足企业模拟经营认知实训、市场调查与预测、活动策划与实施等课程教学。通过直观的企业沙盘，模拟企业实际运行，让学生领悟在资源有限的条件下如何实现资源价值最大化，探索企业管理技术，提升学生企业数据分析能力、管理能力和创新能力，培养学生创新精神，使其能够胜任商贸类企业市场推广、活动策划、企业管理等岗位。

同时，为了更好地指导吉布提工商学校商贸专业师生获取新的专业知识和技能，在吉布提工商学校内建设商贸共享中心实训室。商贸共享中心实训室作为商贸及相关专业学员进行自我认知、企业认知、专业技能训练、岗位能力培养、企业运营管理为一体的综合性实践教学环境，以培养学员能够胜任企业管理、经营核算、市场推广等岗位的能力。同时，该实训室既能为吉布提来访师生开展专业技能培训，也能满足1+X证书培训等功能。

## 二、基于岗位需求进一步完善国际化专业教学标准

### （一）　铁道工程技术专业国际化专业教学标准

铁道工程技术专业国际化专业教学标准在对亚吉铁路的工程技术岗位的调研及中土公司用人需求的基础上，根据亚吉铁路的实际情况，结合亚吉铁路对工程技术技能人才的需求，按照中国高等职业教育标准及就业岗位资格要求，根据《亚吉铁路岗位资格标准及要求》《中国高等职业教育专业人才培养方案》《中国高等职业教育专业教学标准》进行了修订。

依据铁道工程技术专业国际化专业教学标准制定了各门课程标准；建立亚吉铁路工务作业标准，指导亚吉铁路线路工等工务工种的培训、鉴定工作；开展国际交流培训，培养适应亚吉铁路工务维修模式的工务作业人员。教学模式采用EPIP教学模式，授课内容结合现场实际工作任务的需求，设立教学情境，锻炼学生在实际工作中发现问题、分析问题、解决问题和处理问题的能力，要以实际工程项目为导引，以实践应用

为导向,注重理论联系实际,按照实际的工作任务,以及学员的认知过程,由浅入深地组织教学,培训学生运用技术解决实际问题的能力。

铁道工程技术专业面向亚吉铁路和吉布提非洲经济发展,培养掌握铁路线路、公路、房屋建筑及其附属设施等施工与维护理论知识和技能的专业技术人才。通过三年培养,学生应具有铁道工程技术专业必备的基础理论和专业知识,具有生产一线的铁路、公路、房屋建筑等岗位能力和专业技能;具备良好的人际交流和沟通、团队合作和组织协调等社会能力。

### (二) 铁道交通运营管理专业国际化专业教学标准

铁道交通运营管理在对亚吉铁路的建设运营调研及中土公司用人需求的基础上,根据亚吉铁路的实际情况,结合对技术技能人才所需的岗位资格及标准的要求,按照中国高等职业教育标准及就业岗位资格要求,依据《亚吉铁路岗位资格标准及要求》《中国高等职业教育专业人才培养方案》《中国高等职业教育专业教学标准》的基础上,进行了修订完善。

铁道交通运营管理专业面向亚吉铁路及非洲经济发展,培养适应铁路客运工作、货运工作和行车工作等铁道交通运营一线岗位的技术技能人才。通过三年培养,学生能掌握铁路客运工作、货运工作和行车工作等专业理论知识和技术技能,能够完成铁路运输生产、服务、管理一线岗位实际工作。具备良好的人际交流和沟通、团队合作和组织协调、职业道德和敬业精神等社会能力。

### (三) 物流专业国际化专业教学标准

物流专业国际化教学标准也进行了修订和完善,该专业人才标准旨在培养具有国际化知识及能力、符合市场需求的技术技能人才。伴随大数据、智慧物流等现代物流技术的快速发展,职业教育需要充分对接物流行业的前沿理念与技术,选择物流企业与职业院校作为调研对象,企业包括惠禾、京东、浩之航、振华等,职业院校包括天津交通职业学院、天津商务职业学院、天津中德职业技术应用大学等。根据调研,分析梳理出仓储、配送、国际货代等典型的工作岗位能力需求,形成人才培养目标,通过校企合作重构该专业的课程体系,将我国职业院校技能大赛赛程标准以及 1+X 智能仓储大数据分析证书的考核标准融入课程标准。通过运用"情景教学 + 任务驱动"的教学方法,将企业管理制度、行业标准、安全规范等融入教学过程之中,建立一套中国模式的物流服务与管理专业国际化教学标准,规范专业人才培养过程,将标准化的物流人才培养体系进行分享。通过三年培养,学生能够在生产、服务第一线从事运输、仓储、配送、企业物流、国际货运代理、物流营销、去留信息处理等基层管理和技能操作性工作。

### （四）　商贸专业国际化专业教学标准

商贸专业的国际化专业教学标准是以国际市场调研为基础，借鉴国际化专业教学标准开发成功案例，参照国际先进专业建设标准、课程标准来开发建设的。利用在吉布提鲁班工坊建设中积累的国际化办学经验基础，开发商贸专业国际化专业教学标准。从人才培养定位出发，确定人才培养目标、重构课程体系、改进教学方法、提升教师团队的国际化水平，力争实现本土化、实效化，进而形成满足人才培养需要的国际化市场营销专业教学标准。在开发过程中体现产教融合校企合作，对应市场营销岗位国际标准，满足具有国际视野、掌握国际先进技术和应用能力的复合型技术技能人才培养需求等原则，研究制定国际化的专业教学标准。根据企业岗位能力要求、岗位能力标准、1+X 证书标准等内容，形成了以培养能满足商贸服务类企业市场策划、店面营销、对外贸易等岗位需求的课程体系框架。

## 三、校企共建共享专业教学资源

吉布提鲁班工坊课程建设以吉布提国家职业资格标准和中国国家教学标准为依据，以实践创新能力培养为核心，对接企业岗位技能需求，采用 EPIP 教学模式。工坊的四个国际化专业的教学资源建设已取得一定成效：四个专业已经完成了相关课程标准建设；铁道类专业已编写了 12 门课程教材和 7 门实训指导书；商科类专业已完成了 10 多门核心课程的编写，这为鲁班工坊正常教学提供了重要保障。

### （一）　铁道工程技术专业教学资源

针对非洲学生基础知识和技能操作都相对薄弱的特点，进一步修订人才培养方案，制定了对接工作岗位、注重实操技能的人才培养方案；针对铁路现场作业过程，提炼岗位技能点，编写简明易懂、模块化教材。在第一批教材完成的基础上，又完成了《直线轨道修理》等 9 本教材编写及翻译工作，对《直线轨道修理》《曲线轨道修理》《轨道道岔修理》3 门核心课程进行课程资源建设，制作 PPT 课件 30 个，视频材料 100 分钟，以满足铁路线路养护维修工作核心技能的教学实训和铁路线路工培训需求。通过学习，工坊学员将掌握本专业相关的铁路技术作业规章制度、安全操作规程、与职业基础技能相适应的铁道概论、工程测量、铁路、公路、房屋建筑等作业相关知识，具备正确选择和使用线路维修设备设施、工程测量、铁路线路几何状态检查、操作和使用铁路工程常用小型养路机械、利用铁路维修工具进行轨道尺寸修正等能力。

## （二） 铁道交通运营管理专业教学资源

铁道交通运营管理专业毕业生主要面向吉布提亚吉铁路各车站和旅客列车等运输单位，从事铁路客运工作、铁路货运工作和行车工作等相关岗位的作业与服务。通过对助理值班员、车站值班员、客运员、客运值班员、货运员、货运值班员等各岗位能力分析，经过校企双方或多方合作，目前已经完成第二批中英法教材编写以及相关配套资源库建设。包括：公共基础课 2 门（《铁道概论》《铁道运输专业术语》）；专业基础课 3 门（《铁路线路与站场设备运用技术》《铁路机车车辆运用技术》《铁路信号与通信设备操作技术》）；专业核心课 4 门（《车站调车作业技术》《接发列车作业技术》《普通货物运输作业技术》《车站调度作业技术》）；实训指导书 7 门（《亚吉铁路铁道运输情况调研》《车辆使用技能实训》《信号设备操作实训》《连结员技能实训》《车站助理值班员技能实训》《货运员技能实训》《货运检查员技能实训》）；制作了 PPT 课件 16 个，视频材料 200 分钟。

## （三） 物流专业国际化专业教学资源

依托一商校的专业建设经验和教育教学优势，立足吉布提实际，充分开展项目建设研究工作，积极完善吉布提工商学校物流专业课程建设，开发教学标准，形成基于工作过程系统化、行动导向教学特色、岗位情境化的物流专业课程。

根据制定的物流专业高职人才培养方案，结合吉布提当地专业教学需求，已完成了《仓储作业实务》《物流信息技术》《国际贸易实务》等 25 门课的课程标准建设，在编纂及出版教材 2 本（《仓储作业实务》《物流专业汉语》）的基础上，开发了 3 门课的校本任务活页及配套资源，即《仓储策略优化》《叉车操作》和《国际货代》，用于吉布提工商学校物流专业教师授课用参考教材。

对接吉布提当地专业教学需求制定专业物流专业高职人才培养方案、课程体系和核心课程标准，课程采用 EPIP 教学模式进行开发设计。课程充分考虑吉布提学生的文化基础、学习习惯、学习耐力和学习注意力等方面的特点，采取"做中学、做中教""教学做"一体化，将知识和行动结合起来，依据工程项目载体组织课程，对理论知识进行解构和重新排序，创建渐进的点、线、面课程支持体系。

## （四） 商贸专业国际化专业教学资源

商贸专业对接吉布提当地专业教学需求制定商贸专业人才培养方案，应用EPIP 教学模式，进一步优化专业资源，服务于教师教学与学生自主学习。商贸专业课程资源的建设以能力培养为主线，突出专业课程的职业定向性，以职业能力作为配置课程资源的基础，开拓专业课程的宽泛度。

目前，已经开发完成的吉布提鲁班工坊教学资源是立体化与系列化的，EPIP 教学模式贯穿于课程建设之中，既有在专业框架下的专业课程标准，也有相应的中法文教材，以及课件、视频等信息化教学资源。结合当地产业经济发展情况及实际教学需要，商贸专业已完成了 19 门课的课程标准建设，在撰写并出版《市场营销实务》《推销实务》2 本中法文双语专业教材的基础上，进一步开发了《国际商务礼仪基础》《消费心理学讲义》《企业模拟经营认知实训指导书》等 3 本活页教材。

同时，为了实现我国与合作国家之间专业教学的同步同质，中方教师还开发了大量的课件、视频以及配套的微课等信息化教学资源，商科类两个专业共开发配套的 PPT 课件 139 个、视频资源 32 个、题库 3 个。这些资源通过借助鲁班工坊的空中课堂等信息手段，有效地实现了海外课程与中国国内课程相互连接，有力地保障和提升了鲁班工坊的教学质量。

## 四、多形式培养本土化师资队伍

打造国际化教师团队是提升国际化专业办学能力和水平的重要保障。铁道学院和一商校配置最优质的双语型师资队伍，保证吉布提鲁班工坊四个专业的师资力量。工坊坚持师资培训先行，按照"请进来、走出去"的思路，开展工坊师资培训工作。四个专业有近 50 名教师团队参与鲁班工坊的教学工作，先后派出 12 名教师赴工坊开展教学工作，为吉方近 50 名教师开展线上线下培训，效果良好。

### （一）铁道工程技术专业师资队伍建设

一是提升教师国际化专业素养。铁道学院为保障工坊的师资力量，为教师创造多种培训学习机会，提升教师的教学水平、专业素养和信息化能力。为了增加对吉布提国家的语言、人文、教育模式的学习，校内开展了英语及法语培训，加强了教师语言交流能力。

二是配置合理的教师团队。鲁班工坊铁道工程技术专业现拥有一支中外结合、配置合理的双语师资队伍，中方专业教师 9 人，其中副教授 2 人；讲师 7 人，具有双师资格的教师 7 人；具有研究生学历教师 6 人；吉方专业教师 3 人。

三是开展教学培训交流。铁道工程技术专业先后通过线上线下培训了 29 名吉方教师，中方铁道工程技术专业团队对吉布提鲁班工坊师资进行了《曲线轨道修理》等 11 门专业课程培训。

### （二）铁道交通运营管理专业师资队伍建设

铁道运营管理专业为保障工坊的教学质量，专门成立了一支能力过硬的双语师资队伍。其中，中方专业教师 7 人，具有双师资格的教师 7 人；具有研究生学历教师 7 人；吉方专业教师 3 人。

2018 年 6 月—8 月，选派 1 名教师赴吉布提开展鲁班工坊基础装修、招生准备等工作；2018 年 9 月—12 月，在天津铁道职业技术学院为吉布提培养 2 名专业教师展开为期 8 周的专业培训；二是 2019 年 2 月—5 月，选派 1 名教师赴吉布提为其进行专业培训，针对第一学期教学重难点知识进行培训，服务工坊首批教学工作；2019 年 6 月—7 月，1 名吉布提教师来津培训，对天津铁道职业技术学院专业的核心课程进行学习；2019 年 12 月，选派 1 名教师赴吉布提开展 3 周的教师专业技能及教学能力培训；2020 年 10 月—12 月，由于受疫情影响，天津铁道职业技术学院教师与吉布提教师采用线上教学方式，进行专业课程的师资培训；2021 年 7 月，天津铁道职业技术学院教师采用线上教学方式，对吉方教师进行专业课程的培训，为第五学期专业课程进行师资培训，保证吉布提鲁班工坊教学的顺利进行。

### （三）物流专业国际化专业师资队伍建设

打造国际化教师团队是提升国际化专业办学能力和水平的重要保障。目前，服务于吉布提鲁班工坊物流专业国际化专业教师团队共 12 人，其中一商校本校教师 9 人，4 人具备双语教学能力，吉布提工商学校教师 3 人。物流专业国际化专业师资队伍建设从两方面入手。

一方面，通过多种途径提升一商校本校物流专业教师国际化教学能力。1 名教师参加澳大利亚"TAE 四级"师资培训，提升了国际项目中的教学水平和英语表达能力，拓展了国际化视野，丰富了课堂教学方法；2 名教师指导学生参加世界技能大赛选拔赛、行业比赛及国赛，并多次获奖。通过指导各类技能比赛项目，专业教师掌握了国际化标准，具备了培养国际化物流人才的能力。此外，部分教师参加了中国国际化人才外语 BFT 培训并通过考核，3 名教师参与 1+X 物流职业技能等级证书师资培训，3 名教师到天津中德应用技术大学进行中高职衔接专业教师协同研修培训，提升了教师的专业水平及国际化水平。

另一方面，在鲁班工坊项目建设中，通过"走出去"与"请进来"的方式，建设一支跨国教师团队，为鲁班工坊的持续发展提供新动能。选派物流专业 3 名教师先后远赴吉布提，开展专业教学交流活动，指导吉布提专业教师掌握鲁班工坊物流专业实训设备使用。2019 年，邀请吉布提工商学校 1 名教师到一商校参加物流教师开展专业课及教学能力培训；2020 年，采用在线培训方式对吉布提工商学校 3 名教师开展专业课培训，两次培训均颁发了培训证书。通过培训提升吉方专业教师教学能力，为吉布提工商学校物流专业教学活动顺利开展作好准备。同时，通过培训，增进了中吉双方专业教师的沟通与交流，提高了一商校物流专业教师国际化教学能力和语言交流能力。中方教师团队和吉方教师团队组建形成吉布提鲁班工坊物流专业跨国教师团队，将持续为鲁班工坊发展提供源源不断的动力。

### （四）　商贸专业国际化专业师资队伍建设

服务于吉布提鲁班工坊商贸专业国际化专业教师团队共 11 人，其中一商校本校教师 8 人，1 人具备双语教学能力，吉布提工商学校教师 3 人。商贸专业通过多种途径打造国际化专业师资团队。

一是提升教师国际化专业素养。学校为教师创造国内外培训学习机会，学习先进教育教学理念和技术，提升教师信息化能力和英语交流能力。为了增加对目的地国家语言、人文、教育模式的学习，校内开展了英语及法语培训，加强了教师语言交流能力。

二是鼓励教师多渠道、多形式参加交流培训，拓宽视野，丰富知识，从而提升教师的专业水平和国际化教学能力。聘请新道科技股份有限公司 2 名企业培训讲师，为全体专业教师开展《企业模拟经营认知实训》《企业全景感知实训》课程培训，7 名教师参与 1+X 网店运营推广和数字营销职业技能等级证书师资培训，3 名教师到天津中德应用技术大学进行中高职衔接专业教师协同研修培训，提升了教师的专业技能和国际化教学能力。

三是在鲁班工坊建设中，开展教学培训交流，做到教学相长，促进鲁班工坊国际化教学团队能力的整体提升。2019 年，学校派 4 名专业教师赴吉布提开展专业建设的交流与研讨、教师培训和学生培训等教学交流活动，同年吉布提工商学校 2 名教师来到一商校参加首批师资培训班；2020 年，因受疫情影响，教师培训改为网络在线方式。两年来，对吉方教师开展培训 26 人次，其中线上培训 6 人次，总计 1380 课时，进一步提升了吉方教师专业教学能力和水平。

## 第三节　吉布提鲁班工坊发展成就

### 一、多方协同，推动鲁班工坊可持续发展

#### （一）共谋发展，创设鲁班工坊产教融合发展联盟

为深入推进鲁班工坊创新发展，校企合作共同服务中国企业"走出去"和国际产能合作，在天津市委、市政府部署要求下，2021年5月，由天津铁道职业技术学院、鲁班工坊研究与推广中心牵头，在天津市教委、市人社局、市商务局指导下，包括32家合作企业和18所参建鲁班工坊的职业院校联合成立了鲁班工坊产教融合发展联盟。

鲁班工坊产教融合发展联盟旨在丰富鲁班工坊内涵建设、探索鲁班工坊高质量可持续发展的重要途径。联盟号召全体成员充分发挥院校、企业的资源优势，通过鲁班工坊平台，为鲁班工坊走产教融合可持续发展之路提供了政策支持和机制保障。

#### （二）共谋育人，全方位加强校企合作

以吉布提鲁班工坊为平台，天津铁道职业技术学院、天津市第一商业学校与中土集团形成了全方位、深层次、多形式的校企合作机制。2019年3月，天津铁道职业技术学院、天津市第一商业学校、吉布提工商学校与中国土木工程集团吉布提有限公司签订四方共建协议，铁道学院与中建港务吉布提有限公司共建备忘录，铁道学院与中交一公局集团东非区域总部共建备忘录，签订战略合作协议。

合作共建，高标准建设吉布提鲁班工坊。作为鲁班工坊联盟理事长单位，中国土木工程集团有限公司常驻吉布提，是亚吉铁路的承建单位，也是吉布提鲁班工坊建设的合作伙伴，主要承担了工坊的基础设施建设和实训室建设项目，尤其在揭牌前期准备工作中给予吉布提鲁班工坊极大的支持。鲁班工坊联盟成员单位——用友新道股份有限公司为鲁班工坊商贸类专业实训基地捐赠了软件和计算机设备，参与共建了企业全景感知实训室和企业模拟经营认知实训室。

合作共育，高标准培养专业技术技能人才。以工坊为平台，学校与企业双方多次深入沟通、洽谈，校企双方共同制定工坊建设方案，共同商定人才培养方案，共同招生、共同开发课程资源和培养学员，并根据企业人员岗位需求及发展趋势对学生实行订单式培养。

合作共签，高标准做好毕业生就业工作。工坊2019年招收的24名学员，在工坊完成学校式教育后，全部与亚吉铁路运营公司签订就业协议，并进入到企业

的订单式培养中，完成了从"校"到"企"的无缝对接。此外，天津一商校还与振华物流集团有限公司签订非洲技术技能人才培训基地合作备忘录，为服务非洲经济发展和就业作好充分准备。

## 二、协同育人，为吉布提经济社会发展培养高质量毕业生

吉布提鲁班工坊运营过程中，深入开展校企合作、产教融合，在专业技术技能人才培养、实习实训、共建共享教学资源、1+X 证书开发与推广、师资队伍建设等方面展开深入探索与合作，特别是在开展国际化现代学徒制方面，进行了尝试并取得了累累硕果。

根据吉布提鲁班工坊专业人才培养方案的要求，中国土木人力资源部、中国土木吉布提公司、亚吉铁路运维吉布提分公司积极配合，按照专业人才培养方案和专业实习实施方案，采用现代学徒制式的教学方式，坚持"学用考"协同发力，在铁道工程技术专业开展试点。首先，校企合作编写了 5 本图文版法语专业教材；其次，为铁道工程技术专业学员配备了理论导师和现场操作导师，重点就核心专业课程《改道作业》《起道作业》《拨道作业》等，从理论到实践开展现代学徒制培养，在实习现场组织学员每天上午开展专业实践操作，下午开展理论知识讲授，每周六组织一次测试和专家答疑；最后，开展结业考试。从结业考试的结果看，铁道工程技术专业学员无论是理论学习还是专业实践技能，都达到了预期效果，也说明校企合作实施现代学徒制开展人才培养是有效的途径。

通过考核，吉布提鲁班工坊首批铁道类专业 24 名学生已经全部与亚吉铁路运营公司签订就业协议，毕业后直接进入亚吉铁路工作。同时，吉布提鲁班工坊与吉布提国际自贸区内企业达成合作意向，将为园区内企业开展专业人才培养、员工培训、技能鉴定等方面的服务，物流专业毕业生就业去向未来可期。

## 三、职教模式，填补吉布提高职教育空白

吉布提鲁班工坊是非洲第一家鲁班工坊，吉布提鲁班工坊的建设具有新的特色，具体体现为：

第一，促进了中国职业教育的国际化从局部技术支持转向为支撑非洲国家技能积累体系建构。吉布提鲁班工坊的建设，率先建成了非洲最先进的铁道专业教学实训基地，开创了吉布提举办高等职业教育层次的先河，填补了吉布提没有铁道类专业的空白，促使中国援助非洲从局部技术的支持转为支持非洲国家技能积累的体系建构，打造了中国援助非洲职业教育从局部技术输出转化为支撑非洲国

家技能累积体系建构的新形态。鲁班工坊建设坚持场地、设备、标准、教材和培训"五到位",这些要素是技能积累体系的核心构成要素。鲁班工坊的"场地",即教学与展示空间,它为技能积累提供了空间场所;"设备",即教学所需的设备,它为技术积累提供了手段;"标准",即专业标准,它为技术积累提供了核心要素;"教材",即教学内容的主要承载者,它是技术积累的主要载体;"培训",即培训师资,它为技术积累提供了人力支持。鲁班工坊采取"引进来、走出去"的方式开展专业教师培训。从场地选择、教学设备配备到专业标准认证、教材资源开发再到师资队伍培训,不仅体现为中国技术的支持,更说明中国职业教育正在为非洲国家的技能积累体系的建构积极贡献着力量。

第二,标志着中国职业教育能够参与非洲国家职业教育体系的建构与职业教育治理。吉布提鲁班工坊建设的部分专业获得了吉布提教育部的认证,吉布提教育部同意中国高等职业教育专科层次在吉布提举办。这对于中国职业教育的国际化来说是一个极大的突破,标志着中国职业教育能够参与其职业教育体系的构建与职业教育的治理,完善其职业教育体系。

第三,形成了全方位、深层次、多形式的校企合作机制。吉布提鲁班工坊集聚中国优势专业,实现校企强强联合、优势互补。在吉布提鲁班工坊建设的过程中,紧紧围绕服务亚吉铁路发展需要,校企合作从始至终高度切合,从工坊的初创到工坊的招生,再到工坊对人才的培养全过程,最后到工坊培养人才的就业取向等,企业多角度、全方位、全过程参与,真正做到校企协同育人,将校企合作推向了一个新高度。

### 四、创新发展,提升中国职业教育影响力

通过吉布提鲁班工坊项目,初步建成了服务非洲区域航运中心及东非地区物流、发展的现代技术技能人才培养基地,实现了天津职业教育的优秀成果、EPIP职业教育教学理念的国际化服务、本土化落地过程;形成了天津的职业教育改革与产业发展同步更新、与技术进步同步升级,与"一带一路"倡议同步实施的典型案例;彰显了天津作为国家职业教育改革创新示范区的影响力,形成了可复制、可借鉴、可推广的职业教育经验做法,丰富了具有中国特色、世界标准的中国职业教育品牌内涵。

未来,中吉将继续加强校企合作,丰富吉布提鲁班工坊的内涵建设,完善鲁班工坊的运行机制。结合吉布提国家的政治、经济、文化和发展需要,继续加强

吉布提鲁班工坊的内涵建设，有针对性地开展项目教学，做好师资培训、教材、教学资源的开发及教学标准的研究工作；建立相应的激励机制和评价机制，以保障吉布提鲁班工坊的健康发展；建立科学的管理体制，以规范吉布提鲁班工坊合作方的权利与义务，保证鲁班工坊合作方能够持续投入到鲁班工坊项目的建设中；将充分发挥吉布提鲁班工坊在非职业教育合作中的示范引领作用，不断拓展中非铁路国际化人才培养新领域，为"走出去"企业和当地国培养轨道交通技术的本土化人才，为"一带一路"建设作出更大的贡献，促进中吉人文交流、服务互联互通。

# 第六章／肯尼亚鲁班工坊建设与发展报告

## 第一节 肯尼亚的社会经济与教育情况概述

### 一、社会经济情况概述

肯尼亚共和国（The Republic of Kenya，以下简称"肯尼亚"或"肯"）是非洲的东大门，东邻索马里，南接坦桑尼亚，西连乌干达，北与埃塞俄比亚、南苏丹交界，赤道横贯中部，东非大裂谷纵贯南北。东南濒临印度洋，海岸线长536千米。国土面积58.3万平方千米，总人口约为4756万。18%的国土为可耕地，15%为森林，其余主要适于畜牧业。首都内罗毕，有"非洲小巴黎"之称，是一座国际化都市，也是联合国在全球的四大总部城市之一，联合国环境规划署和人类居住规划署总部均设于此。

肯尼亚境内划分为47个郡，有44个部族，国语是斯瓦希里语，和英语同为官方语言。

肯尼亚是非洲经济基础较好的国家之一，中产阶级人口增长较快，国内市场不断扩大。肯尼亚实行以私营经济为主体的混合型经济体制，私营经济在整体经济中所占份额超过70%。农业是肯尼亚国民经济的支柱产业，约占该国GDP的34%，三大创汇产品分别是茶叶、园艺产品和咖啡。肯尼亚制造业在东非地区相对发达，国内日用消费品基本自给，门类也比较齐全，在肯尼亚《2030年远景规划》中，大力发展制造业是其重点之一。在服务业方面，得益于其优越的地理位置，运输业发展较快；截至2019年，肯尼亚共有注册手机用户5460万，因此移动通信服务业发展迅速；旅游业是肯尼亚的另一支柱产业。主要旅游景点有内罗毕、马赛马拉等地的国家公园、湖泊风景区、东非大裂谷、肯尼亚山和蒙巴萨海滨等。中国目前是肯尼亚第六大旅游客源市场，2019年，中国访肯尼亚游客为 84208 人次。[①]

## 二、教育情况概述

肯尼亚重视发展教育，在政府的财政预算中，教育经费占比逐年上升。肯尼亚在教育体制上实行 8-4-4 学制，即小学 8 年、中学 4 年、大学 4 年。肯尼亚教育部门正在逐步推广 2-6-3-3-3 学制，即 2 年学前教育、6 年小学教育、3 年初级中学教育、3 年高级中学教育和 3 年大学或职业技术教育。肯尼亚现有学前机构 46530 所、小学 32344 所、中学 10463 所、教师培训学院 384 所、大学 63 所、职业技术学校和专科学校 2191 所。此外，还通过网络开办了现代远程高等教育。

肯尼亚政府十分重视职业教育。肯尼亚《2030 年远景规划》指出，高质量职业教育是促进社会经济与环境可持续发展的重要手段，可提升肯尼亚在制造、基建、科学、技术和创新领域的全球竞争力。现今，肯尼亚的职业教育较为多样化，主要由五类教育机构提供：青年多科技术学院（Youth Polytechnics）、技能培训学院（Technical Training Institutes）、职业技术学院（Institutes of Technology）、国立多科技术学院（National Polytechnics）和职业技术大学（Technical Universities）。职业教育毕业生根据学制和授予机构的不同可以获得证书（certificate）、文凭（diploma）、高级文凭（higher diploma）和专科学位（first degree）等学历认证。[②]

---

## 第二节　中肯两国经济教育合作情况

### 一、中肯两国经济合作情况

中肯两国于 1963 年 12 月 14 日建交以来，签署有《经济技术合作协定》《贸易协定》和《投资保护协定》，建立了双边经贸混委会机制。

2019 年 5 月，首次中肯经贸联委会召开。联委会期间，中肯贸易畅通工作组首次会议召开，该工作组是中国与非洲国家建立的首个旨在推动双边贸易便利化的工作机制。

---

[①] 参见商务部：《中国驻肯尼亚大使馆经济商务印发〈对外投资合作国别（地区）投资指南——肯尼亚（2020年版）〉》，http://www.mofcom.gov.cn/dl/gbdqzn/upload/kenniya.pdf.

[②] 参见罗恒、卡罗莱·穆西米、刘清堂：《"一带一路"倡议下职业教育国际合作模式探究——以中国－肯尼亚职教项目为例》，《比较教育研究》，2018 年第 9 期。

2019年，中肯双边贸易额达51.65亿美元，其中，中国向肯尼亚出口49.84亿美元，从肯尼亚进口1.81亿美元。根据肯方数据，中国连续5年成为肯尼亚最大贸易伙伴。

在对外投资方面，中国企业对肯尼亚投资多集中在建筑、房地产、制造业等领域。在承包工程方面，据中国商务部统计，2019年中国企业在肯尼亚新签承包工程合同120份，新签合同额13.78亿美元，完成营业额41.68亿美元。累计派出各类劳务人员2802人，年末在肯尼亚劳务人员8348人。新签大型承包工程项目包括中国水电建设集团国际工程有限公司承建肯尼亚Mwache多功能大坝项目，中铁建工集团有限公司承建内罗毕商业湾广场项目，华为技术有限公司承建肯尼亚电信项目等。①

## 二、中肯两国教育合作情况

肯尼亚与中国的教育交流由来已久，两国在这方面的合作也是比较成功的。在留学政策方面，据报道，自1982年起，中国每年向肯尼亚提供奖学金名额，并于1994年签订了高等教育合作议定书。中国早已成为肯尼亚年轻人十分向往的留学目的地。

职业教育是中肯教育合作与发展的重要阵地。肯尼亚政府一向重视职业教育。然而长期以来肯尼亚的职业教育面临着诸多问题，如职业教育机构提供的培训课程与本地劳动力市场需求不一致，企业提供的就业实习岗位稀少，许多职业教育机构技术落后、设备陈旧等。在"一带一路"倡议指引下，中国航空技术国际控股有限公司（以下简称"中航国际"）负责的中肯职教项目应运而生。在首期项目（2013—2017年）和二期项目（2017—2020年）中，中航国际与肯尼亚高教部签订了价值近2亿美元的合作协议，对肯尼亚教育部下属的10所职业教育院校进行升级改造，对多达1.5万人次的肯尼亚师生进行了机械工程、电子电工、汽修焊接、机电一体化等专业的培训。中航国际为这些院校提供最新的中国设备和仪器，同时派遣专家对相关课程内容和培训体系进行整体评估，对存在的问题提供解决方案。计划将这种职业教育合作模式推广到肯尼亚全境47个郡县134个职业教育机构，预计每年可以培训5万人次，给当地职业院校的教学和就业带来了积极影响，也受到了肯尼亚师生的一致欢迎。

---

① 参见吕景泉、杨延、杨荣敏：《鲁班工坊》，中国铁道出版社，2018年。

## 第三节　项目建设与发展

### 一、合作双方学校简介

#### （一）天津城市职业学院

天津城市职业学院始创于 1958 年，是经天津市政府批准、教育部备案的公办全日制普通高等职业学院。学院以"修德励学，强能笃行"为校训，以"立足河北区、服务京津冀、面向全国、特色发展，办好百姓身边的高职学院"为办学定位，以"职业教育社区化、社区教育职业化"为办学特色，牵头天津中心城区组成的职教集团服务终身学习。学院现有高职在校生 7000 余人。学院是天津市职业教育先进单位、黄炎培职业教育先进学校、天津市高水平示范性高等职业院校，天津市"双一流"高职学院建设单位等。

学院围绕全国现代服务业，优化专业结构和布局，普通高考设置了 23 个招生专业。其中，中央财政支持重点建设的专业 2 个，天津市示范校重点建设的专业 6 个，教育部第二批现代学徒制试点专业 3 个，教育部创新发展行动计划认定的骨干专业 3 个。"十四五"期间，重点建设社区管理与服务和大数据技术两个专业群。

学院以政校企（社）合作发展理事会为平台，大力推行校企合作，将实际项目、企业技术骨干引进课堂，实施校企共育人才。近年来，数百名学生在国家、天津市及行业协会举办的学生技能竞赛中屡获殊荣，为各行各业输送优秀毕业生，赢得了良好的社会声誉。

#### （二）马查科斯大学

马查科斯大学始创于 1957 年，位于内罗毕东南 63 公里的马查科斯小镇上，占地 42.5 英亩。马查科斯大学是在肯尼亚大学教育委员会正式注册的、非营利性的公立高等教育机构，可提供培训本科、硕士研究生和博士研究生的学历、学位教育，2020 年的教职工和学生人数分别为 523 人和 10177 人。马查科斯大学的教育、研究和管理机构包括：科技学院，环境、社区卫生和农业科学学院，商业、经济、酒店和旅游学院，工程与建筑环境学院，教育与社会科学学院，研究生院，技术、职业教育和培训理事会，研究、创新和技术理事会以及可再生能源中心等。

### 二、合作企业——华为技术有限公司介绍

华为创立于 1987 年，是全球领先的 ICT（信息与通信）基础设施和智能终端

提供商。目前，华为约有 19.7 万名员工，业务遍及 170 多个国家和地区，服务全球 30 多亿人口。

华为致力于把数字世界带入每个人、每个家庭、每个组织，构建万物互联的智能世界：让无处不在的连接，成为人人平等的权利，成为智能世界的前提和基础；为世界提供最强算力，让云无处不在，让智能无所不及；所有的行业和组织，因强大的数字平台而变得敏捷、高效、生机勃勃；通过 AI 重新定义体验，让消费者在家居、出行、办公、影音娱乐、运动健康等全场景获得极致的个性化智慧体验。

从 2015 年开始，华为积极参与肯尼亚国家级 Konza 智慧城市的顶层设计与建设，以国家云数据中心、云计算系统、物联网系统、城市通信与光纤网络系统、城市安全监控系统以及城市智能交通系统作为 Konza 智慧城市的核心 ICT 基础设施建设内容。

### 三、项目建设情况

#### （一）发展定位与建设思路

##### 1. 发展定位

鲁班工坊致力于服务"一带一路"倡议和肯尼亚经济发展，通过开展学历、学位教育和职业培训，为肯尼亚培养熟悉信息技术标准、产品的本土化技术技能人才。

##### 2. 建设思路

天津城市职业学院将云计算与信息安全专业列为鲁班工坊建设项目，依照鲁班工坊建设的场地、设备、标准、教材、培训五到位的总体要求和肯尼亚当地教育需求，以肯尼亚 Konza 智慧城市的建设为参照，校企合作共建肯尼亚鲁班工坊，开发云计算与信息安全专业的专业标准、课程标准和基于 EPIP 工程实践创新教学模式的实训项目，并分阶段协助马查科斯大学建设四年制云计算与信息安全专业的学历、学位教育体系，同时开展职业技能培训。

肯尼亚 Konza 智慧城市数据中心采用华为提供的产品及解决方案，肯尼亚鲁班工坊结合 Konza 数据中心实际应用，培养基于云计算与信息安全专业的具备数字通信、云计算和物联网等相关知识、技能的师生，使学习者具有基于虚拟化技术搭建云计算数据中心，运维、管理和基于通信技术实现对数据中心的远程监控和维护等的技能。

## （二）重点建设内容

### 1. 设置肯方需求的专业

鲁班工坊的定位是紧紧围绕合作国家的产业发展，培养当地熟悉行业先进技术的技术技能人才。随着世界各国信息化产业的高速发展，对信息化人才的需求量也与日俱增。肯尼亚的信息技术发展迅猛，因此对信息人才非常渴求，初步估算，约有十几万的缺口。在充分调研的基础上，天津城市职业学院确定在肯尼亚鲁班工坊开设云计算与信息安全专业，以天津城市职业学院大数据技术、信息安全与管理、计算机网络技术、云计算技术应用等专业优秀的教学资源为支撑，以职业教育国际化标准建设专业的人才培养方案为依据，以企业需求为导向，与马查科斯大学一起制定肯尼亚鲁班工坊国际化人才培养专业方案，开展学历、学位教育并融入肯尼亚国民教育体系之中。

### 2. 搭建教学、实训一体化实践区

在对马查科斯大学的调研中，天津城市职业学院了解到其信息技术相关专业的实训环境比较简陋，除了多媒体计算机、投影设备、音响设备，互联网接入或Wi-Fi环境外，云计算、物联网等技术要求的教学和实训条件严重不足。据此，天津城市职业学院制定了分期实训环境建设计划。首期建设马查科斯大学校内鲁班工坊，建筑面积500平方米，共建4个实训区，即云网融合学习区、数据中心实践区、智慧城市实践区和空中课堂授课区。

云网融合学习区包括2套HCIA-云计算实训设备、2套HCIP-R&S实训设备，配备计算节点及管理节点2台、交换机12台、路由器12台、防火墙4台、教师机1台和学生机36台；数据中心实践区包括1套HCIP-云计算实训设备，配备计算节点4台、管理节点1台、交换机1台、模块化机房1台、教师机1台和高清投影机1台；智慧城市实践区包括HCIA-IOT、HCIP-IOT实训设备各1套，配备华为物联网多网全模块通信实验箱10台、华为物联网综合实训平台1台、华为掌上实验实训平台1台、智慧城市应用实训套件4套、智慧城市场景应用系统1套；空中课堂授课区（与云网融合实训区集成一起），安装1套153英寸大屏远程视频教学系统。未来，在Konza智慧城市还将建设1000平方米的鲁班工坊分中心。

### 3. 开发国际化专业教学资源

以天津市研发的国际化专业教学标准为依据，开发了《云计算与信息安全专业人才培养方案》；以工程实践创新项目（EPIP）为教学模式，分阶段、逐步开

发和完善适合于肯尼亚教育体系要求的中英双语教材和教学资源；2020年完成《物联网技术》《云计算技术》《路由交换技术》《数据存储》4门专业核心课程的教材建设，并配套相关专业教学资源。

### 4. 打造国际双师型师资队伍

按照鲁班工坊建设师资培训先行为必要保障的要求，城市职业学院和华为工程师培训团队制定具体的培训实施方案，成立了培训工作组，对马查科斯大学遣派的专业教师进行工坊同型设备使用的专门培训。肯方教师参加了云计算专业核心课和认证教师培训，重点学习路由与交换技术、存储技术、云计算技术、物联网控制技术等。被培训的教师考核合格后，具备独立使用空中课堂及各种教学资源的能力。中方将协助马查科斯大学建成一支能讲会用的云计算与信息安全专业核心师资队伍。

### （三）项目推进历程

#### 1. 合作筹备期

2019年3月，由天津城市职业学院领导带队，一行十人，赴深圳拜访华为公司总部。双方就ICT学院建设进行了探讨，并就鲁班工坊建设意向与华为作了初步沟通。经过两个月的调研及遴选，2019年5月，选定肯尼亚作为非洲鲁班工坊建设的国家。6月，经过华为肯尼亚代表处的多方联系及遴选，选定了肯尼亚一所本科院校马查科斯大学为建设单位。2019年8月，学院与马查科斯大学召开了第一次视频会议，对鲁班工坊的建设，双方达成了初步意向，主要涉及专业建设、场地提供、合作意愿等。2019年9月，双方确定了建设方案。10月，天津城市职业学院一行赴肯尼亚拜会中国驻肯尼亚大使馆、肯尼亚教育部、华为肯尼亚代表处等，取得了各方的支持与协助，然后赴马查科斯大学实地勘察场地，签署合作意向书。

#### 2. 启动建设期

根据鲁班工坊建设合作协议，在确认了建设场地配置、建设方式及步骤、双方基本分工，形成了最终装修设计方案之后，鲁班工坊场地的装修装饰工作启动。与此同时，2019年11月，城市职业学院邀请6名马查科斯大学教师来学院进行了为期两周的培训，包括云计算的配置、物联网的配置等理实一体化的课程，并带领他们到天津市公共实训中心、天津市鲁班工坊博物馆及相关企业实地参观、考察，以充分了解鲁班工坊的建设背景、运行方式和建设要求。12月初，第二支中方工作团队赴肯尼亚完成设备的海外交付、安装、查验等工作。2019年12月14日，肯尼亚鲁班工坊的揭牌仪式在马查科斯大学顺利举行。此后半年间，城市职业学院组织专业教师和马查科斯的教师一起制定了肯尼亚鲁班工坊云计算与信息安全专业理学学士学位的课程体系，开发了《物联网技术》等课程的教材。2020 年 7 月，城市职业学院举办专题论证会，聘请了天津市教育科学研究院、天津大学、华为技术有限公司的领导和专家对方案与教材进行审定。8 月，马查科斯大学正式向肯尼亚大学教育委员会申报开设云计算与信息安全四年制本科专业。

### 3. 运营发展期

自揭牌运营以来，即使在新冠肺炎疫情肆虐全球的情况下，双方团队也没有停止对鲁班工坊项目的建设：多次利用视频会议的方式完成了四年制本科方案的制定、专业建设与教学研讨，双方还共同制定了 2021 年鲁班工坊工作计划。在 2020 年 12 月 14 日肯尼亚鲁班工坊揭牌的周年庆上，马查科斯大学的师生分别在数据中心实训区、云网融合实训区及智慧城市学习区内对相关设备进行了实训演示和现场讲解，向双方领导展示了教师和学生一年以来在鲁班工坊的学习成果。双方都希望继续践行"一带一路"倡议，共同推进肯尼亚鲁班工坊建设，促进中非教育改革与人文交流。肯方表示未来将会把肯尼亚鲁班工坊作为肯尼亚的样板项目推广至全国高校，让肯尼亚高校学生都能够接受世界前沿的职业教育。

## 四、成效与创新点

### （一）建设成效

#### 1. 开发国际化教学资源，采用 EPIP 教学模式，保障培养质量

天津城市职业学院与华为公司共同开发了马查科斯大学本科云计算与信息安全专业的专业标准、课程标准以及《云计算技术》《物联网技术》《路由交换技术》《数据存储》等核心课程的中英双语教材。同时，由城市职业学院技术团队编写的《物联网开发与实践》中英双语鲁班工坊专用教材已经签署出版合同，将正式出版。此双语教材从认知、应用和实现三个层次，由浅入深、由外及内地开展物联网技术的工程训练。依托华为实验箱和华为云，从感知层、网络层、应用层展开实训，突出实训的工程化和实战性，以任务驱动方式，构成模块化、层次化的物联网应用技术技能主干，结合线上物联网实训平台资源，满足学生在鲁班工坊学习的需求。

将工程实践创新项目教学模式（EPIP）融入肯方教学体系。EPIP 教学模式是天津借鉴发达国家教学经验而创建的教学模式。EPIP 四个字母分别取自工程（Engineering）、实践（Practice）、创新（Innovation）、项目（Project）的四个英文单词的首字母。EPIP 将理论教学与实践教学融为一体，在真实的工作情境中，

形成与发展学生的综合职业能力与创新能力。以实际工程项目为导引，以实践应用为导向，从而培养学生的科学探究能力和问题解决能力。

总之，EPIP与鲁班工坊结合，能明显提升学生的学习效率。此外，在EPIP的高级阶段，学生将被邀请为一个真实工程作完整的项目策划，并且最终付诸实践，这不仅让师生们感受到了更多的学习乐趣，而且让学生变得更有创造力和创新意识，从而提高了完成项目的实际工作能力。

**2. 建成高水平的实训基地，满足实践教学和实际岗位的需要**

实训场所的功能和服务的课程如下表所示：

表6-1　实训教学场所名称、面积与主要功能

| 实训场所名称 | 实训场所面积 /m² | 功能 | |
| --- | --- | --- | --- |
| | | 主要实训项目 | 对应的主要课程 |
| 云网融合学习区 | 150 | 用于云平台搭建、云系统运维、云计算中心设计与建设、环境调试维护、虚拟化技术与应用、桌面云技术与应用等模块的教学与实训 | 云操作系统应用技术<br>桌面云技术应用<br>数据挖掘原理<br>虚拟现实与云安全<br>云计算应用 |
| 数据中心实践区 | 150 | 提供计算机网络基础、网络设备配置与管理、服务器系统的配置与管理、网络安全管理、网络综合布线与测试、计算机网络应用等相关课程的授课与实训 | 网络操作系统<br>网络综合布线<br>数据库系统<br>数据通信技术<br>数据备份与恢复<br>灾备及业务迁移技术应用 |
| 智慧城市实践区 | 200 | 物联网典型应用项目的实施、智慧家庭、智慧工业、智慧交通等典型场景的设计与实现、端到端的物联网综合实训 | ZigBee技术<br>传感器原理及应用<br>物联网应用研发 |
| 空中课堂授课区 | 与云网融合实训区集成一起 | 用于中肯网络同步授课 | 面向对象程序设计<br>云计算技术导论<br>物联网通信技术概述 |

**3. 得到各方肯定和支持，有力推动了中国职教国际化**

校企双方在中肯双方的共同努力下，肯尼亚当地时间2019年12月14日上午

10 时，正值中肯建交 56 周年纪念日，肯尼亚鲁班工坊在马查科斯大学揭牌运营。中国驻肯尼亚大使馆公参、肯尼亚信息通信与技术部部长、Konza 科技城发展署主席、肯尼亚教育部马查科斯郡代表、华为技术有限公司代表等 100 余人参加了揭牌暨启运仪式。中国驻肯尼亚大使馆公参赵希源表示："肯尼亚鲁班工坊通过共享职业教育优质资源，开展学历、学位教育，将为肯尼亚国家经济社会发展培养更多的技术技能人才。"

在 2020 年 12 月 14 日肯尼亚鲁班工坊成立的周年庆上，参加天津城市职业学院肯尼亚鲁班工坊师资培训的马查科斯大学教师维罗妮卡表示："在中国学到的'产教融合 校企合作 工学结合'专业建设模式和 EPIP 教学模式，对提高肯尼亚 ICT 专业人才培养质量有非常好的效果。今后，我将深入研究学习先进的中国职业教育理念和教学方法，应用中国高水平的专业教学标准，教出好学生。"

肯尼亚鲁班工坊的建设受到了国内外多家媒体的持续关注和跟踪报道。2021 年 6 月 18 日，新华社最新一期的报道《是什么让非洲青年赞叹"最好的培训班"》，重点讲述了肯尼亚鲁班工坊的建设成果，如为当地师生提供先进的实训装备及特色课程，提高学生的实践能力等。该报道上线后，短时间内，浏览量就突破 100 万，反映出鲁班工坊的巨大关注度与吸引力。

### 4. 提供先进的信息与通信技术，助力当地专业人才培养

从 2015 年开始，华为技术有限公司就参与了肯尼亚国家级 Konza 智慧城市的顶层设计与建设。在此次中肯双方开发的马查科斯大学云计算与信息安全专业的课程体系中，直接引入了华为认证体系中的两个等级认证，即 HCIA（华为初级网络工程师）和 HCIP（华为中级网络工程师），使这样一套覆盖全 ICT 领域的、具有完整产品线和技术解决方案的、旨在培养数字化时代新型 ICT 人才的认证标准在课程体系中落地生根。

2021 年 1 月，在肯尼亚马查科斯大学鲁班工坊开展了云计算培训，旨在培养该区域更多云计算相关专业的人才，从而促进新技术在该区域的推广，同时扩大鲁班工坊的影响力。此次培训包括肯尼亚东南大学、马查科斯大学的 19 名教师和工作人员，由华为 ICT 学院安排了资深云计算培训讲师进行 HCIA 云计算的理论培训，同时邀请了华为工程师带领学员就鲁班工坊的设备进行了实操训练。培训内容包括云计算简介、计算虚拟化、云计算中的存储基础知识、云计算中的网络基础知识、虚拟化特性介绍和云计算发展趋势，以及华为云计算相关的解决方案及其应用等。通过培训学习，学员很好地掌握了云计算相关领域的知识，为今后推广云计算课程奠定了良好的基础。

### 5. 增强了中肯双方师生的了解与互信，增进了友谊

随着肯尼亚鲁班工坊的建设不断深入，城市职业学院与马查科斯大学师生之间的友谊也在日益增进。马查科斯大学的领导和师生不止一次向城市职业学院及中国政府表达了感激之情。

2020年1月，在得知了新冠肺炎疫情在我国暴发后，马查科斯大学领导和师生在第一时间向学院发来视频，送来真挚的问候和祝福，为中国加油，为武汉加油，为天津加油！当得知学院教师已返岗，马查科斯大学又录制了视频送来美好的祝福，还约定双方开启双向视频，网上商议工作，开展培训。

2021年5月，学院收到了两名肯尼亚马查科斯大学学生发来的感谢信，对学院在肯尼亚马查科斯大学建设的鲁班工坊项目表示感谢，并高度赞美了在肯尼亚鲁班工坊的学习、实训经历。学生 Owen Alikul 和 Peter Kariuki 都是马查科斯大学电信与信息技术专业四年制的本科生，按照中肯双方共同开发的云计算与信息安全专业课程方案进行学习。他们的教、学、做一体化课程和专业实训课都是在鲁班工坊内完成的。工坊内先进的教学设备和完善的实训教学资源为他们提供了强大的技术支撑，为他们动手实践服务器搭建、云端系统配置、数据中心设置等实操提供了真实的环境。他们表示如果没有肯尼亚鲁班工坊，他们将错过很多与世界先进信息技术学习和体验的机会。

## （二）创新点

### 1. 中方职教的专业建设方案纳入肯尼亚本科专业的教育体系

由天津城市职业学院、华为技术有限公司、肯尼亚马查科斯大学团队共同完成的《云计算与信息安全》四年制本科学历学位课程方案在2021年5月18日获得肯尼亚大学教育委员会的正式审批，马查科斯大学将于2021年9月开始正式招生授课。这个四年制本科方案结合当地人才需求，为肯尼亚国家级智慧城市 Konza 科技城提供人才支撑。此方案的获批，是非洲第一个由我方职业院校主导的本科专业建设方案经过全流程进入到对方国家的教育体系，具有里程碑意义。

### 2. 设立定期会商机制，架起及时沟通和可持续发展的桥梁

天津城市职业学院与肯尼亚马查科斯大学建立了定期会议工作机制，每月初第一个星期四（肯尼亚时间11:00，北京时间16:00）召开会议。通过定期会议工作机制，畅通双方沟通平台，促进双方在教学、培训和师生交流、文化交流等方面的合作，服务和促进肯尼亚高等信息技术专业技术技能人才培养，开创了双方

互惠互利、长效交流、合作共赢、和谐发展的良好新局面。

### 3. 开通物联网资源教学平台，保障肯方师生停课不停学

2020 年初，突如其来的新冠肺炎疫情打乱了双方正常的教学节奏。在疫情肆虐之际，肯尼亚政府也实施了封城。工坊的学生们被迫中断学习，离开学校。为了按时完成教学进度，同时保持学生们的学习热情，天津城市职业学院与浙江华为紧急研发并开通了中英双语物联网教学资源平台，供肯尼亚学生使用。资源平台提供了丰富的英文学习资源，配套了 28 个完整的实训项目资源，包含 PPT 教学课件、原理图、代码包、实训指导书、实训平台、参考资料等，供马查科斯大学的师生线上教学和学习，从而保障了肯尼亚鲁班工坊停课不停学。

## 五、未来规划

在鲁班工坊建设"五到位"的要求指导下，肯尼亚鲁班工坊将进一步深化专业建设，为肯尼亚 ICT 领域的发展提供中国智慧与力量，同时为肯尼亚、东非地区、整个非洲提供优质、可借鉴、可复制的 ICT 人才培养模式，为肯尼亚经济社会发展和现代化进程作出更多贡献。让世界更好地感知中国、了解中国、读懂中国。

### （一）加强内涵建设，完善鲁班工坊体制机制

天津城市职业学院将按照鲁班工坊建设的总体要求，对接"一带一路"倡议，并结合肯尼亚的政治、经济、文化等方面的具体情况和需要，继续加强鲁班工坊的内涵建设，有针对性地开展鲁班工坊的项目教学，做好双方的师资培训、教学标准的研究和教学资源的开发工作。鲁班工坊是一项长期的合作项目，需要建立相应的管理体制和激励机制，以保证项目的健康发展。天津城市职业学院将与马查科斯大学、华为公司会商，建立相关方认可的、切实可行的管理机制，以规范合作方的权利与义务，保证相关方能够持续投入到鲁班工坊的项目建设中，从而使项目得到持续发展。

### （二）专门开发针对鲁班工坊的教学资源和教学方式

#### 1. 完善教学资源建设

依托国家精品课程、国家职教专业教学资源库以及省市级优质信息化教学资源，继续开发和完善云计算与信息安全专业的本科双语教材，开发基于 HCIA 和 HCIP 认证的实训项目、课程资源及相关活页教材，聘请国内外知名企业技术人员参与网络课程建设，保证鲁班工坊课程建设的质量和教学水平。

### 2. 推进远程教学，充分发挥空中课堂的作用

除了国内优秀教师可以进行线上教学外，还可以聘请技术能手、知名技术人员参与，使鲁班工坊的学生能直接接受我国一流的职业教育和培训。这样，既有利于优质教育资源的推广与使用，同时也是对职业院校和鲁班工坊教师资源的重要补充。[①]

### 3. 以就业为导向，始终关注人才培养质量

鲁班工坊建设质量归根结底要看该项目所培养技术技能人才的就业质量。一方面，高质量就业是鲁班工坊人才培养的重要目标；另一方面，与就业率相比，就业质量更能反映职业教育的办学水平和教育质量。[②] 要将爱岗敬业、诚实守信、吃苦耐劳等基本的职业素养融入人才培养的全过程。同时，除华为外，加强与当地企业（包括中资企业）的合作，建立校企合作理事会，使学生能够及时了解用人单位的需求，并在学习过程中定期接受用人单位的考核与评估。

---

① 参见杨荣敏：《鲁班工坊建设实践的考量与展望》，《职业教育研究》，2020 年第 6 期。

② 参见王岚：《鲁班工坊学生就业质量研究：现实审视与提升路径》，《天津市教科院学报》，2020 年第 3 期。

# 第七章 南非鲁班工坊建设与发展报告

## 第一节 南非的社会经济与教育情况概述

### 一、社会经济情况概述

南非共和国，简称南非，位于非洲大陆最南端，北接纳米比亚、博茨瓦纳、津巴布韦、莫桑比克和斯威士兰，莱索托为其国中之国，其东西南三面环海，西临大西洋，东临印度洋，两大洋在其南端交汇。南非领土面积1219090平方千米，拥有海岸线约3000千米。全国大部分地区属热带草原气候。

南非实行立法、行政、司法三权分立制度，开普敦（Cape Town）、比勒陀利亚（Pretoria）、布隆方丹（Bloemfontein）分别是其立法、行政、司法首都。南非是一个多种族、多民族国家，被誉为"彩虹之邦"，全国共5962万人，有黑人、有色人、白人和亚裔四大人种，分别占总人口的80.8%、8.8%、7.8%和2.6%。约80%的人口信仰基督教，其余信仰原始宗教、伊斯兰教、印度教等。官方语言有11种，各级政府可根据情况选用任何官方语言作为办公用语，但至少应用2种文字，英语和阿非利加语为通用语言。

南非自然资源十分丰富。矿业、制造业、农业和服务业均较发达，是经济四大支柱，深井采矿等技术居于世界领先地位。但国民经济各部门、地区发展不平衡，城乡、黑白二元经济特征明显。南非可耕地约占土地面积的12%，但适于耕种的高产土地仅占22%，玉米是最重要的粮食作物。制造业门类齐全，能源工业基础雄厚。电力工业较发达，主要依靠火力发电，拥有非洲唯一的核电站，发电量占全非洲的2/3。矿产资源丰富，是世界五大矿产资源国之一。现已探明储量并开采的矿产有70余种。铂族金属、氟石、铬的储量居世界第一位，黄金、钒、锰、锆居第二位。旅游资源丰富，风景秀丽，设施完善，旅游业是当前南非发展最快的行业之一，产值占国内生产总值的 9%。

南非是非洲第二大经济体，是 G20、金砖国家等重要国际组织成员。南非是非洲贸易大国，贸易额居非洲之首，占非洲贸易总额的 1/5 以上。自 1994 年新南非成立以来，南非进出口贸易稳步增长，出口产品趋于多样化。据南非政府部门统计，2019 年南非进出口贸易总额约 2.57 万亿兰特，其中出口 12978.5 亿兰特，进口 12731.5 亿兰特，贸易顺差 247 亿兰特。由于石油资源匮乏，2019 年，原油和燃油产品是南非第一大进口商品，约占南非进口总额的 16.8%。机械、机电和车辆等产品也是南非主要进口产品。南非主要出口商品包括煤炭、贵金属和宝石（铂金、黄金、钻石等）、铁矿石、钢铁和运输设备等。

作为新冠肺炎疫情最严重的非洲国家，南非经济遭受重创。2020 年一季度制造业商业活动指数和消费者信心指数均跌至历史新低，新增约 100 万失业人口，对外贸易总额同比下降 2.6%，其中，进口下降 9.2%，出口增长 3.1%，兰特对美元汇率短时间内大跌 30%，创下 19.3 兰特 / 美元的历史新低。[①]

## 二、教育情况概述

南非拥有公立高等院校 27 所，其中普通学院 11 所、综合性大学 9 所、技术学校 6 所和国家高等教育学院 1 所。2017 学年，公立学院共有注册学生 103.6 万人。截至 2019 年 3 月，南非共有注册私立高等学院 135 所，有学生 18.5 万人。著名的大学有金山大学、比勒陀利亚大学、南非大学、开普敦大学、斯坦陵布什大学、约翰内斯堡大学等。

南非建立了以国家资格框架为核心的全民、终身教育体系，将所有阶段的教育统一纳入国家资格认证框架中。南非的教育与培训体系包含由基础教育部管理的作为升学与就业基础的学校教育，以及由高等教育与培训部管理的贯通升学与就业、连接教育与培训、综合职前与职后发展，混合了远程教育、普通面授和在岗技能培训等各类正规、非正规教育形式的后学校教育。

---

① 参见《2020 对外投资合作国别［地区］指南——南非》，http://www.mofcom.gov.cn/dl/gbdqzn/upload/nanfei.pdf.2020。

表 7-1  南非各阶段教育与资格等级[①]

| 资格框架等级 | 阶段 | 年级 | 资格类型 |
|---|---|---|---|
| 10 | 高等教育<br>与培训 | — | 博士学位<br>专业博士学位 |
| 9 | | — | 硕士学位<br>硕士学位（职业） |
| 8 | | — | 荣誉学士学位<br>研究生文凭<br>专业资格证书 |
| 7 | | — | 学士学位<br>高级文凭 |
| 6 | | — | 文凭<br>高级证书<br>职业证书 6 级 |
| 5 | | — | 高等证书<br>高级国家职业证书<br>继续证书<br>职业证书 5 级<br>国家证书 4—6 级 |
| 继续教育与培训证书 | | | |
| 4 | 继续教育<br>与培训 | 十二年级 | 高级证书<br>国家证书（职业）4 级<br>国家证书 1—3 级<br>职业证书 4 级 |
| 3 | | 十一年级 | 中级证书<br>国家证书（职业）3 级<br>职业证书 3 级 |
| 2 | | 十年级 | 初级证书<br>国家证书（职业）2 级<br>职业证书 2 级 |
| 普通教育与培训证书 | | | |
| 1 | 义务教育<br>与培训 | 一至九年级 | 普通证书<br>国家证书（职业）1 级<br>职业证书 1 级 |

学生完成九年义务教育后可以有三种不同的选择：一是升入普通学校，继续完成十至十二年级的学习，对应资格框架中的 2—4 级；二是进入职业学校学习；三是直接进行职业训练，在校外工作场所进行以实践为主的学习。

---

① See Government Gazette (2012), Determination of the Sub-framework that Comprise the National Qualifications Framework. http://www.saqa.org.za/docs/policy/determination.pdf.

## 第二节　中国与南非两国经济教育合作情况

### 一、中国与南非两国经济合作情况

南非是中国在非洲第一大贸易伙伴。2019 年，两国贸易总额 424.7 亿美元，同比下降 2.5%。其中，中国自南非进口 259.2 亿美元，同比下降 5%，对南非出口 165.4 亿美元，同比增长 1.8%。中国是南非第一大进口和出口国。中国从南非进口以资源性产品为主，对南非出口以机电设备、纺织品、鞋帽等制成品为主。

南非是中国企业在非洲投资的重点国家之一。2019 年，中国对南非直接投资流量 3.39 亿美元；截至 2019 年末，中国对南非直接投资存量 61.47 亿美元。中国企业主要分布在南非约翰内斯堡地区和各省的工业园中，投资项目涉及纺织服装、家电、机械、食品、建材、矿产开发以及金融、贸易、运输、信息通信、农业、房地产开发等多个领域。主要投资项目有中钢集团铬矿项目、金川集团铂矿项目、河北钢铁集团铜矿项目、第一黄金集团黄金项目、海信集团家电项目、北汽南非汽车工厂项目等。2019 年，中国企业在南非新签承包工程合同 76 份，新签合同额 10.61 亿美元，完成营业额 5.58 亿美元，累计派出各类劳务人员 248 人，年末在南非劳务人员 598 人。新签大型承包工程项目包括中国冶金科工集团有限公司承建中冶国际南非杰乐特金矿（一期）EPC 项目、华为技术有限公司承建南非电信项目、中国北方车辆有限公司承建南非车辆组装厂项目等。[①]

南非对中国投资项目主要涉及矿业、化工、饮料等领域。目前，南非约有 26 家公司在中国投资，2003 年 1 月至 2019 年 8 月期间的资本支出为 880 亿兰特，主要企业有南非啤酒公司、MIH 媒体集团等。

### 二、中国与南非两国教育合作情况

中国和南非互为最大的贸易伙伴，在中非合作论坛和金砖国家框架下，中南关系成为南南合作的典范。中国同非洲国家保持了良好的教育国际交流合作关系，签署了诸多教育交流合作协议，中非教育部长及大学校长论坛、中非高校"20+20"计划等活动和项目不断促进双方基础教育和高等教育等方面的合作；非洲来华留学生政府奖学金名额不断增加，推动双方留学互访不断深入；中国在南非设立了 6 所孔子学院和 3 个孔子课堂，是非洲大陆拥有孔子学院最多的国家，同时中

---

① 参见《2020 对外投资合作国别 [ 地区 ] 指南——南非》，http://www.mofcom.gov.cn/dl/gbdqzn/upload/nanfei.pdf.2020。

国有超过 10 所大学与南非的大学建立了合作关系，促进双方语言互学互通。自 2017 年开始，每年举办包含金砖国家机电技能大赛、金砖国家 3D 打印与智能制造技能大赛、金砖国家创客大赛、中国智能制造挑战赛、国际焊接大赛五大系列赛事的金砖国家技能发展与技术创新大赛，促进两国之间的技术交流。成立中南职业教育合作联盟，开展南非来华留学生项目，推进中南技术人才培养，促进中南民心相通，共同发展。

近年来，越来越多的中资企业积极响应国家"走出去"号召和"一带一路"倡议，将产业链逐渐延伸到海外。不少中资企业开始走进南非，招收本地员工，并开展相应的职业技能培训。如中国第一汽车制造厂南非伊丽莎白港工厂采用"传帮带"和"手把手"教学方式，对所有的员工在生产线上进行培训。[①]

## 第三节 项目建设与发展

### 一、中国与南非合作学校简介

#### （一）天津职业大学简介

天津职业大学始建于 1978 年，是全国最早举办高等职业教育的院校之一，为首批 28 所"国家示范性高等职业院校"和全国优质高职高专院校，2019 年入选"双高计划"高水平学校 A 档建设单位，是全国重点建设职业教育师资培养培训基地、天津市滨海新区技能型紧缺人才培养基地。学校坚持"服务为本，应用为根，质量立身，卓尔不群"的办学理念，秉承"育德育能，力实力新"的校训，发扬"勤奋、求实、团结、创新"的校风，立足天津、面向全国，奋力建设中国特色、世界水平高职学校，引领中国职业教育改革发展，为服务国家战略和区域经济社会发展提供坚实支撑。

学校目前为"一校两区"办学格局，分主校区和海河园校区，下设 11 个学院和 3 个教学部。与天津科技大学、天津商业大学、天津职业技术师范大学、天津理工大学联合开设 7 个本科专业，培养应用型、高端技能型人才。现有在校生 17000 人，其中专科生 16000 余人、应用型本科生 900 余人。学校师资队伍实力雄厚，教学成果、科研开发、产教融合、校企合作成绩斐然。学校主动服务国家重大发

---

① 参见宋晓燕：《中国—南非职业技术教育合作实践研究》，浙江师范大学博士学位论文，2020 年。

展战略,先后建设"雄安新区培训基地""西南培训中心""应用技术研发中心(西南)"等。充分利用区域与自身优势,深化国际教育交流与合作,先后与美国、法国、英国、澳大利亚、新加坡、韩国、日本、俄罗斯等国家和中国香港、中国台湾地区有关院校建立友好校际关系,开展国际交流与合作。

### (二)南非德班理工大学简介

德班理工大学由纳塔尔理工大学和索尔塔理工大学于 2002 年合并而成,是南非最大的理工大学,位于南非东部海港城市德班,是一所技术性公立院校,旨在培养具有本科、硕士、博士学位的应用型人才,其中本科为三年制。

德班理工大学建有 5 个校区,现有在校生约 33000 人,建有会计与信息技术、应用科学、管理科学、工程与建筑环境、健康科学、艺术与设计六个学院。其信息技术、现代农业、水处理、生物科学等专业水平在南非居于领先地位。学校注重职业技术人才的培训培养,倡导创业教育和创业型大学建设,力推在学生第一学年开展创业教育,重视实践、真实挑战和团队合作的培养理念。学校高度重视科研成果转化,强调应用技术的研究开发,注重科学技术研究与职业应用及区域服务的平衡。

德班理工大学为国际大学学会成员,2020 年、2021 年连续两年入选世界大学排名 500 强,文献索引全球大学排名第十二、南非高校排名第一。自 2016 年起,德班理工大学与中国多所高校建立人文交流合作,已成为中南两国非政府层面互信互通的文化桥梁。

## 二、合作企业介绍

### (一)浙江华为通信技术有限公司

浙江华为通信技术有限公司是华为技术有限公司合资子公司,公司专注于数字化人才学习与发展业务,提供数字化人才发展综合解决方案与培训服务。天津职业大学与浙江华为通信技术有限公司在德班理工大学合作共建南非鲁班工坊物联网应用技术实训室,共同为德班理工大学教师提供技能核心课程培训,共研国际化物联网应用技术专业人才培养方案,共同开发专业核心课程资源,共享物联网实训平台。

### (二)宜科(天津)电子有限公司

宜科(天津)电子有限公司是中国工业自动控制领域规模最大的本土企业和最具影响力的本土品牌,为智能制造的整体规划实施提供全系列服务。宜科(天津)

电子有限公司支持南非鲁班工坊物联网应用技术实训室建设，为德班理工大学提供远程技术服务。天津职业大学聘任宜科公司副总经理为物联网应用技术专业产业带头人，共建高水平结构化教师教学创新团队，团队于2021年4月获评天津市职业院校教师教学创新团队，9月获评国家级职业教育教师教学创新团队。

### （三）北京新大陆时代教育科技有限公司

北京新大陆时代教育科技有限公司是新大陆科技集团下属子公司，是中国物联网行业的领军企业。北京新大陆时代教育科技有限公司参与建设南非鲁班工坊。为丰富空中课堂教学项目，公司为天津职业大学提供"1+X"物联网工程实施与运维职业技能等级证书认证平台及教学资源，培训物联网应用技术专业教师25人次，其中1人成为全国"1+X"证书"金牌培训师"、11人获取"1+X"证书考评员资格。

### （四）西安增材制造国家研究院有限公司

西安增材制造国家研究院有限公司是国家增材制造创新中心的依托公司和承载主体。企业主持编制《增材制造测试方法标准测试件及其精度检验》国家标准，是全国增材制造（3D打印）产业技术创新战略联盟的发起者。企业重视3D打印技术推广，组织的中国（国际）3D打印创意设计大赛成为增材制造领域具有国际影响力的专业型赛事。西安增材制造国家研究院有限公司与天津职业大学合作共建南非鲁班工坊增材制造技术实训室。

### （五）北京三维博特科技有限公司

北京三维博特科技有限公司是一家教育教学和课程资源整体解决方案的生产开发服务商。公司与国家增材制造创新中心、人社部培训中心、工业和信息化部教育与考试中心、教育部快速成形工程研究中心合作开展3D打印人才专业师资培训与考证工作。北京三维博特科技有限公司参与南非鲁班工坊增材制造技术实训室建设，开发的高速高精度FDM类3D打印机得到了德班理工大学师生的一致好评。

## 三、项目建设情况

### （一）发展定位与建设思路

南非鲁班工坊由天津职业大学与南非德班理工大学共同建立，坐落于德班理工大学瑞斯顿校区，占地面积近2000平方米（含鲁班广场）。

南非鲁班工坊是以天津国家现代职业教育改革创新示范区的整体建设成果为支撑，以国际化专业教学标准为依据，以工程实践创新项目(EPIP)为教学模式，以中国职业技能大赛优秀赛项装备为主要载体，建设有物联网应用技术、增材制造技术两个专业实训室。

南非鲁班工坊围绕南非经济社会发展和产业结构调整需要，针对南非教育特点和现有条件进行定制化和体系化设计，首期建设了物联网应用技术和增材制造技术两个专业。物联网应用技术专业包括物联网专业开发及课程设计等 6 部分内容，增材制造技术专业包括数据采集和创新设计能力等 4 部分内容，为南非提供急需的职业教育与培训，共享优秀的职业教育成果。

### （二）重点建设内容

#### 1. 专业建设情况

（1）物联网应用技术专业

结合南非物联网技术发展现状和德班理工大学人才培养需求，南非鲁班工坊在德班理工大学信息技术专业基础上，与德班理工大学合作共建物联网应用技术专业。制定了物联网应用技术专业课程体系、核心课程标准，协助德班理工大学成功申报应用型本科专业——物联网信息通信技术。

天津职业大学按照教育部最新颁布的《高等职业学校物联网应用技术专业教学标准》，结合南非德班物联网行业人才培养分布（见图 7-1）设计专业人才培养方案，将当地急需的窄带物联网（NB-IoT）技术体系融入专业课程建设，建立了以 NB-IoT 技术作为组网核心技术的课程体系。

图 7-1　南非德班物联网技术人才培养分布

以人才培养目标为出发点，以职业素养为基础，以专业技术培养为主线，依据物联网平台高级工程师（HCIP-IoT-IP）认证要求，面向物联网系统设备安装与调试、物联网系统运行管理与维护、物联网系统应用软件开发、物联网项目的规划和管理等相关岗位所需职业技能，采用 EPIP 教学模式，突出教学做一体化，设计了以嵌入式系统与设计、传感器原理及应用技术、物联网识别技术、物联网微操作系统、NB-IOT 物联网技术、物联网典型应用项目实践等为核心的课程体系，为南非信息产业培养急需的掌握最新物联网技术的高端技术技能人才。

（2）增材制造技术专业

南非重视 3D 打印技术的研究和应用，其科技部 2016 年就编制了一份南非增材制造技术战略文件，以引导和促进南非 3D 打印产业的发展。当前，南非国内已经拥有从塑料件 3D 打印成型到金属增材制造各种工艺类型的增材制造设备，形成了一定规模的 3D 打印产业。

天津职业大学以现有增材制造技术专业和增材制造技术推广中心建设经验为基础，高水准建设南非鲁班工坊增材制造技术实训室，并开发完成面向应用型人才培养的专业标准和面向短期培训的高级证书培训标准，精准服务德班理工大学 3D 打印技术人才培养和技能培训。

### 2. 师资培训情况

师资队伍是鲁班工坊顺利运行的重要保障，为确保南非鲁班工坊揭牌后可以正常教学，天津职业大学为德班理工大学优选的 8 名骨干教师在津开展了为期 4 周的专业培训。

结合参训教师的教育背景和工作经历，天津职业大学围绕中国职教理念、专业技能、企业应用案例等制定了个性化的培训课程并进行了模块化设计，包括专业核心课程基础知识讲授、设备工艺培训、课程教学观摩、项目实践和企业考察等。

德班理工大学教师对此次培训课程模块的设置和安排反馈良好，培训期间学习兴趣浓厚，甚至将课余时间也用在设备操作和软件使用的学习上。通过此次培训，参训教师熟练掌握了实训室设备的操作与维修，具备了讲授专业核心课程的基本能力。在培训后期，两位参训教师参加了 2019 年"百匠杯"工业产品创新设计与 3D 打印技术技能大赛国际组比赛并获得二等奖。

### 3. 资源开发情况

南非德班理工大学教师来津参加培训期间，天津职业大学物联网应用技术专业和增材制造技术专业教学团队围绕师资培训课程的核心模块编制培训材料，包括英文电子课件、设备操作视频、英文图纸、设备操作说明、实验手册等，并在培训结束后将材料提供给了南非参训教师。

天津职业大学教师团队先后编写了《嵌入式单片机技术与应用》《物联网传感器原理与应用》《物联网识别技术与应用》《物联网操作系统技术与应用》《NB-IoT 技术原理与应用开发》《物联网工程项目规划与实施》6 本中英文教材应用于物联网专业教学；开发完成包含增材制造模型设计、FDM 打印应用、SLA打印应用以及逆向数据采集与设计等部分在内的增材制造技术专业数字化教学资源，可以有效满足 3D 打印技术专业线上教学和技能培训。

### 4. 实训基地建设情况

（1）物联网应用技术实训室

南非鲁班工坊以 NB-IoT 技术作为组网核心技术，依据物联网平台高级工程师（HCIP-IoT-IP）认证要求，建成以全栈试验箱、物联网智慧教室为主要实训设备的南非鲁班工坊物联网应用技术实训室。

实训室一期建设面积为 150 平方米。为体现环境建设多元化、实践场所职业化、课程教学理实化、实践项目企业化特征，并满足物联网技术未来从业者学习需要的教学与实践环境，实训室建设了包括 NB-IoT 物联网技术学习区、智慧教室展示体验区和空中教室交流区等功能区域。同时，对实训室内侧墙进行改造，通过展板展示技术路线、操作规程、设备介绍，充分体现物联网系统的云、管、端技术架构和 NB-IoT 技术。

南非鲁班工坊物联网应用技术实训室面向 HCIP-IoT-IP 认证和专业人才培养设置教学功能区，配置教学培训所需的软硬件设施和资源，同时兼顾学生对物联网系统的体验和认知，最大限度满足德班理工大学短期培训和日常教学需求。实训室建设期间，南非德班理工大学师生对物联网应用技术实训室设备非常关注，主动参与了实训室设备安装维护。

（2）增材制造技术实训室

南非鲁班工坊增材制造技术实训室依托天津职业大学增材制造技术推广中心专业实训室建设经验，面向 3D 打印模块化技能培训认证和专业人才培养需要，通过合理规划实训室软硬件环境，建成布局紧凑、功能多元的专业化实训室，充分满足 3D 打印技术教学和培训的功能要求。增材制造技术实训室建设面积为 150 平方米，包含熔融堆积成形打印教学区、逆向数据采集与数字化设计教学区、激光光固化成形教学区和激光内雕技术教学区等功能区，能够有效满足 3D 打印典型工艺实训教学的基本需求。

南非鲁班工坊增材制造技术实训室熔融堆积成形打印教学区拥有高速高精度桌面型熔融堆积 3D 打印机和双色桌面型熔融堆积 3D 打印机及专用软件，能够方便开展 3D 打印模型设计、3D 打印数字化模型切片以及生成工艺文件代码等操作；逆向数据采集与数字化设计教学区包含高精度三维扫描仪和逆向数据处理专业软件，可以满足单班的数字化产品创新设计、点云处理及 3D 打印高质量检测的专业教学需求；激光光固化成形教学区配置了工业型高精度的光固化激光快速成型机、光固化打印在后处理阶段所必需的深度固化箱及光固化成型后处理常用工具等，能够满足光固化打印设备维护及 3D 打印典型工艺的专业教学和对外培训需求；激光内雕技术教学区包含激光内雕机和彩色高分辨率三维立体相机，能够满足内雕制作典型工艺的专业教学和对外培训需求。

在实训室内通过展板展示操作规程、设备介绍和师生 3D 打印作品，能够充分体现 3D 打印技术特色并营造浓厚的 3D 打印技术文化氛围。新冠肺炎疫情期间，德班理工大学师生利用实训室的 3D 打印设备制作上千只防护面罩，提供给南非抗疫一线的医生、警察等有需求者，帮助南非抗击新冠肺炎疫情。

### （三）项目建设历程

天津职业大学和南非德班理工大学紧密合作，以建设最高水平鲁班工坊为目标共同努力，携手并进。

#### 1. 合作筹备期

2019 年 3 月，天津职业大学提出在南非建设鲁班工坊的设想。5 月，南非合作院校德班理工大学派员到校，全面了解学校办学综合实力，双方就鲁班工坊建设内容及要求进行了深入对接。8 月，南非鲁班工坊合作备忘录签字仪式在德班理工大学举行，确立了双方合作建立南非鲁班工坊的共同意愿。

2019 年 9 月，南非德班理工大学副校长西布西索·莫约教授一行访问天津职业大学，并参加由天津职业大学举办的中国－南非职业教育研讨会。9 月 24 日，天津职业大学与德班理工大学共同签署了南非鲁班工坊建设合作协议书，双方确定南非鲁班工坊首期合作建设物联网应用技术和增材制造技术两个专业，包括物联网专业开发及课程设计 6 个模块和增材制造技术专业数据采集及创新设计能力

4 个模块内容，并由德班理工大学遴选教师到天津职业大学参加师资培训，未来作为南非鲁班工坊的核心骨干教师。同时，还确定了南非鲁班工坊设备选型、场地建设、揭牌时间等事项，加快推进南非鲁班工坊建设。

### 2. 启动建设期

2019 年 10 月，天津职业大学举办了首期南非鲁班工坊实践创新项目师资研修班，为德班理工大学 8 名专业教师设计实施了为期 4 周的物联网技术和增材制造技术零基础专业培训，使南非教师在较短时间内实现对专业基本原理的理解并掌握核心设备的操作使用技能。同月，由南非参训教师组成的代表队参加了工业产品创新设计与 3D 打印技术技能大赛国际组比赛，并获得二等奖的优异成绩。为确保高质量完成天津市鲁班工坊建设"五到位"要求，2019 年 11 月至 12 月，天津职业大学派遣两支建设团队先后赴南非，顺利完成鲁班工坊场地建设及实训室设备的安装与调试工作。

2019 年 12 月 16 日，南非鲁班工坊揭牌仪式在南非德班理工大学隆重举行。南非德班理工大学和天津职业大学校长及两校师生共两百余人出席活动。天津职业大学与南非德班理工大学共同签署了《持续深化建设协议书》，并向德班理工大学赠送了教育教学资源和质量标准文本资料，双方校长共同种下友谊树。各界来宾还参观了实训教室，与南非师生进行交流互动。仪式现场由南非师生进行了实训设备演示，中南双方嘉宾运用"空中课堂"的智慧屏幕进行了互动交流。

### 3. 运营发展期

南非鲁班工坊的建立标志着中南两国在深化人文交流、增进中南友谊方面又迈上了新台阶。南非鲁班工坊是南非第一家鲁班工坊，落实了习近平主席在非洲建立 10 个鲁班工坊的要求，是为南非青年提供教育、增进技能的重要平台。南非鲁班工坊揭牌后 2 个月内即接待接纳近百名师生开展实训和创新项目实践，接待南非当地各界人士参观学习近千人次。同时，天津职业大学还支持德班理工大学依托南非鲁班工坊，使用天津职业大学核心专业课程标准申报当地本科专业，开发建设 6 本国际化教材及音视频等配套教育资源。

2020 年，新冠肺炎疫情肆虐全球，南非成为世界上受疫情影响最严重的国家之一，德班理工大学也被迫关闭。天津职业大学专业团队充分利用信息化手段，通过空中课堂与德班理工大学开展物联网应用技术与增材制造技术两个专业的技术交流，为其开展设备维护、维修及新设备使用等技术培训，并及时协调双方专业建设进度，进行教学资源建设与未来工作布局与规划，确保南非鲁班工坊持续健康运行。

## 四、建设成效与创新点

### （一）建设成效

#### 1. 建成国际化高水平职业技能实训场地

根据德班理工大学学生未来将从事的物联网设备集成、物联网应用开发、物联网系统维护等相关岗位要求，南非鲁班工坊物联网应用技术实训室分两期建成NB-IoT 学习区和智能教室展示体验区。NB-IoT 学习区配置 11 套 NB-IoT 物联网全栈式实验实训箱和 1 个共享型综合实验学习云平台，每个实验实训箱所提供的资源可以满足基础教学项目→专业技术技能项目→认证项目→毕业设计项目等大部分物联网专业课程的全栈实验和实训需求。在智能教室展示体验区，可通过集控中心对教室内的投影设备、教学电脑等室内环境设施进行智慧融合、集中控制，灵活管理教室设备设施，以智能的云端和终端操作界面，实现一体化控制和可视化管理。

南非鲁班工坊增材制造技术实训室以天津职业大学增材制造技术推广中心的专业实训室建设经验为依托，面向 3D 打印模块化技能培训认证和专业人才培养设置教学功能区，配置教学培训所需的软硬件设施和资源，同时兼顾 3D 打印技术氛围的营造，最大限度地满足南非德班理工大学短期培训和日常教学需求。为满足实训室长期良好运行，实训室内部各教学区均配置了性能良好的 3D 打印专业设备，硬件设备主要由具备高性能 3D 打印或 3D 扫描设备制造能力的国内公司提供，并配备了正版专业软件。除了 3D 打印相关的设备，实训室还配备了面向教学的一体化显示机、发言台、白板以及打印耗材等，用以辅助开展正常的教学培训。2020年，天津职业大学又为增材制造技术实训室提供了两台高性能的数字光处理技术（DLP）桌面型 3D 打印机以及一批打印机配件和打印耗材，保障了疫情期间实训室的持续运行。

南非鲁班工坊增材制造技术实训室使德班理工大学拥有了第一个功能齐全、设备先进的 3D 打印教学培训一体化实训室，促进了南非德班地区 3D 打印应用型人才的培养，为当地 3D 打印技术应用和产业发展提供了人才支撑。

#### 2. 开展国际师资培训，优化教学资源建设

鲁班工坊可持续发展的能力离不开国际化师资队伍建设。天津职业大学为

南非鲁班工坊开展了 3 期师资培训，积极应对疫情，充分利用空中课堂为南非鲁班工坊专业团队开展线上技术培训，提升德班理工大学教师对南非鲁班工坊设备的技术应用能力。组织德班理工大学来华培训师资参加机械行业职业教育技能大赛工业产品创新设计与 3D 打印技术技能大赛国际组比赛，并获得二等奖的优异成绩。

为打造具有国际视野和双语教学能力的专业教师队伍，天津职业大学对参与鲁班工坊建设的专业教师开展首期 120 学时的英语语言能力及专业英语培训，采用线上线下相结合、分散学习与集训相结合的方式，显著提升了教师国际化语言能力水平。通过学习，专业教师团队与德班理工大学共同组成教学团队，优化国际化教学标准、完善国际化教材，开发完成两个专业一年制高级证书教学标准及三年制本科教学标准，开发完成 16 门核心课程标准并制作了培训手册，完成 6 本专业教材编写和数字化专业教学资源制作，德班理工大学已经使用开发的核心专业课程标准在当地进行本科专业申报。

### 3. 抗击疫情，鲁班工坊发挥重要作用

南非鲁班工坊揭牌仅两个月，突如其来的新冠肺炎疫情就扰乱了两校正常交往与合作，南非也成为非洲新冠肺炎病例最多的国家，社会生产生活遭到了严重影响。德班理工大学按照当地政府要求，执行学生离校、校园关闭等防疫措施。然而在疫情中，鲁班工坊却发挥着独特的抗疫功能。经过天津职业大学培训的德班理工大学教师团队坚持运行鲁班工坊，运用在华培训所学 3D 打印技术，使用工坊内增材制造设备迅速制作了 4000 个防护口罩，免费分发到当地医院、养老机构、紧急救助机构等。团队还应用物联网技术设计出一款空气质量检测应用软件，为当地政府部门决策提供相关数据支持。德班市长表示："鲁班工坊带来了先进技术，助力德班科学抗疫。"天津职业大学还向德班理工大学捐赠了 5 万枚一次性口罩，助其渡过疫情难关。天津职业大学与德班理工大学在鲁班工坊建设合作中，在共同抗击新冠疫情的斗争中，已形成彼此信赖、相互支持的深厚情谊，鲁班工坊不仅发挥了教育功能，也有力服务了中南民心相通。

### （二）创新点

### 1. 鲁班工坊建设专业服务南非产业发展技术升级

天津职业大学在物联网专业技术标准体系建设上根据德班物联网技术人才培养分布，将当地急需的 NB-IoT 物联网技术体系融入专业课程建设，总计开发 6 门

融入工程实践创新项目（EPIP）理念的核心课程教学资源、双语教材及讲义，基于 EPIP 教学模式，因地制宜采用工作坊式、教学做一体、翻转课堂等教学模式，开发形成能在国际上推广实施的专业技术标准，开展师资培训，支持鲁班工坊专业学生获取全球通用的行业认证，力争打造服务南非物联网专业技术学习、职业训练、创新能力培养和交流服务的平台，成为展示中国优质职业教育的窗口。随着 5G 技术在南非的运营测试与落地推广，NB-IoT 物联网技术将逐步成为南非物联网产业领域的通行标准，南非物联网产业迫切需要相关技术技能人才，毕业生将更热衷于获取相关认证并在当地企业就业。

### 2. 校校合作开发国际化专业教学标准

天津职业大学与德班理工大学合作，立足培养高素质、高水平的物联网技术技能人才，充分调研论证 NB-IoT 物联网技术在全球信息通信产业升级中的地位与作用，结合南非物联网技术发展现状与趋势，与德国、英国等发达国家的职业资格标准或教学标准对接，以国际化视野进行专业教学标准的开发。开发过程中，比照了世界发达国家先进产业标准设计，体现高标准，兼顾了地域文化差别、行业技术差异等，体现了专业教学所需的课程标准、教学团队标准、开设条件标准和教学评价标准等基本要素，体现了职业教育为高端信息产业服务的职业性、开放性和实践性特点和优势。

结合德班理工大学实际，物联网应用技术、增材制造技术两个专业均开发完成一年制高级证书培训标准及三年制本科教学标准，厘清相关产业对不同层次人才需求，对接职业技能培训、高等职业教育、应用型本科技能人才的培养目标，体系化设计人才培养路径，其中物联网应用技术专业基于全球物联网工程师认证，课证融合完成教学标准开发工作并搭建了完备的课程体系。

### 3. 鲁班工坊建设专业获得南非专业认证

基于南非鲁班工坊物联网应用技术专业，通过将华为 NB-IoT 物联网技术体系融入专业课程建设，德班理工大学积极申报物联网信息通信技术应用型本科专业。南非鲁班工坊建成后，德班理工大学随即递交了新专业申请。由于受疫情影响，物联网信息通信技术学士、物联网信息通信技术高级认证申请预计在 2022 年获批，代表了南非对我国职业教育理念和先进技术的认可。

### 4. 鲁班工坊服务创新型技术技能人才培养

南非鲁班工坊在服务技术技能人才培养、提升师生技术技能水平和创新创业素养方面发挥了积极作用。2021 年 6 月，天津职业大学和南非德班理工大学在线共同举办首届中南职业教育创新创业研讨会，两校校长、合作企业代表、创新创业研究专家及参加南非鲁班工坊建设的两校师生代表 150 余人参加研讨会，与会人员广泛交流经验、深入探讨合作、共享研究成果。

研讨会期间，两校互聘创新创业专家和专业骨干教师为创新创业导师，指导两校师生共同开展创新创业实践项目。两校教师、企业代表和创新创业专家先后分别以 "Reconstructing Education Pattern through Collaborative Creation Paradigm" "Advances in Telemedicine in the Modern Era" "Fostering Technology Transfer & Innovation at the Durban University of Technology" 和 "大赛赋能，课程筑基，构建双创教育生态链" "融合、创新、发展" "以赛促教，探索人才培养新途径" 为题作专题讲座。德班理工大学教师表示，鲁班工坊使德班理工大学教师与拥有全球领先技术的公司开展合作，依托鲁班工坊带来的技术和设备，他们还新开发出 2 门创新课程。

服务创新创业教育是鲁班工坊建设的新尝试，也是两校创新创业教育合作的新模式，为两校师生增进彼此了解、深化交流合作打开了一扇新窗，也为南非鲁班工坊健康可持续发展开辟了一条新路。两校将以此为契机，将南非鲁班工坊打造成为技术交流、课程开发、项目实践的聚集地，以创新创业教育合作共同引领人才培养，为当地产业发展提供坚实的人才支撑和智力支持。

## 五、未来规划

### （一）持续开发教学资源，服务当地技术技能人才培养

通过南非鲁班工坊建设，形成物联网应用技术与增材制造技术国际化专业标准、课程标准，满足南非院校对职业教育与职业培训的需求。合作建设课程共享平台，打造后疫情时代线上教学范式。对接职业技能培训、高等职业教育、应用型本科相应技能人才的培养目标，细化人才培养路径，推动南非德班理工大学申报物联网信息通信技术本科专业。

### （二）健全工作保障机制，确保鲁班工坊高质量建设

有效发挥学校鲁班工坊建设领导小组作用，加强顶层设计，统筹校内资源。定期召开鲁班工坊建设工作例会，推动项目实施，总结建设成效。

经过前期精心筹备，鲁班工坊建设联盟于 2019 年 12 月在津正式成立，天津职业大学当选联盟理事长单位。天津职业大学将依托联盟平台建立鲁班工坊建设推动和成果分享机制，借助各方资源共同推动鲁班工坊高质量建设和可持续发展。

汲取外省兄弟单位国际交流与合作项目建设的优秀经验，努力将南非鲁班工坊打造成非洲鲁班工坊的标杆和中南合作的典范。

依托天津市鲁班工坊研究与推广中心资源，充分发挥鲁班工坊师资培训基地职能，加强政策分析、科学研究和宣传推广，科学开展项目建设，有效营造良好氛围，助力打造国际品牌。

加大经费保障力度，积极研究探索拓宽资金渠道，吸引海内外企业和其他社会力量对鲁班工坊注入资金支持。引导合作校加大对鲁班工坊的投入力度，保证鲁班工坊良性运转。

**（三）丰富人文交流实践，推进鲁班工坊可持续发展**

鲁班工坊是"传经送宝"的技术驿站，也是中外人文交流的重要窗口。中南两国在教育交流合作方面拥有良好的基础，南非鲁班工坊的建立恰逢其时，是两国人文交流领域的重大创新，是两国民心相通的重要纽带。

南非鲁班工坊合作双方将充分发挥各自优势，完善沟通交流机制，紧紧围绕鲁班工坊建设核心要义，充分服务当地技术技能人才培养。同时，不断拓展合作领域，创新合作模式，积极开展教师访学、学生交流，探索进行留学生招生、合作办学，进一步丰富鲁班工坊合作内容，深化合作内涵，推动鲁班工坊健康可持续发展，共同打造中南两国人文交流的亮丽名片。

# 第八章 埃及鲁班工坊建设与发展报告

## 第一节 埃及的社会经济与教育情况概述

### 一、社会经济情况概述

阿拉伯埃及共和国，简称埃及，面积为 100.1 万平方千米，大部分位于非洲东北部，疆域横跨亚、非两洲。埃及人口约为 1 亿人，伊斯兰教为国教，信徒以逊尼派为主，占总人口的 84%，官方语言是阿拉伯语。[①]

2020 年，埃及 GDP 总值为 3618 亿美元，人均 GDP 3587 美元，是非洲第二大经济体。[②] 埃及属开放型市场经济，拥有相对完整的工业、农业和服务业体系。埃及是传统农业国，农村人口占全国总人口的 55%；埃及的工业以纺织和食品加工等轻工业为主，重工业以石油化工业、机械制造业及汽车工业为主；埃及历史悠久，名胜古迹很多，具有发展旅游业的良好条件，服务业约占国内生产总值的 50%。[③]

### 二、教育发展概况

#### （一）普通教育

埃及普通教育体系包括基础教育和高等教育。基础教育包括幼儿园、小学、和中学。小学教育学制为 6 年，埃及满 6 岁的孩子可进入小学就读，11 岁小学毕业；初中阶段包括普通准备教育和职业准备教育，完成小学教育环节可升入该阶段，学制为 3 年。埃及高等教育在非洲属于较发达国家。在埃及高等院校中，不乏在世界尤其在非洲综合排名靠前的院校，如开罗美国大学、开罗大学、艾因夏姆斯

---

① 参见中华人民共和国外交部：《埃及国家概况》（最新更新时间为 2021 年 7 月）。

② 参见国际货币基金组织（IMF），2021 年 4 月。

③ 参见中华人民共和国驻埃及大使馆经济商务处：《2019 埃及投资指南》。

大学在非洲高等院校综合排名中均位于前 10 名之内。

### （二）职业教育

职业教育在埃及普及度不够且层次不高，这与该国政府对职业教育的重视程度和管理体制有关。但埃及职业教育从职业准备教育开始，即在中学阶段基本文化课基础中加入职业技能类课程（课程设置相当于我国的职业中学）；高中阶段分普通高中学制为 3 年和中等技术教育学校学制为 3 年或 5 年。普通高中可升入大学、大学学制 4 年；也可以升入高等职业教育学校，学制为 2 年。

埃及职业教育体系包括预备职业教育、中等技术教育和高等职业教育，中等技术教育分为 3 年制的中等技术学校和 5 年制的中等技术学校，主要包含三类专业：工业、商业和农业，学生毕业时可获得工业、商业、农业技术中等技术教育证书，5 年制课程可获得高级技术文凭，且学科专业更细化，毕业后均可升入高等教育；此外，除了正规的中等职业技术教育与培训计划之外，还有非正式的培训计划，例如学徒计划和双重计划，这些计划将职业培训中心的理论指导与实际培训相结合。

从政府对教育的管理看，埃及有两套教育行政管理体制：世俗教育体制和爱资哈尔教育体系（宗教教育管理体系）。埃及政府负责管理教育的机构有三个：教育与技术教育部、高等教育部和科学研究部以及爱资哈尔宗教事务部。教育与技术教育部是中小学和中等技术教育政府管理机构，高等教育部和科学研究部是高等教育和高等职业教育的政府管理机构。[1]

近 5 年来，埃及针对教育的主要政策就是赛西政府提出的埃及"2030 愿景"教育发展战略。埃及"2030 愿景"教育发展战略中，关于职业教育的规划和目标包括：一是提高职业教育和技术教育的质量，二是借助职业教育的发展推进全民教育的发展，三是提高教育，特别是职业教育和技术教育的竞争力。[2]

为了实现上述目标，埃及政府将从以下几个方面入手推进埃及职业教育的发展。一是改进职业教育和培训的国家认证体系；二是发展完善职业教育（职业、技术和培训）组织机构体系；三是为学生提供更多的职业学校和培训中心，促进职业学校和培训中心更有机地联系；四是改进职业教育学习及培训的课程和计划；五是加强职业学生和劳动力市场需求之间的联系；六是提升社会对职业教育的认识和接受度；七是确立职业教育师资培养机制；八是建立增加民营企业参与职业教育的体制。

---

[1] 参见《EDUCATION TRAINING AND EMPLOYMENT DEVELOPMENT 2018》，WWW.ETF.EUROPA.EU.

[2] 参见 Egypt Vision 2030 (English).

## 第二节 中埃经济与教育合作

### 一、中埃经济合作

2017 年以来，在中埃政府高层推动和合作机制引领下，中埃经贸合作延续良好发展态势，进入新的黄金发展期。多项重大经贸活动在中国与埃及成功举办，双边经贸合作机制运转良好，为两国务实合作注入了强大动力。在中非合作论坛"十大合作计划"中，中埃在工业化、农业现代化、基础设施、金融、贸易投资便利化、减贫惠民等领域均已展开密切合作。在中阿合作论坛"1+2+3"合作框架下，中埃除拓展能源、基建等传统合作关系外，还积极探讨航天卫星、新能源等高新领域合作。[①]

在双边贸易方面，2017 年，中国仍保持埃及第一大贸易伙伴和最大进口来源国地位；在对外投资方面，埃及政府大力改善投资环境，中资企业对埃投资意向持续增强。据埃央行数据显示，2017 年上半年，中国对埃及新增直接投资 1.06 亿美元，较上年同期增长 75%，在埃及所有投资来源国中列第 6 位，较去年提升 9 个位次。2017 年中资企业新增投资主要来自巨石、大运摩托、泰达、安琪酵母、新希望等企业。[②]

苏伊士经贸合作区是中国在埃及投资的一张名片，共吸引中方投资超过 10 亿美元，为当地创造超过 3000 个就业机会。2016 年 1 月习近平主席访问埃及期间，与塞西总统共同为合作区启动揭牌。

### 二、中埃教育合作

埃及是首个与中国建立教育合作关系的阿拉伯国家。1956 年中埃建交后，两国的教育合作实现了高层交流、大学和学院交流合作项目及留学生交流等多种形式的丰硕成果。中埃两国以"一个平台，三个框架和五个机制"为基础开展教育合作，其中包括孔子学院文化交流机制、中非合作论坛框架下的 20 + 20 高校（即中非各选拔 20 所院校）合作计划机制、高等教育与科研研讨会机制、中阿合作论坛框架下的中阿关系与中非文明对话机制、中阿博览会框架下的中阿高校校长论坛机制。

近三年，中埃职业教育合作发展迅速。中国多所职业技术学院与埃及达成合作。天津市首创提出建设鲁班工坊，响应习近平主席号召，在 2020 年之前将在非洲建成 10 个鲁班工坊。其中包括，在埃及建成非洲鲁班工坊标杆项目——埃及鲁班工

---

① http://www.focac.org/chn/zywx/zywj/t1591944.htm.

② 参见中华人民共和国驻埃及大使馆经济商务处：《2019 埃及投资指南》。

坊。天津轻工职业技术学院、天津交通职业学院与埃及艾因夏姆斯大学和埃及开罗维修技术高等技术学校共同承担该任务；此外，中国还广泛吸纳埃及学习者来华访学。例如，由中国商务部主导，各部位、职业院校、科研机构承办各级各类援外职业教育培训班，面向埃及等非洲国家进行职业教育培训。中国境内众多大中专院校与埃及开罗大学、亚历山大大学、艾因夏姆斯大学等签订合作交流协议、举办合作交流项目等。

## 第三节　项目建设与发展

2018 年，习近平主席在中非合作论坛北京峰会上提出在非洲建立 10 个鲁班工坊，2019 年 4 月，习近平主席与埃及总统赛西会面时进一步提出，中方还将在埃及设立"鲁班工坊"，向埃及青年提供职业技能培训。为全面落实习近平的重要指示，2019 年天津轻工职业技术学院、天津交通职业学院与埃及艾因夏姆斯大学和开罗高级维修技术学校在两国政府的高度重视和支持下，建设了两个鲁班工坊，现已开始正常运行。

### 一、合作院校

#### （一）天津轻工职业技术学院

天津轻工职业技术学院 2001 年 1 月成立，坐落于天津市海河教育园区，占地面积 866 亩。学院设有机械工程、电子信息化与自动化、经济管理、艺术工程 4 个二级学院，开设 35 个专业，有全日制在校生 9000 余人，教职工近 500 人。学院是国家级优秀示范性骨干高职院校、中国高等职业教育服务贡献 50 强院校，国家"双高计划"建设单位，天津市世界先进水平高职院校建设单位、连续 12 年承办全国职业院校技能大赛。

#### （二）天津交通职业学院

天津交通职业学院 2002 年 3 月成立，坐落于天津市西青区。学院设有 7 个教学分院、3 个教学部，开设汽车运用技术、现代物流、交通建设、轨道交通、智能制造技术、交通服务 6 个专业集群，38 个专业，在校生 10000 余人、教职工 400 余人。学院是首批国家级骨干高职院校、国家"双高计划"建设单位、天津市提升办学能力暨世界水平校建设单位、连续多年承办全国及天津市职业技能大赛。

### （三）埃及艾因夏姆斯大学

艾因夏姆斯大学成立于 1950 年，是埃及的第三所大学。作为埃及重要的科学和文化机构，艾因夏姆斯大学在发展埃及的文化和科学以及丰富的人类知识方面发挥了不可否认的作用。学校现有 8 个校区，16 个二级学院、3 个研究院，共200 个系，提供 952 个学习项目。学校共有在校学生 20 余万人，教职工约 14000 人。工程学院是艾因夏姆斯大学最早设立的学院之一。

### （四）开罗高级维修技术学校

埃及开罗高级维修技术学校成立于 1996 年，位于埃及开罗省纳斯尔市，是一所五年制的高级学校，占地面积 25000 平方米。学校设有机械设备维修、电网、木质家具维修、建筑、管道、金属家具维修、可再生能源等专业，共有学生 753人、教师 162 人。2009 年，学校首次获得埃及国际教育质量保证与证书颁发机构（NAQAAE）的认证，2012 年和 2014 年分别成功获得再次认证。

## 二、合作企业

### （一）中埃·泰达苏伊士经贸合作区

中埃·泰达苏伊士经贸合作区是中埃"一带一路"合作重点项目和标志性项目，是中非合作共建"一带一路"的示范性项目。经过 10 余年的建设，泰达合作区已成为埃及综合环境最优、投资密度最大、单位产出最高、中资企业最密的工业园区。目前共吸引入园企业 101 家，实际投资额超 12.5 亿美元，累计销售额超 25 亿美元，员工属地化率达到 90% 以上，为近 4000 人直接解决就业，产业带动就业 4 万余人。泰达合作区正充分发挥平台作用，推动产业聚集不断加快，促进中埃两国经贸合作，助力以国内大循环为主体、国内国际双循环相互促进的新发展格局形成。

### （二）中交一公局集团有限公司

中交一公局集团有限公司隶属中国交通建设股份有限公司，是全球领先的特大型基础设施综合服务商，主要从事公路、水运、铁路、机场等交通基础设施投资、设计和建设业务。中交一公局于 1963 年成立，其前身为中国人民解放军公路一师，本部位于北京。资产总额 600 多亿元，被认定为国家级"高新技术企业"，是一家综合实力雄厚的业内知名品牌企业。

### （三）　汉能移动能源控股集团

汉能移动能源控股集团是全球化的清洁能源跨国公司，全球薄膜太阳能发电领导者，公司总部设在北京，在国内多个省份以及海外 32 个国家和地区设有分支机构。目前，公司已经发展成为涵盖技术研发、高端装备制造、组件生产和移动能源应用等薄膜发电产业上、中、下游全产业链整合的高科技清洁能源企业。在全球范围内率先提出了"移动能源"的概念，并且颠覆性地创造了全新的"移动能源"产业。2017 年，"移动能源"战略作为推动能源供给革命的重要组成部分，首次在国务院文件中被明确提出。

## 三、项目建设情况

### （一）发展定位与建设思路

#### 1. 埃及鲁班工坊建设与发展定位

参与"一带一路"建设，落实习近平的重要指示，按照培养、融入、辐射、发展八字方针，鲁班工坊成为埃及技能型人才培养的基地和标杆，在为经济与产业服务方面发挥不可替代作用；融入埃及国民教育体系，构建中高职衔接、贯通的办学体制，在技能型人才培养方面发挥引领示范作用；将鲁班工坊职业技能教育资源和成果向其他应用型、技能型院校辐射，带动埃及职业教育向高端发展；支持国际产能合作，融入中资企业工业园区，培养为中资企业服务的本土化员工。

#### 2. 发展思路

一是服务国家"一带一路"建设与国际产能合作，在埃及建立鲁班工坊，使用中国专业的国际化标准与人才培养方案，助力中国职业教育"走进"埃及，为埃及青年提供技术技能培训，提高就业竞争力，在埃及中资企业培养符合要求的技术技能人才方面构建中国方案。

二是分别与艾因夏姆斯大学与开罗高级维修学校合作，建立高职与中职层次的两个鲁班工坊，致力于在埃及打造中高职贯通式鲁班工坊职业教育体系，在助力埃及构建完整的职业教育体系方面成为埃及特色。

三是依托埃及鲁班工坊，建立非洲职业教育研究中心，围绕中国优质职业教育资源"走进"非洲，支持非洲国家发展职业教育，打造"技能非洲"开展高层次的学术研究，使之成为国内非洲职业教育研究和中非职业教育合作研究的高层次学术机构，成为推动中非职业教育全面合作的高端智库，成为中非职业教育交流的桥梁，成为支持"一带一路"下国际产能合作的桥头堡和国家智库，为非洲职业教育发展贡献中国智慧。

### （二）重点建设内容

#### 1. 总体建设

2018 年 12 月，经天津市委市政府同意，在天津市教委及中国驻埃及使馆直接领导下，天津轻工职业技术学院携手天津交通职业学院与埃及艾因夏姆斯大学和开罗高级维修技术学校分别合作建设了两个埃及鲁班工坊。艾因夏姆斯大学鲁班工坊，位于艾因夏姆斯大学工程学院内，共计约 1200 平方米，建设数控设备应用与维护实训室、新能源应用技术实训室、汽车运用与维修技术实训室；开罗高级维修技术学校鲁班工坊，位于开罗高级维修技术学校内，共计 620 平方米，建设数控加工技术、汽车维修技术两个专业实训室和电脑鼠实训区。

两个埃及鲁班工坊设备中方投入共计 1604 万元（轻工学院设备投入 890 万元，交通学院设备投入 714 万），其中开罗高级维修学校设备总额为 669 万元，艾因夏姆斯大学鲁班工坊设备总额为 935 万。

#### 2. 合作专业

根据埃及尤其是首都开罗周边经济和产业发展情况，以及在该地区中资企业的建设情况，天津轻工职业技术学院与天津交通职业学院经过广泛调研发现，埃及的支柱产业为电力产业、天然气产业和以汽车产业为主的制造业。结合调研情况，以及艾因夏姆斯大学和开罗高级维修技术学校提出，中埃双方最终确定数控设备应用与维护专业、新能源应用技术专业、汽车运用与维修技术专业、数控加工技术专业、汽车维修技术专业为埃及鲁班工坊共建专业。在双方院校专业共建中，立足根据埃及社会经济与产业发展需要，时刻关心人才培养对埃及构建现代职业教育体系的贡献度，动态调整专业定位、方向和培养规划。

#### 3. 国际型双师队伍建设

在国内培训境外（埃及）教师，境外教师培训境外学生的模式下，鲁班工坊在培训埃方教师方面作了充分准备。截至目前共举办 3 次师资培训，包括 2 次在华的长期培训及 1 次在埃及鲁班工坊现场的师资。2019 年 6—7 月，7 名艾因夏姆斯大学的专业教师来华参加 EPIP 师资研修培训。同年 9—10 月，2 名开罗高级维修技术学校的教师来华参加培训。12 月底，埃及鲁班工坊中方团队赴埃及进行现场培训，专业教师及企业工程师共同为埃及教师进行现场实操培训。针对埃及教师的来华培训，国内两所合作院校针对合作专业，专门成立了培训组织机构，制定了周密、具体的培训方案，配备专业技能精、责任心强的班主任及"双师型"

骨干教师，同时还聘请了企业工程师培训团队，及职业教育专家，组成了强大的师资队伍，为埃及教师精心培训。

为了使埃及教师更加深入了解行业企业状况及需求，能够培养出更加符合劳动力市场需要的技能人才，中方两所院校安排埃及教师在华培训期间，每周到企业进行体验式学习及培训，埃及教师先后到天津津荣天宇精密机械股份有限公司、长城汽车股份有限公司、天津汽车模具股份有限公司、宜科（天津）电子有限公司、汉能集团等多家企业学习考察，这期间的学习为埃及教师了解中国企业的发展及校企合作方式提供了多种途径。

埃及鲁班工坊师资培训，由校企共同制定培训方案，采用理论学习、实践实训、企业实地考察相结合的方式，为埃及鲁班工坊的顺利运行储备了高水平的师资及专业带头人，在不断深入学习的过程中，埃及教师也逐渐认同了中国职教模式，对中国职业教育、EPIP 教学模式、中国职业技能等级标准、中国教学仪器设备的认可度也日益加深，学习和动手操作的积极性均有大幅度提升。

### 4. 教学模式建设

埃及鲁班工坊中方师资团队通过与埃及艾因夏姆斯大学及开罗高级维修技术学校的教师进行研讨，对两所院校和在埃中资企业需求进行深入调研，掌握埃及开罗地区产业和中资企业对合作专业的技术技能的人才能力需求。埃及鲁班工坊采用 EPIP 教学模式，EPIP 教学模式是天津市教育委员会多年来大力倡导的具有中国特色的先进教育理念。EPIP 以培养学生的工程素养和技术素养为宗旨，探索职业教育与普通教育横向互通，实现两者在教学资源、教学模式、师资建设、课改成果等方面的创新与融合，从而为学生多元发展搭建成长平台。EPIP 产生于中国，结合中国职业教育的特定环境，将工程、实践、创新三个核心元素提取出来，形成项目式教学，是鲁班工坊核心教育理念和教学模式。[①]

埃及鲁班工坊根据开罗产业发展与学校专业设置开发制定了数控设备应用与维护专业、新能源应用技术专业、汽车运用与维修技术专业、数控加工技术专业、汽车维修技术专业的人才培养方案，各专业人才培养方案以技术技能为基础，以企业岗位需求为目标，教学内容设计是以工作过程为向导，以典型工作任务为基点，操作技能和职业素养为一体的教学设计，结合埃及合作院校实际不断嵌入世界先进的现代教学方法，分享中国多年凝练的职业教育办学模式，树立埃及职业教育样板。

---

① 参见吕景泉：《鲁班工坊核心要义》，天津人民出版社，2019 年。

### 5. 教学资源建设

2019 年以来，中埃双方共同开发 5 个专业的专业标准和课程标准，出版 5 本专业双语教材及相关教学资源，形成了完整的专业教学和实训体系。天津轻工职业技术学院利用主持建设国家级新能源专业教学资源库的优势，为鲁班工坊提供了国内新能源领域最先进、最优质、最完整的线上线下教学资源，提供了双方共同认可的课程标准及双语教材。同时，中方院校与在埃中资企业共同按照体现埃及产业特点的国际化职业标准，使埃及鲁班工坊更具国际化、多元化和本土化。

中埃师资团队共同制定了各专业初、中、高级教学大纲，初级课程时长为 320 课时，中级课程时长为 240 课时，高级课程时长为 160 课时，课程成绩计入学分，以期推动构建中、高、本衔接的鲁班工坊课程体系。同时，鲁班工坊还提供企业员工培训，并为开罗周边中高职及大学学生提供体验性短期培训。

鲁班工坊的学生考核与评价采用过程性考核和终期考核相结合的方式，过程性考核以课堂表现为依据，终期考核则是对培训进行内部评价，理论占 30%，实操占 70%。得分高于 50% 的学生颁发证书，并确定职业资格等级。

### 6. 管理制度与规范建设

中埃双方共同组建埃及鲁班工坊协调管理小组，采用 3+1+1+1 机制，即由中方两所院校及埃及两所院校、中国驻埃及使馆、天津市教委、埃及教育部门组成，及时协调沟通鲁班工坊运行中需解决的问题。鲁班工坊管理小组负责鲁班工坊管理，协调落实鲁班工坊工作部署、作好鲁班工坊的管理与统筹。

埃及鲁班工坊协调管理小组下设联络组和工作组，联络组负责沟通和联络鲁班工坊各项事宜；工作组负责具体落实鲁班工坊各项工作。鲁班工坊正式运行后实施季度例会、学期报告及年度报告制度。

埃及鲁班工坊埃方管理架构为负责人制，负责人下设执行主管，执行主管负责埃及鲁班工坊具体运行工作，并对接 3 个专业的专业负责人。埃及鲁班工坊的专职教师均具有大学本科以上相关专业学历，同时在中国接受过系统的专业和职业教育培训。在鲁班工坊教学中，埃及教师担任主要教学工作，中方教师不参与实际教学工作，在管理模式方面，为实现鲁班工坊自主运行、自主管理、自主发展奠定基础。

中埃教师层面建立教师沟通机制，为了全面推进埃及鲁班工坊的运行，合理利用鲁班工坊软硬件资源，提高人才培养质量，中埃双方建立专业教师沟通机制，旨在为双方专业教师团队搭建沟通平台，增进相互间技术层面的交流和沟通，确保鲁班工坊的可持续发展。中埃双方每个专业各出一名专业教师，形成鲁班工坊专业教师交流小组，鲁班工坊正式运行后，运行初期将每两周召开一次例会，运行稳定后每季度召开例会，进行培训及设备使用经验汇总与问题交流。

### （三）项目推进历程

#### 1.合作筹备期

2018年10月，天津市鲁班工坊推进工作领导小组第一次会议明确提出由天津轻工职业技术学院负责埃及鲁班工坊建设任务。2018年11月，天津轻工职业技术学院通过中埃泰达苏伊士经贸合作区进行埃及鲁班工坊初期调研工作。2019年1月，天津轻工职业技术学院与天津交通职业学院共同承担埃及两个鲁班工坊建设任务，天津轻工职业技术学院时任院长率团出访埃及，同天津市教委团先后拜会了中国驻埃及大使馆、埃及两个教育部以及大学和中资企业，进行了广泛调研。2月，我国驻埃大使馆教育参赞来津与市教委、天津轻工职业技术学院达成了3月份在天津举办中埃职教论坛并遴选埃及鲁班工坊共建合作伙伴的共识。3月，艾因夏姆斯大学代表团、埃及技术教育代表团先后来津，出席中埃职业教育研讨会并沟通鲁班工坊建设事宜。

3月底，天津轻工职业技术学院、天津交通职业学院再次出访埃及。在埃及期间，代表团访问了艾因夏姆斯大学和埃及开罗高级维修技术学校，考察鲁班工坊选址工作，最终研究确定在埃及建设两个鲁班工坊，并艾因夏姆斯大学签署了鲁班工坊合作备忘录，与中非泰达投资股份有限公司、汉能薄膜发电集团及中交一公局集团有限公司签署了埃及鲁班工坊校企合作备忘录。4月1日，代表团访问埃及基础教育部，天津市教委与埃及基础教育与技术教育部签订开展职业教育合作备忘录。

#### 2.启动建设期

从埃及回国后，天津市教委领导及相关处室先后3次召开埃及鲁班工坊研究推动会，推动筹建工作。天津轻工职业技术学院和天津交通职业学院积极落实埃及鲁班工坊筹备工作，两校每月联合召开鲁班工坊工作协调推进会，协调工坊筹备工作。2019年5月，埃及鲁班工坊实训室启动建设，有序推进包括实训室规划设计、设备采购等在内的各项工作。6—7月及9—10月，艾因夏姆斯大学及埃及开罗高级维修技术学校9位专业教师先后在天津开展了EPIP师资研修学习。12月初，时任天津市委常委、滨海新区区委书记出访埃及，带领市教委和两所学校团组，访问了中国驻埃及大使馆、埃及教育与技术教育部、艾因夏姆斯大学和开罗高级维修技术学校，深入鲁班工坊建设现场，实地考察推进埃及鲁班工坊建设，协调解决设备清关与运输的难题。

12 月下旬，天津轻工职业技术学院、天津交通职业学院专业教师及企业工程师联合团组 26 人飞赴埃及，受命完成埃及鲁班工坊的设备安装与调试、实训室装饰等任务，同时与埃及教师共同研讨确定鲁班工坊项目初、中、高级培训大纲及培训课程标准，对埃及鲁班工坊的师生进行现场培训，并于 2019 年 12 月 31 日，按照天津市委、市政府的要求，履行天津职教人的承诺，如期完成埃及两个鲁班工坊建设任务。当日，埃及教育与技术教育部副部长和埃及高等教育与科研部副部长莅临工坊，对鲁班工坊建设所呈现的中国质量与中国速度给予高度评价。

### 3. 运营发展期

2020 年 11 月，埃及鲁班工坊云揭牌仪式在中埃两国同时举行，分设埃及艾因夏姆斯大学、埃及教育与技术教育部、中国驻埃及大使馆、埃及驻中国大使馆、天津市教委 5 个线上会场，两国嘉宾在 5 个分会场共同见证鲁班工坊启动运营。埃及鲁班工坊的建设受到了多方肯定，埃及高等教育与科学研究部副部长、教育与技术教育部副部长、艾因夏姆斯大学校长、埃及驻中国大使高度肯定了鲁班工坊将会在埃及实用人才培养，为经济建设服务方面发挥的重要作用；天津市副市长、中国驻埃及大使指出鲁班工坊是两国元首亲自关心，两国职业教育深度开展合作的标志性成果，可以说埃及鲁班工坊建设走在了非洲前列，是目前在非洲建设规模最大、专业数量最多的鲁班工坊，必将进一步促进双方职业教育领域更广泛、更深入的合作，为中埃全面战略伙伴关系注入新的活力。

鲁班工坊正式揭牌运营后，中埃双方克服疫情造成的种种阻碍，积极开展线上沟通交流，推动鲁班工坊的正常运行。中方通过多次与中国驻埃及大使馆、埃及教育与技术教育部、在埃中资企业、埃方合作院校开展线上会议，沟通鲁班工坊运行事宜，推动国际产教融合，保障鲁班工坊的顺利运行；埃方则根据当地疫情态势，积极开展线上的学生培训，并适时开展线下助教、学生培训，培养成果初见成效。此外，艾因夏姆斯大学鲁班工坊积极申请数控设备应用与维护专业的研究生文凭，目前已取得一定的进展。

## 四、成效与创新点

### （一）建设成效

#### 1. 人才培养成效

自 2020 年 11 月 30 日埃及鲁班工坊揭牌启运以来，两所鲁班工坊已取得初步培养成果。埃及开罗高级维修技术学校鲁班工坊培训了机械系的老师和东纳斯尔城教委的艾哈迈德·侯赛因·法赫米烈士工业学校的机械系老师；培训了本校机械系四年级和五年级的学生；与巴德尔市机电应用技术学校合作，开发了数控机床项目，培训了该校 50 个三年级的学生。

艾因夏姆斯鲁班工坊已培训数控设备应用与维护专业、新能源应用技术专业、汽车运用与维修技术专业共 9 名助教，并又于 6 月 27 日开展暑期培训，培训数控设备应用与维护专业 2 名新助教，7 月 26 日开展新能源专业正式培训，培训对象为该校工程学院的学生。此外，艾因夏姆斯大学还推出了一项名为"CNC 鲁班—埃及"的研究生文凭项目，招收职业院校数维专业教师。该项目课程根据鲁班工坊标准设计，目前正在申请学校审批、埃及最高审批（Egyptian Supreme）。

### 2. 提升鲁班工坊国际影响力

埃及鲁班工坊建设和运行引起了广泛的社会关注，吸引了人民网、新华网、凤凰网、《今晚报》等 12 家国内媒体，以及《宪章报》《国家报》《埃及人报》、今日新闻等 5 家埃及主流媒体的争相报道。艾因夏姆斯大学还建设了鲁班工坊网站，用于展示鲁班工坊活动。2020 年 12 月 20 日，埃及《宪章报》发表中国驻埃及大使署名文章《中埃职业教育牵手联合培养技能人才——写在埃及鲁班工坊启动运营之际》。大使指出，埃及鲁班工坊将成为中埃两国人文交流、文明互鉴的平台，成为非洲鲁班工坊的标杆和样板工程，使埃及鲁班工坊在中非职教合作中发挥更大作用，为中埃两国的友好往来，推动两国经济合作发展作出新的更大贡献。

### 3. 服务国际产能合作

埃及鲁班工坊从建设之初就把校企合作放在重要位置。2019 年 3 月 31 日，天津轻工职业技术学院和天津交通职业学院与中非泰达投资股份有限公司、汉能薄膜发电集团及中交一公局集团有限公司签署了埃及鲁班工坊校企合作备忘录，与企业联合培养鲁班工坊学生。埃及鲁班工坊在建设过程中，也注重与当地企业的合作。艾因夏姆斯鲁班工坊与阿拉伯行业组织，Simplex 等建立了合作关系，开罗高级维修技术学校与 Elkasrawy、大众等企业开展了合作。

2021 年 2 月，天津轻工职业技术学院策划及主办埃及鲁班工坊产教融合工作会暨中资企业赴埃及投资推介，通过线上会议形式举办，23 家在埃及中资企业及计划赴埃及发展的企业参加会议，进一步深化国际产能合作，为中资企业"走出去"搭建实体桥梁，目前已先后有 5 家企业准备在埃及进行投资考察，埃及教育与技术教育部副部长多次亲临鲁班工坊考察，为尽快融入埃及国内教育体系，建立本科专业制定了专门政策，多所院校先后参观，埃及媒体也进行了多次报道。

### （二）创新点

#### 1. 率先构建中高职贯通式培养模式

实现了在一个国家建设两个鲁班工坊的中非职业技术教育新模式，打造中高职贯通式鲁班工坊职业教育体系，助力埃及构建完整的职业教育体系，以期最终建成 5 年中等技术教育加 2 年高等职业教育的技术技能人才培养体系。学生在完成埃及开罗高级维修学校鲁班工坊汽车维修技术专业或数控加工专业中职层次学习后，可升入艾因夏姆斯大学鲁班工坊汽车运用与维修技术专业或数控设备应用与维护专业进行高职层次学习，毕业后可取得艾因夏姆斯大学本科文凭。

#### 2. 建立完备系统的管理机制及沟通机制

为了全面推进埃及鲁班工坊的运行，促进鲁班工坊长效、稳定发展，合理利用鲁班工坊软硬件资源，提高人才培养质量，中埃双方不断完善管理体制机制建设，建立鲁班工坊中埃工作协调小组、联络小组和工作组，专业教师沟通机制以及埃及鲁班工坊内部管理框架，通过季度例会、学期报告及年度报告制度等规范的制度建设，为鲁班工坊的平稳运行、工作推进提供了充足的体制建设保证，更好地为双方工作团队搭建沟通平台，增进相互工作协调、专业技术交流和沟通，确保鲁班工坊的可持续发展。中埃双方教师、翻译共同加入微信群，用于日常技术问题的沟通，同时为二期师资培训作好了准备。

## 五、未来规划

### （一）鲁班工坊发展规划

#### 1. 进一步提升实训室建设和教学资源建设

中方在实训室一期建设的基础上，进行二期设备捐赠，二期设备总额 295.5 万元，不断完善实训室，并根据现有实训设备，中埃双方共同开发配套的信息化教学资源，中方专业教师团队通过编写新教材、制作微课、教学视频、虚拟仿真实训系统等方式丰富埃及鲁班工坊的教学资源，更好地推进鲁班工坊的正常运行和学生培训工作。

艾因夏姆斯大学鲁班工坊将鲁班工坊的教学课程融入艾因夏姆斯大学本硕层次多专业的课程教学中，埃方制作课程安排将数维专业教学资源加入产品工程项目MDP、制造项目MANF、机电一体化项目MCT、机电一体化与自动化项目MCTA专业教学中；将汽车专业教学资料加入汽车专业、机电一体化与自动化项目MCTA专业教学中，将鲁班工坊新能源教学资料加入MEP 562可再生能源的实际应用、MEP 563可再生能源的来源和环境等项目教学中，计划培训本科生1080人，研究生约80人。

### 2. 埃及鲁班工坊将根据疫情态势，适时开展企业员工培训

目前已有阿拉伯行业组织、Elkasrawy集团、ELMansour集团、Ghabbour集团、ELsabio集团、999工厂、135工厂、54工厂、36工厂、阿兹钢铁等多个当地政府部门及企业积极与埃方院校联系，提出希望埃及鲁班工坊可以为企业员工提供技术培训，中方将协助埃方培训企业员工。

### 3. 注重实际操作培训

中方积极联系中埃·泰达苏伊士经贸合作区，并与工业园达成在学生企业培训的意向，为埃及鲁班工坊的学生提供企业现场体验性培训与短期培训，加强学生对所学知识的理解，将理论应用于实践，提高学生的就业能力。

### （二）筹建中埃职业教育联盟

积极落实中埃两国领导人关于加强两国文化与教育交流的有关要求，成立"联盟"搭建两国优质产业和职业教育的对话与沟通平台，固化两国职业院校、在埃中资企业和埃方企业的交流，建立合作机制，使两国职业教育交流与合作常态化和多样化。通过"联盟"的工作加快并不断完善埃及鲁班工坊建设，使之成为中国优质职业教育资源国际化办学的典范，推动中埃两国人文交流的广度与深度，实现两国优质产业与职业教育资源的共同发展。中埃双方各自组织不少于5所职业院校和5家企业作为联盟发起单位。

### （三）发挥非洲职业教育研究中心作用

落实教育部天津市部市共建《关于深化产教城融合 打造新时代职业教育创新发展标杆的意见》文件，以埃及鲁班工坊为平台，成立非洲职业教育研究中心。目前非洲职业教育研究中心已于2021年9月14日揭牌成立，并被列入天津市

"两院四中心"发展项目，教育部职业技术教育中心研究所担任"指导单位"，8 月 27 日非洲职业教育研究中心第一次正式筹备会议正式召开。非洲职业教育中心旨在建设埃及鲁班工坊基础上，开展非洲国家职业教育研究，推进非洲职业教育现代化建设，使之成为国内非洲职业教育研究和中非职业教育合作研究的高层次学术机构，成为推动中非职业教育全面合作的智库，成为中非职业教育交流的桥梁，成为支持"一带一路"下国际产能合作的桥头堡，为非洲职业教育发展贡献中国智慧和中国方案，为打造"技能非洲"提供支持。

# 第九章／乌干达鲁班工坊建设与发展报告

## 第一节　乌干达的社会经济与教育情况概述

### 一、社会经济情况概述

乌干达共和国位于非洲东部，是横跨赤道的内陆国，北接南苏丹，东连肯尼亚，西邻刚果（金），西南与卢旺达接壤，南与坦桑尼亚交界，国土面积 24.155 万平方千米，境内多为海拔 900~1500 米的高原，人口 4430 万，首都坎帕拉，有 65 个民族，官方语言为英语和斯瓦希里语。[①]

乌干达是农业国，农业是其主导产业，吸纳就业人数最多，但生产力落后，亟须引进先进农业生产技术和设备，以提高产量和生产效率；工业处于起步发展阶段，以制造业和建筑业为主，但企业数量少、设备差、开工率低；服务业以贸易、旅游、修理、教育为主，对外贸易在国民经济中占重要地位。

乌干达实行务实、稳妥的经济发展政策，积极开展基础设施建设，优先发展农业和制造业，重点发展私营经济，推行自由贸易。乌干达政府欲通过社会经济改革，在 2040 年实现从低收入农业国发展为中等收入国家的发展目标。《2015—2020 年国家发展规划》还明确乌干达政府将重点投资和发展农业、旅游业、贸易、工业、能源基础设施和人力资源行业。

### 二、教育情况概述

乌干达公共教育体系采用 7-4-2-3 划分，即 7 年小学、4 年初中、2 年高中和 3~5 年大学教育，1997 年开始实行免费教育制度，政府为全国每户 4 个孩子提供免费

---

① 参见《乌干达概况》，https://www.fmprc.gov.cn/web/gjhdq_676201/gj_676203/fz_677316/1206_678622/1206x0_678624/，中华人民共和国外交部网站，2021 年 8 月。

小学教育。2017年乌干达拥有小学20305所，在校生8840589人；中学2995所，在校生1370583人；职业技术教育机构275所，在校生63695人，其中师范类18542人，BTVET类学生45153人。[①]

乌干达职业技术教育分初级、中级和高级3个层次。职业技术教育机构包括社区工艺学校、职业教育与培训学校、商学院、技术学院等类型，这些学校统称为BTVET（商业、技术、职业教育、培训）。

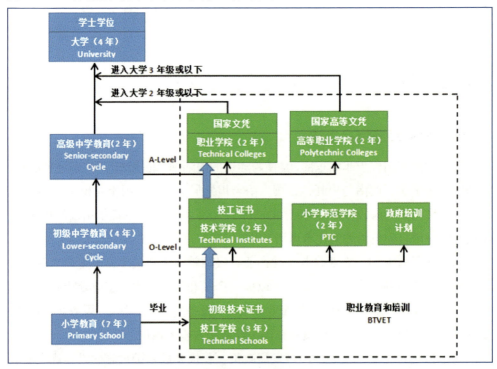

图9-1　乌干达学校教育体系

初级技工学校主要招收小学毕业生，学制3年，基础课占40%，专业课占60%，通过毕业考试可获得初级技术证书。

中级技术学院主要招收初中毕业生和初级技术学校毕业生，学制2年，英语与文科知识学习占10%，专业理论学习和实际操作占90%，通过毕业考试可获得技工证书。

高级职业学院分为2年制职业学院和高等职业学院两种，主要招收高中毕业生和中级技术学院毕业生。高级职业学院提供文凭课程，其中国家文凭课程提供基本知识和技能，而高等文凭课程提供相当于仅次于学士学位的课程，毕业后获

---

① 数据来自乌干达教育统计摘要2017，Education Abstract 2017。

取国家文凭证书的可直接进入大学 2 年级或以下继续学习，获取国家高级文凭的可以直接进入大学 3 年级或以下继续学习。有的大学也提供职业教育。

## 第二节 中乌两国经济教育合作情况

### 一、中乌两国经济合作情况

中乌自建交以来，一直保持友好关系，经济合作进展顺利。在"一带一路"建设和中非合作论坛北京峰会"八大行动"框架下，中乌关系持续稳定发展，政治互信日益加深，经贸合作互利互惠，水平不断提高。坎帕拉－恩德培高速公路、伊辛巴水电站和卡鲁玛水电站等中乌开展"一带一路"合作的标志性成果，为乌干达工业化进程提供强大的助力。新冠肺炎疫情暴发后，双方积极开展抗疫合作，中方向乌方提供抗疫物资。

近年来，中乌贸易发展较快。2019 年，中国与乌干达双边贸易额 7.83 亿美元，同比增长 4.0%，其中，中方出口 7.41 亿美元，增长 4.9%，进口 0.42 亿美元，下降 8.5%。2019 年中国对乌干达直接投资流量 1.43 亿美元，截至 2019 年末，中国对乌干达直接投资存量 6.70 亿美元。截至 2017 年底，共有超过 600 家投资企业在乌干达注册登记，2019 年中国企业在乌干达新签承包工程合同 98 份，有 50 多家中资工程承包企业在乌干达开展业务，涵盖道路、房建、水利、水电、输变电、通讯、石油化工等方面。

中国投资者在乌干达建设并运营着 9 座工业园和农业产业园，即山东工业园、天唐工业园、辽沈工业园、中国(广东)－乌干达国际产能合作工业园、姆巴莱工业园、科虹农业产业园、五征农业产业园、中乌现代经济开发特区和湖南工业园，这些工业园为乌干达创造了 8 万多个就业岗位，有力推动着乌干达工业发展进程。在乌干达的中资企业主要涉及能源矿产开发、基础设施建设、贸易、数字电视运营、农业开发、皮革加工、鞋类及塑料产品制造、钢铁等建材生产和酒店等行业。

2019 年 6 月，中乌两国政府代表签署了《中华人民共和国国家发展和改革委员会与乌干达共和国财政、计划和经济发展部关于开展产能合作的框架协议》，双方同意建立产能合作机制，重点推动两国基础设施、冶金建材、资源加工、装备制造、轻工电子、产业集聚区等领域的合作。[①]

## 二、中乌两国教育合作情况

中乌两国签有文化合作协定，在"中非高校 20+20 合作计划"下，湘潭大学与乌干达麦克雷雷大学结成合作伙伴。2019 年，共有 111 名乌干达学生获得奖学金并赴华留学。中乌双方希望在奖学金、校际交流与合作、职业教育等方面进一步加强合作。

在"一带一路"合作框架下，乌干达民众从形式多样的中国援外培训项目中受益良多。2016 年以来，中方已为 1200 多名乌干达人提供短期赴华培训名额，有 250 多名乌干达学员获得中国政府学历学位项目奖学金。[②]2018 年 6 月，非洲首个中国石油培训中心——东非石油技能培训中心在乌干达首都坎帕拉揭牌，"一个中国领队＋两个中国副手＋四个非洲员工"的"1+2+4"培训模式，成功赢得了当地政府的信任，为当地培训大量石油人才。中国援乌工业技能培训和生产中心由湖南省建筑设计院有限公司设计，江苏江都建设集团有限公司承建，总面积约 1.6 万平方米，于 2020 年 1 月移交乌干达，在 4 月迎来首批学员。

## 第三节 项目建设与发展

乌干达鲁班工坊由天津工业职业学院、埃尔贡乌干达技术学院、天唐集团等共同在非洲乌干达建立。

## 一、合作双方学校简介

### （一）天津工业职业学院

天津工业职业学院是经天津市政府批准，教育部备案的公办全日制普通高等院校，是国家现代学徒制试点单位、全国职业院校技能大赛承办单位、天津市高等职业院校提升办学水平示范院校、天津市国际化专业开发单位、天津市优质专业对接优势产业建设单位。学院地处北辰区，现有在校生 8157 人。

---

① https://www.fmprc.gov.cn/web/gjhdq_676201/gj_676203/fz_677316/1206_678622/1206x0_678624/，中华人民共和国外交部网站，2021 年 8 月。

② 参见商务部国际贸易经济合作研究院、中国驻乌干达大使馆经济商务处、商务部对外投资和经济合作司：《2020 年乌干达外商投资指南》，2020 年 12 月。

学院设有 8 个教学系部，拥有智能类、机械类、工业与信息类、经济管理类、工业技术类 5 大专业群，涵盖 23 个专业，其中钢铁智能冶金技术专业是中央财政支持重点建设专业，天津市重点建设专业 6 个。学院拥有一支以国家授予的"享受政府特殊津贴专家""突出贡献的中青年专家""全国职业院校教学名师""天津市科技创新先进个人""天津市劳动模范教师""天津市五一劳动奖章""天津市三八红旗手""全国职业院校技能大赛优秀指导教师"等为骨干，以毕业于全国名牌大学的教师为主体的师资队伍。学院现有专任教师 328 人，拥有博士、硕士学位教师占 52%，高级以上专业技术职务教师占 36%，"双师型"教师占 60%。学院拥有专业实训室 96 个，设备 6400 余件，设备资产总值超 2.6 亿元。

### （二）埃尔贡乌干达技术学院

埃尔贡乌干达技术学院成立于 1931 年，坐落于乌干达姆巴莱市，隶属于乌干达教育和体育部，是乌干达 5 所提供工科课程的公立高职院校之一。现有学生 1000 余名，教职工 120 名，现有土木、机械、电气、建筑和水利工程 5 个专业，可为本国及东非、中非地区受教育者颁发学历证书并提供技能培训。

## 二、合作企业介绍

### （一）天唐集团

天唐集团是在乌干达注册的中资企业，始终坚持走本土化的发展策略，现已发展成为在整个东非区域内享有盛名的大型生产制造企业。集团以制造业为核心，同时注重多元化的发展方向，业务涉及酒店餐饮与旅游、生产制造、房地产开发、矿产开发、机械商贸、安保服务 6 大领域。天唐集团未来将长期立足东非市场，坚持非洲本土化和多元化的发展策略，在稳固发展现有产业的同时，开拓新市场，合作共赢，再创辉煌。

### （二）中乌姆巴莱工业园

中乌姆巴莱工业园是为参与国家"一带一路"建设及乌干达国家工业化的发展战略，由天唐集团负责筹建的乌干达国家级工业园，2020 年 3 月 19 日由乌干达总统剪彩正式启动。园区交通便利，进出口业务十分快捷，设有一站式服务中心；采取"总体规划、分期实施"的开发策略，建成后计划吸引入驻企业 60~80 家，可为乌干达当地创造 15000 个就业岗位。园区规划以农产品加工、冶金建材、装备制造、生活用品、服装纺织、电力电子和医药化工等乌方亟待发展产业为主导，利用乌干达当地丰富的资源和出口免税政策，立足面向东非共同体市场，输出中国成熟的生产技术和管理经验。中乌姆巴莱工业园将建成为集加工、制造、进出口、海外仓、投资服务及管理、商务咨询于一体化的产业多元、配套齐全、服务业便捷的现代化中乌友谊示范园区，将为非洲职业教育提供服务与支持，为非洲和园区内企业培养专业的技术技能人才。

### （三）山东星科智能科技股份有限公司

山东星科智能科技股份有限公司是一家集研发、生产和销售于一体的高新技术企业和双软企业。公司拥有高新技术企业认证、双软企业认证、CMMI 三级认证、ISO 系列及知识产权管理体系认证等众多资质，拥有三个省级技术中心。与清华大学、山东大学等多个高校建立了联合研究机构，与 2800 多家职业院校建立了校企合作关系，产品销往全国各地并出口 50 多个国家和地区。

公司提供 20 多个产品系列、50 多个细分专业的教学产品，提供"互联网 + 培训"、创业培训和"职教高考"培训，以"有竞争力的职业教育综合解决方案提供商"为愿景，以"助力学生乐学、教师易教、学校教学质量提升"为使命，助力中国职业教育发展！

## 三、项目建设情况

### （一）发展定位与建设思路

#### 1. 发展定位

乌干达鲁班工坊按照"校、校、企、园四方携手"的建设思路，以天津工业职业学院、埃尔贡乌干达技术学院、天唐集团为合作单位共同在非洲乌干达建立。工坊以实现特色专业群与优势产业链的国际化对接为目的，围绕"一带一路"建设与乌干达产业对接的要求，实现鲁班工坊国际化育人和校企合作国际化的最大效能，为乌干达乃至东非、中非地区培养高素质技术技能人才。

#### 2. 建设思路

乌干达鲁班工坊紧紧围绕乌干达社会经济发展、产业结构调整和"一带一路"建设需求，配合国际产能合作，以平等合作、优质优先、强能重技、产教融合、因地制宜的原则，开展校校合作和校企合作。依托天津工业职业学院特色专业群黑色冶金技术和重点专业群机电一体化技术，分享 EPIP 教学模式、共同建设国际化专业标准、一流实训装备、优质教学资源等，以设立专业实训室、"云教学"等方式，开展学历教育和职业技能培训。以中乌姆巴莱国家级工业园为载体，与乌干达企业开展校企合作产教融合，共建实训基地，开展境外培训，为助推乌干达的工业化发展乃至东非、中非的经济发展培养高素质技术技能人才。

### （二）重点建设内容

乌干达鲁班工坊在建设过程中严格按照场地建设、实训装备、教师培训、专业标准、教材资源"五到位"要求，确保工坊顺利运行。

#### 1. 规范管理体制机制，确保工坊顺利运行

天津工业职业学院高度重视鲁班工坊建设，注重顶层设计，通过制定和完善制度，为鲁班工坊的顺利运行奠定理论基础。学院先后出台《天津工业职业学院外事接待管理办法》《天津工业职业学院"鲁班工坊"专项资金管理办法》《天津工业职业学院教职工公派出国（境）管理办法》《天津工业职业学院外事工作纪律规定》《天津工业职业学院国际化教师工作量管理办法》《天津工业职业学院出国人员行前三级教育管理办法》等制度文件，确保工坊健康、有序发展。

除此之外，在鲁班工坊4个实训室和实训基地4个实训区都制定了安全管理制度和8S管理制度，保障在工坊学习实践的学员们安全、规范地按照制度要求完成学习实践内容。

#### 2. 确定合作专业，制定国际化人才培养方案

天津工业职业学院在全面调研分析乌干达国家级工业园规模与产业结构的基础上，同埃尔贡乌干达技术学院多次沟通研讨，最终确定将学院特色专业黑色冶金技术和重点专业机电一体化技术作为建设专业，为乌干达工业化发展培养冶金、机械制造、电气自动化的技术技能人才。

黑色冶金技术以行指委批准的国际化教学标准为基准，机电一体化技术以天津市教委批准的国际化教学标准为基准，同时在明确国外相关院校相近专业教学标准、把握相关行业、国内外跨国企业对技术技能人才素质需求的基础上，中乌校企校三方结合乌干达经济发展情况、专业特点共同完善了两个专业的国际化专业标准，将国际先进工艺流程、产品标准、技术标准、服务标准等融入教学，以满足乌干达工业化发展的需求。

两个国际化专业实行2年学制，以企业岗位需求为目标，以工学结合为切入点，以实际工程项目为引导，以实践应用为导向，采取EPIP教学模式，让乌干达青年既可以系统学习理论知识，还能参加生产实践，有效提升职业技能。

### 3. 科学规划教学场地，合理配置教学设备

针对乌干达人才培养，天津工业职业学院协同埃尔贡乌干达技术学院和天唐集团科学设计了实训室建设和设备配置方案。乌干达鲁班工坊场地建设于埃尔贡乌干达技术学院，占地面积 745 平方米，实训基地建设于中乌姆巴莱工业园内，占地面积 1080 平方米，总建设面积 1825 平方米。共建有 4 间专业实训室（电气自动化技术实训中心、数控加工实训中心、工业仿真实训室、工程实践创新实训室）和 4 个专业实训区（数控加工实训区、钳工实训区、电气自动化技术实训区、工业仿真实训区）。

数控加工实训中心（区）各配备 4 台数控车床，可学习轴类、盘类零件加工，完成数控加工认知、数控车床的基本操作。钳工实训区配备钳工实训台等设备，培养从事机械产品装配、调试、安装、维修等作业的技术技能人才。电气自动化技术实训中心（区）各配备 4 台电工电子实训台和 4 台高级维修电工实训台，可培养为生产设备的电气安装、运行与维修人员等岗位的复合型技术技能人才。工业仿真实训室（区）各配备 24 台计算机，装有连铸生产仿真和小型材生产仿真 2 套仿真实训系统，可模拟仿真连铸和小型材的生产过程。工程实践创新实训室配备有 4 套能力源创新套件和 1 套仿生机器人套件，能够发挥学员最大主观能动性，在完成任务项目要求的同时提高实践创新的能力。

### 4. 打造国际双师型师资队伍

师资培训是鲁班工坊建设的重要一环，鲁班工坊的学生主要由受过专业培训的本土教师培养，因此打造国际双师型师资队伍尤为重要。受全球新冠肺炎疫情影响，原定的三个阶段线上线下相结合（第一阶段线上学习、第二阶段乌方教师来华学习、第三阶段乌方教师本土学习）的培训方式无法进行，天津工业职业学院立即更改培训方案，将线上线下结合的师资培训方式改为网络培训。针对合作专业需求、对方专业教师基础，制定了师资培训方案和教师培训计划，对乌干达本土教师进行了信息化教学、实践技能、专业建设、EPIP 教学模式运用等培训，完成了对乌干达师资从教学理念、教学模式、专业理论和实践能力的完整培训。通过录制黑色冶金技术和机电一体化技术两个专业主要专业知识的视频，传送乌干达教师学习，使他们了解行业现状、发展趋势，具备进行教学必备的基本专业知识；通过录制实训设备配备和操作情况的视频，为乌干达教师进行专业技能培训，使乌干达师资团队能够独立操作实训设备。

### 5. 开发立体化教学资源

教学资源是鲁班工坊实施教学实践的载体，资源的丰富程度决定了教学手段的多样性。乌干达鲁班工坊的教学资源包括专业标准、课程标准、双语教材、课件、微课、教学视频、软件等，满足乌干达师资的学习需求。通过空中课堂等信息手段，有效实现中外双方课程相互连接、师资相互交流沟通，有力保障和提升了鲁班工坊的教学质量。

乌干达鲁班工坊教学资源以乌干达母语—英语为主，共出版9册核心课程的双语教材，黑色冶金技术专业5册，即棒材生产技术、炼钢生产技术、连铸生产技术、炉外精炼技术、冶金概论；机电一体化技术专业4册，即数控加工技术、机电创新智能应用技术、维修电工职业技能训练、电气控制与PLC技术。此外，还围绕中国职业教育、乌干达鲁班工坊建设、EPIP教学模式认知和专业教学能力等模块制作了30套PPT课件和50个教学视频，初步实施了面向埃尔贡乌干达技术学院教师的技术技能培训。

### （三）项目推进历程

#### 1. 合作筹备期

2018年12月至2019年10月，经过多次交流洽谈，天津工业职业学院与天唐集团签署建立乌干达鲁班工坊合作意向书。2019年10月，学院院长等3人赴乌干达实地考察，调研埃尔贡乌干达技术学院、天唐集团及下属公司、中乌姆巴莱工业园，考察期间拜会乌干达投资部长、姆巴莱市长。12月，邀请埃尔贡乌干达技术学院校长等3人来访，围绕鲁班工坊建设深入探讨专业方向、人才培养方案、教学标准、教学设施等事宜，参观学院先进的实训场地和设备，期间达成合作共识并签署中乌职业教育合作意向书，确定合作专业。2020年2月，合作三方网络签署中乌职业教育三方合作协议。同月，埃尔贡乌干达技术学院、天唐集团签署校企合作协议。

#### 2. 启动建设期

2019年12月，校企校三方共同完善了针对乌干达经济发展状况的2个专业国际化教学标准。2020年1—3月，乌干达鲁班工坊教学设备和空中课堂教学设备经过调研和专家论证，相继完成招标和生产。1—6月，先后完成乌干达鲁班工坊装修和装饰物的设计、招标采购及制作。5月，完成教学设备的国内培训和验收。8月，完成乌干达鲁班工坊两个教学场地装饰装修，全部教学设备启运乌干达。10月，抵达乌干达鲁班工坊实训基地。受全球新冠肺炎疫情影响，天津工业职业学院更改乌干达师资培养方案为网络培训，通过 30 套 PPT 课件和 50 个教学视频，让乌干达教师学习到基本专业知识和专业技能培训，初步实施了面向埃尔贡乌干达技术学院教师的技术技能培训。11 月，校企校三方合作建设的两个专业 9 门核心课程双语教材出版。

2020 年 12 月 10 日，乌干达鲁班工坊举行"云揭牌"暨启运仪式，乌干达科技与创新部长、中国驻乌干达大使馆大使、天津市副市长、天唐集团董事长等在 3 个会场共同见证鲁班工坊启动运营。

### 3. 运营发展期

2020 年 7 月启动两个专业在乌干达学历教育的申报认证，2021 年 6 月完成两个专业在乌干达国家高等教育委员会的注册缴费，认证手续完成后，将两个专业纳入乌干达教育体系。

2021 年 1 月初，乌干达鲁班工坊师资培训启动会在天津工业职业学院和乌干达鲁班工坊实训基地同步举行，共计 50 余名教师参会，会上双方教师加深了对专业课程的理解，相互留下联系方式，方便 1 对 1 师资培训。同月，进行了四周线上师资培训。

二期建设根据调研乌干达国际产能合作工业园钢铁厂岗位需求，购置炼钢仿真实训系统 1 套和轧钢生产仿真实训系统 1 套，以满足黑色冶金技术专业核心课程的教学使用，完善工业仿真实训室，为当地冶金企业炼钢、轧钢人员提供技能培训。2021 年底前完成到达设备调试验收。

完善鲁班工坊的运行机制，组织实施教学运行和评价。通过调研鲁班工坊建设单位及国内国际化能力突出的职业院校，结合学院实际情况，完善鲁班工坊的运行机制，出台《天津工业职业学院鲁班工坊管理制度》《天津工业职业学院国际交流生暂行管理办法》，并对项目实施实行监管与评估。

积极参与"一带一路"建设和国际产能合作，加强学院与乌干达企业合作，以中乌姆巴莱工业园企业为载体，调研园区企业人才培训需求，形成园区非洲员工的培训方案，为企业非洲员工提供技术技能培训，提升非洲青年职业技能，有效支撑职业教育服务"一带一路"能力和合作国家社会经济发展。采取远程教育培训合作的方式，开展国际职业教育服务，为非洲员工提供技术技能培训。

## 四、成效与创新点

### （一）建设成效

#### 1. 共享职教发展理念，扩大鲁班工坊影响力

鲁班工坊是促进中外民心相通、增进中外人文交流的重要载体，在建设过程中充分考虑合作国的国情、政治、经济、产业、文化等特点，共享中国职业教育优质教育资源与理念，推动两国人民的交往与友谊，促进中乌合作共赢、共同发展。

乌干达鲁班工坊在建设过程中促进了乌干达教师对中国职业教育发展、教育文化、教育模式等理解，在中乌双方教师的交流中让乌干达教师对中国职业教育、中国技术、中国产品有更加深入的认知与了解，让教育在中非人文交流中发挥先导性、基础性、广泛性和持久性作用，向非洲国家传播工匠精神，不断推进人文交流内涵发展。

2020 年 12 月 10 日，乌干达鲁班工坊正式启动运营，得到了乌干达政府和人民的普遍欢迎。中乌两国政要在沟通与对话中表示要借助乌干达鲁班工坊这个载体，进一步加强中乌两国人文交流、拓宽技能培训领域、丰富培训内容和形式、提高乌干达青年就业水平、促进乌干达社会经济产业发展，相信乌干达鲁班工坊将为培养当地技术技能人才和职业教育创新发展赋予新动能，为乌干达工业化进程提质增效。乌干达科技与创新部长和中国驻乌干达大使都表示，乌干达鲁班工坊会大力推动乌干达职业教育发展和工业化进程，为中乌技术转移和当地创造就业发挥重要作用。

#### 2. 强能重技，提升人才培养质量

乌干达鲁班工坊通过设立专业实训室、"云教学"等方式，为乌干达当地青年提供职业技能培训。以中外双方共同制定认可的国际化专业教学标准为依据，以国家级优秀教学成果－工程实践创新项目为教学模式，以全国职业院校技能大赛所选用的优秀教学装备为基础，培养乌干达青年科学探究和问题解决能力，让他们在获得学历的同时，有效提升职业技能，获得优质就业机会。

黑色冶金技术专业以培养具备科学文化知识和良好职业道德的高素质技术技能人才为目标，根据企业对学生专业知识及技能的需求，建立以职业能力培养为主线兼顾人文和职业发展的"一主两副"课程体系，以企业实际岗位工作任务为导向的"理实一体"教学模式，引入企业参与的考核评价标准。配套设置了工业仿真实训室（区），在满足教学实践要求的同时，解决冶金类学生的生产实习难题。

面向钢铁生产、高端装备制造、精密制造领域，培养出能够掌握钢铁生产与加工、设备维护与检查、产品销售与检验、污染监测与治理等专业技术技能的人才，毕业后可从事钢铁冶炼、管理、销售、服务等工作。

机电一体化技术专业以培养适应现代制造业需求和具备良好职业道德与就业竞争力的高素质技术技能人才为目标，根据机电技术领域和职业行动能力要求，以工学结合为切入点，构建循环加深的螺旋式上升课程体系，让学生对知识和技能的掌握程度由浅入深，课程排序由单一到综合。配套设置了钳工实训区、数控加工实训中心（区）、电气自动化技术实训中心（区）和工程实践创新实训室。面向机械、电子、汽车、化工、食（药）品领域，培养出能够掌握机电设备操作、维修、安装、营销及售后服务和机械产品加工等专业技术技能的人才，毕业后可就职于机械、电子、汽车等企业。

### 3. 利用混合式教学方式，增强师资国际化教学能力

鲁班工坊作为国际化教学的标志，是增强师资国际化教学能力的重要平台。天津工业职业学院师资团队树立国际化服务意识，在参与编制国际化教学资源、与埃尔贡乌干达技术学院教师进行培训的过程中，既拓展了教师的全球化视野，又提升了英语表达能力，保障了国际化教学顺利实施，进一步促进中非文化交流。

混合式教学方式，可以将在线课程、资料积累、学习经验和生动有趣的课程讲授等整合到统一平台，让乌干达师生实现随时随地学习、线上线下学习，不仅能够增强师资培训的效果，还能够提高学生信息技术的学习兴趣，改善学习态度，促进教学质量不断提升。

实现混合式教学，必然要求教学资源是丰富立体的。乌干达鲁班工坊出版双语教材9册，建设、配备了与本专业有关的音视频素材、教学课件、数字化教学案例库、虚拟仿真软件、数字教材等专业教学资源库，大大丰富立体化教学资源，尤其在新冠肺炎疫情的影响下，能够保障师资培训的顺利进行。

冶金技术专业群教学资源库建设遵循"碎片化资源、结构化课程、系统化设计"的建设思路，以资源开发为目标，课程体系建设为主线，按照资源管理、学习管理和门户管理三个方向进行统筹建设。建设成碎片化资源、积件、模块、课程等不同层次的教学资源，并基于行业应用的前沿技术及新成果等拓展资源，增强资源建设的普适性；大大增加建设的数量和类型，以便教师灵活搭建课程自主拓展学习。

机电一体化专业群通过建设优质特色课程，开发优质特色立体化教材，建成涉及虚拟加工、虚拟装配、文本、图片、音频、视频、动画、电子教材、课件、习题库、试题库等具有集成教育、行业、企业各领域的最新优质教育资源，建成具备自主学习、在线交流功能的《数控加工技术》《维修电工职业技能训练》《机电创新智能应用技术》《电气控制与 PLC 应用》数字共享课程。

### 4. 共商共建，探索中非国际深度产教融合

职业教育的发展离不开企业的融入，推进国际产教融合校企合作，为国际产能合作服务是鲁班工坊创立的重要任务。天津工业职业学院携手乌干达天唐集团为代表的企业，在埃尔贡乌干达技术学院建成的高水准、工科性鲁班工坊，依托天津工业职业学院特色专业群黑色冶金技术和重点专业群机电一体化技术，以乌干达姆巴莱国家级工业园为载体，与乌干达企业开展校企合作，共建实训基地，开展境外培训，发挥鲁班工坊国际化育人和校企合作国际化的最大效能。

天津工业职业学院在全面调研分析乌干达国家级工业园规模与产业结构的基础上，同埃尔贡乌干达技术学院共同确认了双方认可的国际化专业，以我国国家级优秀教学成果——工程实践创新项目为教学模式，校企校三方合作开发了适应当地产业水平的专业标准、课程标准、双语教材、课件、视频资源等国际化立体化教学资源，科学设计了实训室建设和设备配置方案，以高标准培训当地技术技能型人才，受到了乌干达政府机构和当地职业院校的高度赞誉。

乌干达鲁班工坊依托乌干达企业，配合国际产能合作，探索中非国际产教融合深入合作。中乌姆巴莱工业园是乌干达国家级工业园，积极响应"中非合作论坛"机制，主动融入"一带一路"建设，对接乌干达产业发展战略，为国际产能合作提供了良好的发展机遇和项目承接平台，自启动以来获得了中乌两国政府的高度关注和大力支持，园区规划产业需要大量技术技能人才，将为乌干达解决上万个就业岗位。天津工业职业学院联手天唐集团，通过国际产教合作，为乌干达培养本土化技术技能人才，推动乌干达社会经济发展。鲁班工坊作为探索中乌职业教育合作的有效载体，为乌干达青年提供技术技能培训新平台，为乌干达青年带来就业与发展新机遇，为拓展国际化产教融合，促进中非合作共赢、共同发展和"一带一路"建设贡献力量。

### （二）创新点

#### 1. "校校企园" 建设思路，实现国际化育人最大效能

乌干达鲁班工坊采取"校、校、企、园"的建设思路，以天津工业职业学院、埃尔贡乌干达技术学院、天唐集团为合作学位，依托中乌姆巴莱工业园开展国际校企合作产教融合，实现国际化育人最大效能，为乌干达乃至东非、中非地区培养高素质技术技能人才。

天津工业职业学院主要负责制定合作交流机制，组织校、企、校三方分工合作，打造国际化师资队伍；天唐集团与合作院校开展深度校企合作，共建实训基地，开展境外培训；埃尔贡乌干达技术学院主要负责国外学生日常管理与学历教育；三方共同开发专业人才培养方案、课程标准、双语教材和资源。

#### 2. 两个专业纳入乌干达教育体系

乌干达鲁班工坊黑色冶金技术专业和机电一体化技术专业于 2020 年 7 月启动乌干达学历教育的申报认证工作，历时一年时间，于 2021 年 6 月完成两个专业在乌干达国家高等教育委员会的注册缴费，认证手续完成后，将两个专业纳入乌干达教育体系。黑色冶金技术专业填补了乌干达冶金类高等职业教育的空白，机电一体化技术专业将提升乌干达机械与电气类高等职业教育水平。

#### 3. 依托工业园，实现可持续发展

乌干达鲁班工坊是第一个将实训基地建设在工业园中的工坊，实训基地位于乌干达国家级中乌姆巴莱工业园。中乌姆巴莱工业园是融入"一带一路"建设、对接乌干达产业发展战略的重要产物，为国际产能合作提供了良好的发展机遇和项目承接平台；园区业务范围广泛，规划吸引入驻 60~80 家企业，可为乌干达当地创造 15000 个就业岗位。随着园区产业规模扩大和产业多元化的实施，鲁班工坊将优化专业布局，科学调整实训基地建设内容，丰富合作形式，实现鲁班工坊高质量可持续发展。

## 五、未来规划

### （一）完善体制机制，保障工坊健康运行

鲁班工坊是一项长期发展的国际合作交流项目，建立健全组织管理体制与服务保障机制，是维护工坊健康可持续发展的重要基石。天津工业职业学院将在现有制度的基础上，继续开发完善体制机制，建立双方校长经常沟通机制、建立质量评价体系，在

经费、国际师资队伍建设、来华留学生等方面加大投入力度，保障工坊健康运行。

继续加强鲁班工坊内涵建设，高质量完成"中国—东非职教合作研究""中东非三国高教与职教现状及对外合作情况研究"课题研究，为乌干达鲁班工坊发展和中国职业教育"走出去"奠定理论基础并指导实践。

### （二）多方合作，推进鲁班工坊可持续发展

乌干达鲁班工坊携手中乌姆巴莱工业园搭建了国际产能合作平台。在这个平台上，可以举各方力量，推动鲁班工坊深入发展，将鲁班工坊做实做强。校企双方通过共同制定专业标准、教学标准、职业标准和职业培训，促进园区企业的高质量发展，提升乌干达人员就业率和就业质量，实现多方共赢。

除此之外，探索建立以中－乌－坦－赞国家为中心的中－东非国家产教合作组织，以中国有色金属总公司、天津工业职业学院为主，联合乌干达、坦桑尼亚、赞比亚国家行业、企业和职业院校，构建中国与三国职业教育领域的全面合作与交流平台，创造出职业教育国际化办学的国际品牌。

### （三）优化布局，赋能鲁班工坊人才培养

以乌干达产业发展规划和优先发展产业需求为导向，对接乌干达教育体育部，培养乌干达亟须的技术技能人才，科学优化专业布局。

开发新专业、改造老专业，调整教学标准、教学场地、师资队伍和资源建设，建设成为多领域多专业的学历教育；开发体现能力本位和行动导向的新课程，共建教学资源库、网络视频公开课、行动导向教材、国际化教学标准和职业标准等，建成多专业立体双语教学资源库；注重运用信息技术，利用空中课堂、网络视频等实现课堂教学同步化，提升人才培养质量，带动乌干达职业教育的改革与提升。

针对先进职业教育理念与方法、教学模式与教学组织、学校管理等内容，有计划、分层次、分批次地短期培训乌干达职业院校教师，共同研发教学标准、资源等，不断营造乌干达职业教育氛围。

### （四）建立中－乌职业教育研究与发展中心

乌干达鲁班工坊在乌干达职业教育发展中地位突出，以服务"一带一路"和乌干达经济发展为宗旨，以提高当地青年就业水平为目标，已成为乌干达职业教育发展过程的新支点。

建立中－乌职业教育研究与发展中心是做强做深中乌职业教育研究，推动先进职业教育在乌干达发展的重要举措。中－乌职业教育研究与发展中心立足提升

乌干达职业教育内涵建设，通过承接项目研究，深入开展乌干达社会经济发展、产业规划和职业教育等方面研究，完成乌干达经济产业发展和职业教育调查报告，探索先进职业教育在乌干达发展的路径。

### （五）丰富人文交流，增进两国人民友谊

开展多元、立体化的丰富人文交流活动，促进中乌双方民心相通，推动两国人民交往与友谊，扩大鲁班工坊影响力。

通过邀请埃尔贡乌干达技术学院师生参加天津市高职高专机电一体化技能比赛、工程实践创新比赛和京津冀炼钢模拟比赛，拓展师生的国际视野，提升技术技能水平；举办两年一届的中乌机电一体化职教论坛，邀请中乌两国企业和院校参加，不断优化机电一体化技术人才培养方案，培养乌干达急需的技术技能人才；每年线上举办一次两国师生的文化交流体验活动，在交流体验过程中让乌干达师生感受工匠精神，提升中国师生英语表达能力；在疫情防控允许的情况下，选派教师交流互访，加大双方人文交流力度，让工匠精神融入国际职业教育，不断推动中乌职业教育国际交流与合作。

第四部分
专题报告

# 第十章 鲁班工坊人才培养质量报告

鲁班工坊人才培养质量是评估鲁班工坊建设质量的关键。早在鲁班工坊建设之初，就明确将鲁班工坊项目定位于紧紧围绕合作国家的产业发展和"一带一路"建设需求，以国际化专业为载体，培养当地熟悉中国技术、产品、标准的技术技能人才。[①] 本章对全球 18 个鲁班工坊进行深入调查，通过问卷调查获得了珍贵的一手数据，全面掌握了已建鲁班工坊人才培养质量情况，通过提出针对性的对策建议，以期整体提升鲁班工坊人才培养质量，为合作国家经济和产业发展提供人才支持，大力促进鲁班工坊高质量可持续发展。[②]

## 第一节 鲁班工坊人才培养质量概览

### 一、鲁班工坊人才培养质量调查问卷

鲁班工坊人才培养质量专题报告主要采用问卷法，对已经建成的 18 个鲁班工坊的人才培养质量进行调查。在鲁班工坊人才培养质量调查问卷设计、发放和回收的过程中，需要关注以下三个方面：第一，由于人才培养质量主要涉及教师和学生两个群体，根据调查内容，研究对象主要包括鲁班工坊教学一线教师、鲁班工坊在读学生和鲁班工坊毕业生三个部分。第二，考虑到鲁班工坊合作国家的语言交流问题，问卷分别设置了中文问卷和英文问卷。第三，结合鲁班工坊建设的跨国地理位置状况和问卷发放的便捷性和可操作性，调查主要采用线上问卷平台

---

① 参见吕景泉、杨延、杨荣敏：《鲁班工坊》，中国铁道出版社，2018 年，第 43 页。
② 该部分内容引自全国教育科学"十三五"规划 2020 年度教育部青年课题"基于'鲁班工坊'提升中国参与全球职业教育治理的能力及策略研究"（EJA200398）的研究报告。

填写方式，最大限度地保障问卷的回收率和有效性。在此基础上，全面了解并掌握18个已建鲁班工坊人才培养质量现状，有针对性地提出对策建议，推动鲁班工坊人才培养质量全面提升。

## 二、鲁班工坊人才培养质量调查对象基本情况

教师和学生是人才培养工作的两个主要群体，结合部分鲁班工坊已经迎来毕业生的建设实际，将调查问卷的对象确定为鲁班工坊教学一线教师、鲁班工坊在读学生和鲁班工坊毕业生三个部分，其基本情况如下。

### （一）鲁班工坊教学一线教师的基本情况

在被调查的鲁班工坊教学一线教师中，男性教师占69.23%，女性教师占30.77%，男性教师数量是女性教师数量的2倍有余，见图10-1。

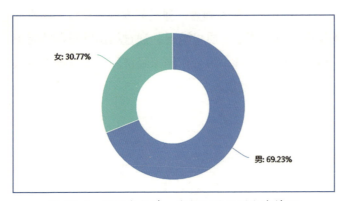

图 10-1　所调查教学一线教师的性别分布情况

在被调查的鲁班工坊教学一线教师中，大部分为中青年教师。其中，20~29岁的教学一线教师占38.46%，30~39岁的教学一线教师占30.77%，40~49岁的教学一线教师占16.92%，50~59岁的教学一线教师占13.85%，见图10-2。

在被调查的鲁班工坊教学一线教师中，大部分为本科及以上学历。其中，大专学历占16.92%，本科学历占53.85%，硕士占16.92%，博士占12.31%，见图10-3。

在被调查的鲁班

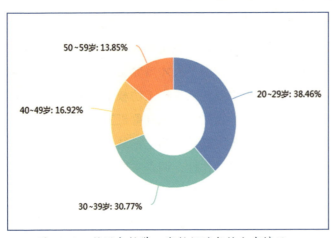

图 10-2　所调查教学一线教师的年龄分布情况

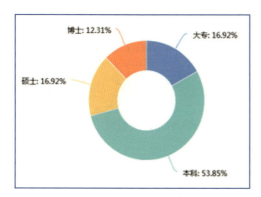

图 10-3　所调查教学一线教师的
学历分布情况

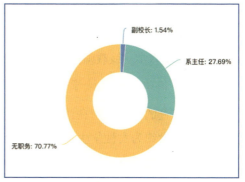

图 10-4　所调查教学一线教师的
职务分布情况

工坊教学一线教师中，大部分教师为专职教师，不担任学校职务，只有少部分教师在教学一线活动的同时，还担任系主任或副校长职务。具体而言，70.77% 的教学一线教师无职务，27.69% 的教学一线教师担任系主任职务，1.54% 的教学一线教师担任副校长职务，见图 10-4。

在被调查的鲁班工坊教学一线教师中，全部教师已经接受过鲁班工坊项目的教师培训，只是培训地点和培训教师不同。其中，在中国接受培训的教师占 35.39%，在本国接受培训且培训教师为中国教师的占 46.15%，在本国接受培训且培训教师为本国教师的占 18.46%，见图 10-5。

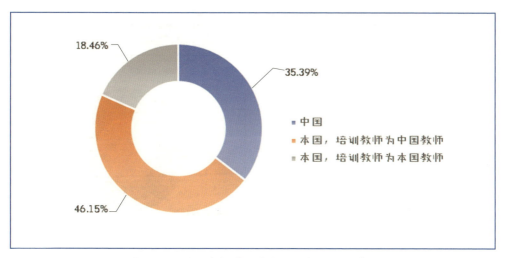

图 10-5　所调查教学一线教师的教师培训情况

在被调查的鲁班工坊教学一线教师中，泰国鲁班工坊教学一线教师占 38.46%，柬埔寨鲁班工坊教学一线教师占 18.46%，印度尼西亚鲁班工坊教学一线教师占 6.15%，其他鲁班工坊教学一线教师占比见图 10-6。

### （二）鲁班工坊在读学生的基本情况

在被调查的鲁班工坊在读学生中，男性学生占 80.84%，女性学生占 19.16%，男性学生数量约为女性学生数量的 4 倍，见图 10-7。

在被调查的鲁班工坊在读学生中，大部分为大专及以上学历。其中，中专学历占 23.37，大专学历占 75.48%，本科学历占 1.15%，见图 10-8。

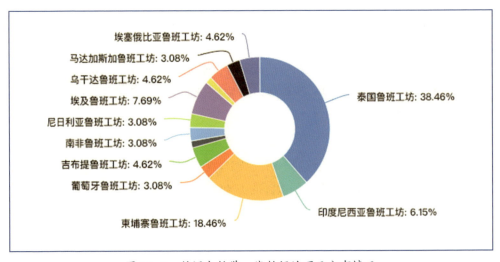

图 10-6　所调查教学一线教师的项目分布情况

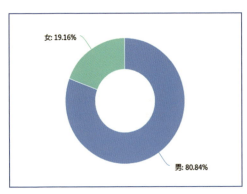

图 10-7　所调查鲁班工坊在读学生的
性别分布情况

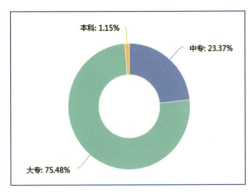

图 10-8　所调查鲁班工坊在读学生的
学历分布情况

在被调查的鲁班工坊在读学生中，低年级学生较多。其中，一年级学生占 38.70%，二年级学生占 47.13%，三年级学生占 13.40%，四年级学生占 0.77%，见图 10-9。

### （三）鲁班工坊毕业生的基本情况

在被调查的鲁班工坊毕业生中，男性学生占 74.60%，女性学生占 25.40%，男性学生数量约为女性学生数量的 3 倍，见图 10-10。

在鲁班工坊毕业生中，年龄分布在 19~25 岁之间，其中 21 岁的学生最多，占 20.63%，其他毕业生年龄分布见图 10-11。

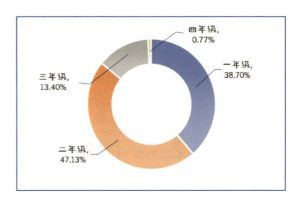

图 10-9　所调查鲁班工坊学生的年级分布情况

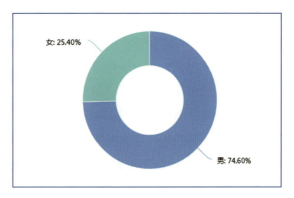

图 10-10　所调查鲁班工坊毕业生的性别分布情况

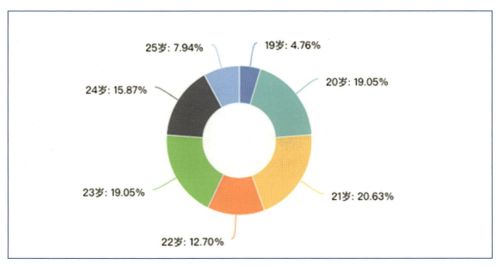

图 10-11　所调查鲁班工坊毕业生的学历分布情况

### 三、鲁班工坊人才培养质量调查结果整体情况

总体而言，经过 5 年的稳步发展，鲁班工坊人才培养成效明显，人才培养质量很高，鲁班工坊教学一线教师、鲁班工坊在读学生、鲁班工坊毕业生均对鲁班工坊人才培养的满意度很高，在人才培养过程、人才培养满意度、就业满意度等各项内容均给予了很高的评价。

#### （一）鲁班工坊师生对鲁班工坊人才培养全过程给予高度肯定

##### 1. 鲁班工坊教学一线教师在人才培养目标、教学组织与实施、人才培养效果方面均给予充分肯定

第一，在人才培养目标方面，高达 92.31% 的教学一线教师对于鲁班工坊人才培养目标的了解程度较高；高达 96.92% 的教学一线教师认为，鲁班工坊的人才培养目标能够满足学生的发展需求；高达 98.47% 的教学一线教师认为鲁班工坊的人才培养目标能够满足社会的人才需求。第二，在教学组织与实施方面：一是在教学目标上，高达 90.76% 的教学一线教师对于自己完成了鲁班工坊教学目标给予正向评价。二是在教学内容上，高达 90.76% 的教学一线教师对于鲁班工坊的教学内容设置优于我国原来的内容设置，能更好地满足学生发展需求的评价较高；高达 98.46% 的教学一线教师会将中国教师的培训内容进行整合后再传授给学生。三是在教学方式上，89.23% 的教学一线教师对于自己能够熟练地将 EPIP 教学方式应用到教学中的评价较高，89.23% 的教学一线教师对于 EPIP 教学方式的教学效果给予正向评价。在疫情影响下，高达 92.31% 的教学一线教师对于自己能够熟练地运用信息技术进行网络教学持正向态度，89.23% 的教学一线教师认为网络教学能够满足疫情期间学生的学习需求。四是在教学资源上，高达 93.84% 的教学一线教师对于自己能够熟练运用鲁班工坊的信息化资源进行授课的评价较高。第三，在人才培养效果方面，86.15% 的教学一线教师认为鲁班工坊在当地很受欢迎，高达 92.31% 的教学一线教师对于鲁班工坊学生的就业前景很好给予高度肯定。

##### 2. 鲁班工坊学生对于人才培养目标、教学组织与实施、人才培养效果方面均给予积极评价

第一，在人才培养目标方面，高达 98.03% 的鲁班工坊学生对于本专业人才培养目标的了解程度较高，高达 99.22% 的鲁班工坊学生认为本专业人才培养目标与社会人才需求相符合，99.22% 的鲁班工坊学生认为本专业的人才培养目标设置科学合理。第二，在教学组织与实施方面：一是在课程设置上，高达 99.21% 的鲁班

工坊学生对于理论课程设置满意度较高，高达98.03%的鲁班工坊学生对于实践课程设置满意度较高。课程实用性强（81.50%）、课程内容设置合理（56.69%）、课程时间设计合理（49.21%）是鲁班工坊学生认为鲁班工坊课程最满意的三个方面。二是在教学方式上，高达97.25%的鲁班工坊学生对教学方式满意，84.64%的鲁班工坊学生认为中国教师的教学方式比国内教师的教学方式更有效。在疫情影响下，81.89%的鲁班工坊学生对于自己能够很好地适应网络教学形式持肯定态度，高达96.06%的鲁班工坊学生认为网络教学能够满足疫情期间自己的学习需求。三是在教学资源上，高达96.06%的鲁班工坊学生认为鲁班工坊的人才培养资源比我国的人才培养资源更加丰富，高达99.21%的鲁班工坊学生认为鲁班工坊教学硬件设施能够很好地满足学习需求，高达97.24%的鲁班工坊学生对于鲁班工坊教学氛围十分满意，高达98.42%的鲁班工坊学生认为鲁班工坊授课教师的教学水平很高。课堂教学效果好（82.28%）、课堂内容丰富（79.92%）、教学方法多样（57.09%）是鲁班工坊学生认为教师教学水平最令自己满意的三个方面。第三，在人才培养效果方面，高达96.85%的鲁班工坊学生认为通过鲁班工坊学习自己的就业能力得到有效提升；在未来就业预期和升学意愿上均表现出对中国的向往，79.53%的鲁班工坊学生想去中资企业就业，83.07%的鲁班工坊学生想去中国继续上学。

### （二）鲁班工坊毕业生的人才培养满意度和学业成就获得满意度实现双高评价

#### 1. 鲁班工坊毕业生对人才培养满意度评价很高

总体而言，高达98.41%的鲁班工坊毕业生对鲁班工坊人才培养的总体满意度很高，高达96.83%的鲁班工坊毕业生对人文交流体验的总体满意度很高。一方面，高达96.83%的鲁班工坊毕业生对教学的总体满意度很高。高达96.83%的鲁班工坊毕业生对教学目标满意，高达96.83%的鲁班工坊毕业生对教学内容满意，98.41%的鲁班工坊毕业生对教学方式满意，高达98.41%的鲁班工坊毕业生对教学效果满意。课程内容丰富、教师教学能力强和教学方法多样是鲁班工坊毕业生对教学最满意的三个方面，比例分别为66.67%、65.08%和55.56%。另一方面，鲁班工坊毕业生对学习资源配置的满意度评价很高。高达96.82%的鲁班工坊毕业生对课程设置满意，高达95.23%的鲁班工坊毕业生对信息化资源配置满意，高达98.41%的鲁班工坊毕业生对授课教师满意，高达96.82%的鲁班工坊毕业生对所用教材满意，高达95.24%的鲁班工坊毕业生对学习空间满意，高达93.65%的鲁班工坊毕业生对实训设备满意。

### 2. 鲁班工坊毕业生对学业成就获得满意度评价很高

通过鲁班工坊人才培养，鲁班工坊毕业生在人际交往能力、资源管理能力、信息获取和运用能力、技术应用能力和统筹能力 5 个方面的关键能力上的获得感较强，比例分别达到 82.54%、79.37%、65.08%、50.79% 和 22.22%。

## （三）鲁班工坊毕业生对就业满意度给予积极评价

### 1. 鲁班工坊毕业生就业的基本情况良好

总体而言，一半以上（50.79%）的鲁班工坊毕业生受雇全职工作，19.05% 的鲁班工坊毕业生受雇兼职工作，选择升学的鲁班工坊毕业生占 19.05%，选择自主创业的鲁班工坊毕业生占 3.17%。在升学选择中，鲁班工坊毕业生表现出对中国的向往，其中 52.38% 的鲁班工坊毕业生选择到中国留学。在就业过程中，鲁班工坊毕业生就业信息获取渠道较为多元，其中从校企合作企业（63.49%），学校就业指导中心（58.73%），求职网站（57.14%），老师、同学、亲戚、朋友等（52.38%）是就业信息获取的主要渠道。在就业选择中，工作性质（57.14%）、国家和社会需要（47.62%）、工作平台（47.62%）、工作环境（42.86%）、个人发展机会（33.33%）、薪酬（23.81%）、工作稳定性（20.63%）、专业对口（15.87%）是鲁班工坊毕业生在就业选择时考虑的主要因素。

### 2. 鲁班工坊毕业生的就业满意度较高

总体而言，68.25% 的鲁班工坊毕业生对工作的总体满意度较高。在工作薪酬满意度方面，61.9% 的鲁班工坊毕业生对工作薪酬的满意度较高；在工作胜任力满意度方面，82.54% 的鲁班工坊毕业生对高强度工作胜任力较强，84.13% 的鲁班工坊毕业生对复杂工作胜任力较强；在工作环境适应性方面，85.72% 的鲁班工坊毕业生完全能够适应单位的工作环境；在未来工作发展空间方面，85.71% 的鲁班工坊毕业生认为鲁班工坊的学习经历有益于扩展未来工作发展空间。调查结果最终显示，高达 95.23% 的鲁班工坊毕业生对鲁班工坊的推荐度很高。

综上所述，经过 5 年的稳步发展，鲁班工坊为当地培养了一批熟悉中国技术、产品、标准的高素质劳动者和技术技能人才，整体性提升了企业海外员工素质，为合作国家经济和产业发展提供了重要智力支持。本章第二节到第五节将详细探索鲁班工坊人才培养的过程质量、鲁班工坊毕业生的学业质量、鲁班工坊毕业生的就业质量情况，并有针对性地提出鲁班工坊人才培养质量提升对策。

## 第二节　鲁班工坊人才培养的过程质量

鲁班工坊培养的是面向生产服务和管理第一线的高素质劳动者和技术技能人才，高质量的技术技能人才需要从人才培养的全过程进行把握。人才培养的全过程包括人才培养目标、人才培养内容、人才培养方式、人才培养资源以及人才培养效果等关键环节。鲁班工坊人才培养质量包括人才培养过程的质量与人才培养结果的质量。本章主要围绕鲁班工坊人才培养过程质量进行探究，人才培养目标、教学组织与实施、人才培养效果等是调查与分析的重点。

### 一、鲁班工坊人才培养目标设置

在教师调查中，鲁班工坊教学一线教师对于鲁班工坊人才培养目标的了解程度较高，其中，63.08% 的教学一线教师十分清楚鲁班工坊人才培养目标，29.23% 的教学一线教师较为清楚鲁班工坊人才培养目标，两者之和高达 92.31%，见图 10-12。

教学一线教师对于鲁班工坊的人才培养目标能够满足学生的发展需求持肯定态度，其中 69.23% 的教学一线教师认为鲁班工坊的人才培养目标能够很好满足学生的发展需求，27.69% 的教学一线教师认为鲁班工坊的人才培养目标能够较好满足学生的发展需求，两者之和高达 96.92%，见图 10-13。

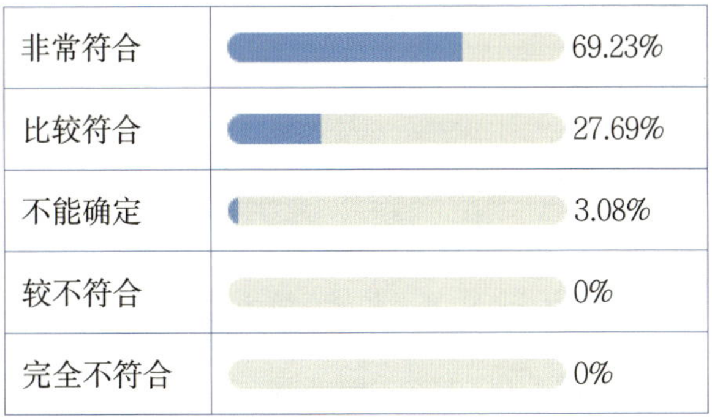

教学一线教师对于鲁班工坊的人才培养目标能够满足社会的人才需求持积极态度，其中 64.62% 的教学一

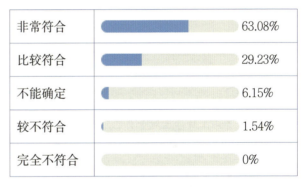

图 10-12　教学一线教师对于自己十分清楚鲁班工坊人才培养目标的评价情况

图 10-13　教学一线教师对于鲁班工坊人才培养目标能够满足学生发展需求的评价情况

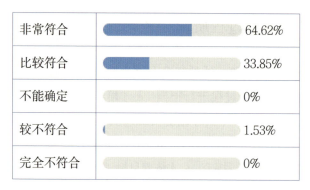

| | | |
|---|---|---|
| 非常符合 | | 64.62% |
| 比较符合 | | 33.85% |
| 不能确定 | | 0% |
| 较不符合 | | 1.53% |
| 完全不符合 | | 0% |

图 10-14　教学一线教师对于鲁班工坊人才培养目标
能够满足社会人才需求的评价情况

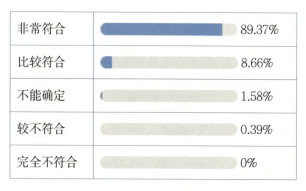

| | | |
|---|---|---|
| 非常符合 | | 89.37% |
| 比较符合 | | 8.66% |
| 不能确定 | | 1.58% |
| 较不符合 | | 0.39% |
| 完全不符合 | | 0% |

图 10-15　鲁班工坊学生对于自己了解本专业人才培
养目标的评价情况

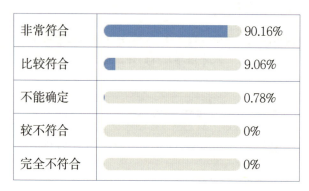

| | | |
|---|---|---|
| 非常符合 | | 90.16% |
| 比较符合 | | 9.06% |
| 不能确定 | | 0.78% |
| 较不符合 | | 0% |
| 完全不符合 | | 0% |

图 10-16　鲁班工坊学生对于本专业人才培养目标与
社会人才需求相符合的评价情况

两者之和高达 99.22%，见图 10-17。

线教师认为鲁班工坊的人才培养目标能够很好满足社会的人才需求，33.85% 的教学一线教师认为鲁班工坊的人才培养目标能够较好满足社会的人才需求，两者之和高达 98.47%，见图 10-14。

在学生调查中，鲁班工坊学生对于本专业人才培养目标的了解程度较高，其中，89.37% 的学生认为非常了解本专业人才培养目标，8.66% 的学生比较了解本专业人才培养目标，两者之和高达 98.03%，见图 10-15。

鲁班工坊学生对于本专业的人才培养目标与社会人才需求相符合情况较为乐观，其中，认为本专业的人才培养目标与社会人才需求完全相符合的比例为 90.16%，较为符合的比例为 9.06%，两者之和高达 99.22%，见图 10-16。

鲁班工坊学生对于本专业的人才培养目标设置科学合理情况持正面态度，其中，认为科学合理的比例为 88.19%，认为较为科学合理的为 11.03%，

## 二、鲁班工坊教学组织与实施

### （一）教学目标

在教学目标方面，教学一线教师对于自己完成了鲁班工坊教学目标给予正向评价，其中，55.38%的教学一线教师认为自己很好地完成了教育教学目标，35.38%的教学一线教师认为自己较好地完成了教育教学目标，两者之和占到了全部调查教师人数的90.76%，见图10-18。

### （二）教学内容

在教学内容方面，教学一线教师对于鲁班工坊的教学内容设置优于我国原来的内容设置，能更好地满足学生发展需求的评价较高，其中，61.53%的教学一线教师认为非常符合，29.23%的教学一线教师认为比较符合，两者之和占到了全部调查教师人数的90.76%，见图10-19。

对于会将中国教师对自己培训的内容进行整合后再传授给学生的评价中，

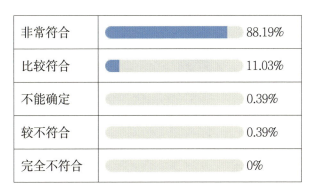

| | |
|---|---|
| 非常符合 | 88.19% |
| 比较符合 | 11.03% |
| 不能确定 | 0.39% |
| 较不符合 | 0.39% |
| 完全不符合 | 0% |

图 10-17　鲁班工坊学生对于本专业人才培养目标设置科学合理的评价情况

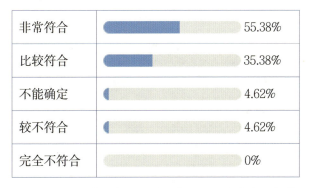

| | |
|---|---|
| 非常符合 | 55.38% |
| 比较符合 | 35.38% |
| 不能确定 | 4.62% |
| 较不符合 | 4.62% |
| 完全不符合 | 0% |

图 10-18　教学一线教师对于自己很好地完成了教学目标的评价情况

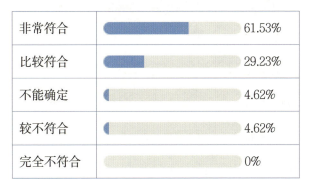

| | |
|---|---|
| 非常符合 | 61.53% |
| 比较符合 | 29.23% |
| 不能确定 | 4.62% |
| 较不符合 | 4.62% |
| 完全不符合 | 0% |

图 10-19　教学一线教师对于鲁班工坊的教学内容设置优于我国原来的内容设置，能更好地满足学生发展需求的评价情况

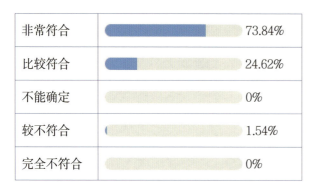

图 10-20　教学一线教师对于自己会将中国教师的培训内容进行整合后再传授给学生的评价情况

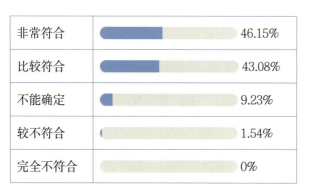

图 10-21　教学一线教师对于能够熟练地将 EPIP 教学方式应用到教学中的评价情况

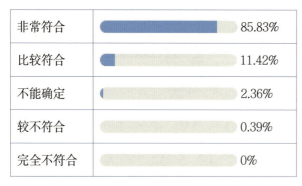

图 10-22　鲁班工坊学生对于鲁班工坊教学方式十分满意的评价情况

73.84% 的教学一线教师认为非常符合，24.62% 的教学一线教师认为比较符合，两者之和占到了全部调查教师人数的 98.46%，见图 10-20。

### （三）教学方式

在教学方式方面，教学一线教师对于自己能够熟练地将 EPIP 教学方式应用到教学中的评价较高，其中，46.15% 的教学一线教师认为非常符合，43.08% 的教学一线教师认为比较符合，两者之和占到了全部调查教师人数的 89.23%，见图 10-21。同时，教学一线教师对于 EPIP 教学方式的教学效果的评价较高，其中，56.92% 的教学一线教师认为 EPIP 教学方式的教学效果很好，32.31% 的教学一线教师认为 EPIP 教学方式的教学效果较好，两者之和占到了全部调查教师人数的 89.23%。

在教学方式方面，本研究也针对鲁班工坊学生对于教学方式的评价进行了调查。调查显示，85.83% 的学生对鲁班工坊的教学方式十分满意，11.42% 的学生对鲁班工坊的教学方式比较满意，两者之和占到了全部调查学生人数的 97.25%，见图 10-22。在此基础上，本研究还对有中国学习经历的学生进行了专题调查，让其比较两国教学方式的教学效果情况。数据显示，在对中国教师的教学方式比国内教师的教学方式更有效的评价中,72.44%的学生认为非常符合,12.2%的学生认为比较符合,12.6%的学生认为不能确定,另有1.97%的学生认为较不符合。

在新冠肺炎疫情的影响下,鲁班工坊的教学方式面临变革。其中,网络教学成为应对疫情风险的重要教学方式。教学一线教师对于自己能够熟练地运用信息技术进行网络教学持正向态度,其中,58.46%的教学一线教师认为非常符合,33.85%认为比较符合,两者之和占到了全部调查教师人数的92.31%,见图10-23。进一步地,教学一线教师对于网络教学能够满足疫情期间学生学习需求给予积极评价,其中,56.92%的教学一线教师认为非常符合,32.31%认为比较符合,两者之和占到了全部调查教师人数的89.23%。

面对鲁班工坊的教学方式变革,鲁班工坊学生对于自己能够很好地适应网络教学形式持肯定态度,其中67.32%的鲁班工坊学生认为非常符合,14.57%的鲁班工坊学生认为比较符合,两者之和占到了全部调查学生人数的81.89%,见图10-24。进一步地,鲁班工坊学生对于网络教学能够满足疫情期间自己的学习需求给予积极评价,其中,79.13%的鲁班工坊学生认为非常符合,16.93%的鲁班工坊学生认为比较符合,两者之和占到了全部调查学生人数的96.06%。

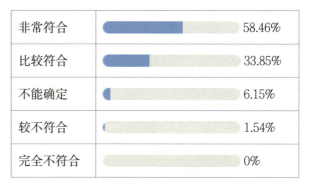

图 10-23 教学一线教师对于自己能够熟练地运用信息技术进行网络教学的评价情况

### (四)教学资源

在教学资源方面,教学一线教师对于自己能够熟练运用鲁班工坊的信息化资源进行授课的评价较高,其中,63.07%的教学一线教师认为非常符合,30.77%的教学一线教师认为比较符合,两者之和占到了全部调查教师人数的93.84%,见图10-25。

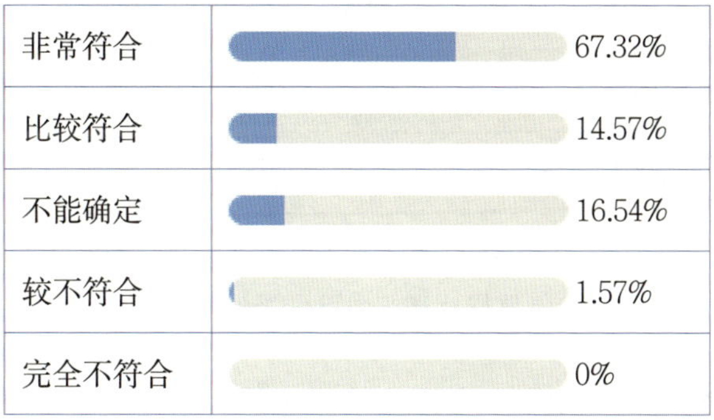

图 10-24 鲁班工坊学生对于自己能够很好地适应网络教学形式的评价情况

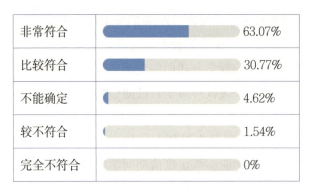

图 10-25　教学一线教师对于自己能够熟练运用鲁班工坊的信息化资源进行授课的评价情况

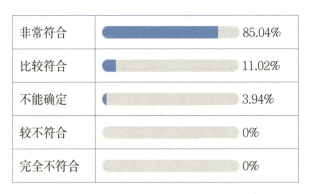

图 10-26　鲁班工坊学生对于鲁班工坊人才培养资源丰富的评价情况

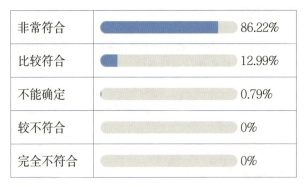

图 10-27　鲁班工坊学生对于鲁班工坊的教学硬件设施能够很好地满足学习需求的评价情况

鲁班工坊学生对于鲁班工坊人才培养资源丰富的评价也十分积极，其中，85.04%的鲁班工坊学生认为非常符合，11.02%的鲁班工坊学生认为比较符合，两者之和占到了全部调查学生人数的96.06%，见图10-26。

在硬件设施配置方面，鲁班工坊学生对于鲁班工坊教学硬件设施能够很好地满足学习需求的评价较高，其中，86.22%的鲁班工坊学生认为非常符合，12.99%的鲁班工坊学生认为比较符合，两者之和占到了全部调查学生人数的99.21%，见图10-27。

在师资水平方面，鲁班工坊学生对于鲁班工坊授课教师的教学水平很高给予了积极评价，其中，86.22%的鲁班工坊学生认为非常符合，12.20%的鲁班工坊学生认为比较符合，两者之和占到了全部调查学生人数的98.42%，见图10-28。在此基础上，进一步的调查显示，课堂教学效果好（82.28%）、课堂内容丰富（79.92%）、教学方法多样（57.09%）是鲁班工坊学生认为教师教学水平最令自己满意的三个方面，见图10-29。

## （五）课程设置

在学生调查中，主要是围绕鲁班工坊学生对课程设置的满意情况进行调查。由于课程设置主要包括理论课程和实践课程，所以问卷主要就理论课程和实践课程的课时量、难易程度等方面进行了调查。

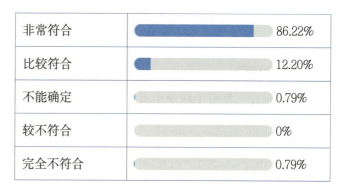

图 10-28　鲁班工坊学生对于鲁班工坊授课教师的教学水平很高的评价情况

### 1. 理论课程

整体而言，鲁班工坊学生对于鲁班工坊的理论课程设置满意度较高，其中，90.15% 的学生对鲁班工坊的理论课程设置十分满意，9.06% 的学生对鲁班工坊的理论课程设置较为满意，两者之和高达 99.21%，见图 10-30。

鲁班工坊学生对于鲁班工坊理论课程能帮助自己适应未来的工作要求的评价较高，其中，87.02% 的学生认为非常符合，12.20% 的学生认为比较符合，两者之和高达 99.22%。鲁班工坊学生对于鲁班工坊理论课程内容十分丰富的评价较高，

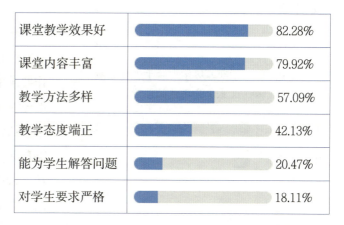

图 10-29　鲁班工坊学生对于鲁班工坊教师教学水平最满意方面的评价情况

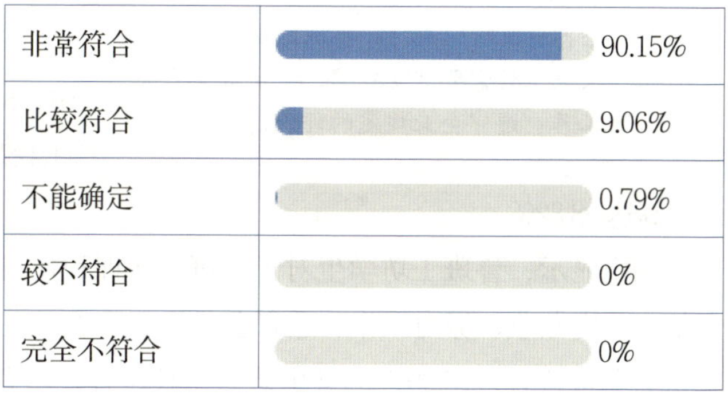

图 10-30　鲁班工坊学生对于鲁班工坊理论课程设置十分满意的评价情况

其中，85.44%的学生认为非常符合，11.02%的学生认为比较符合，两者之和高达96.46%。

### 2. 实践课程

整体而言，鲁班工坊学生对于鲁班工坊的实践课程设置满意度较高，其中，87.40%的学生对鲁班工坊的实践课程设置十分满意，10.63%的学生对鲁班工坊的实践课程设置较为满意，两者之和占到了全部调查学生人数的98.03%，见图10-31。

| | |
|---|---|
| 非常符合 | 87.40% |
| 比较符合 | 10.63% |
| 不能确定 | 1.97% |
| 较不符合 | 0% |
| 完全不符合 | 0% |

图 10-31　鲁班工坊学生对于鲁班工坊实践课程设置十分满意的评价情况

| | |
|---|---|
| 非常符合 | 86.22% |
| 比较符合 | 12.99% |
| 不能确定 | 0.79% |
| 较不符合 | 0% |
| 完全不符合 | 0% |

图 10-32　鲁班工坊学生对于鲁班工坊课程使自己明确了未来工作需要诚实守信、爱岗敬业、努力工作、遵守企业规定的评价情况

鲁班工坊学生对于鲁班工坊的实践课程能帮助自己适应未来的工作要求的评价较高，其中，85.83%的学生认为非常符合，12.99%的学生认为比较符合，两者之和高达98.82%。鲁班工坊学生对于鲁班工坊实践课程内容十分丰富的评价较高，其中，85.83%的学生认为非常符合，11.42%的学生认为比较符合，两者之和高达97.25%。鲁班工坊学生对于鲁班工坊实践课程能够激发自己的学习兴趣的评价较高，其中，87.40%的学生认为非常符合，11.42%的学生认为比较符合，两者之和高达98.82%。

调查显示，鲁班工坊学生对于鲁班工坊课程使自己明确了未来工作需要诚实守信、爱岗敬业、努力工作、遵守企业规定给予了正向评价，其中，86.22%的学生认为非常符合，12.99%的学生认为比较符合，两者之和高达99.21%，见图10-32。课程实用性强（81.50%）、课程内容设置合理（56.69%）、课程时间设计合理（49.21%）是鲁班工坊学生认为鲁班工坊课程最满意的三个方面，见图10-33。

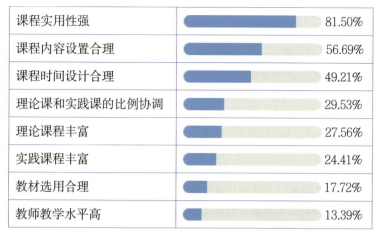

图 10-33 鲁班工坊学生对于鲁班工坊课程最满意方面的评价情况

## 三、鲁班工坊人才培养效果评价

整体而言，鲁班工坊人才培养效果十分显著，鲁班工坊在当地受欢迎程度较高。通过对鲁班工坊教学一线教师的调查显示，对于鲁班工坊在当地很受欢迎的评价中，58.46% 的教学一线教师认为非常符合，27.69% 的教学一线教师认为比较符合，两者之和占到全部被调查教师总数的86.15%，见图 10-34。

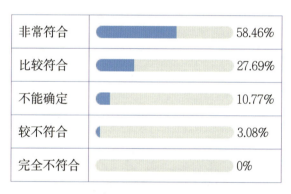

图 10-34 教学一线教师对于鲁班工坊在当地
很受欢迎的评价情况

鲁班工坊学生毕业后的主要流向包括就业和升学两种趋势。职业教育的重要目标之一就是帮助学生实现高质量就业。调查显示，教学一线教师对于鲁班工坊学生就业前景很好给予高度肯定，其中 60% 的教学一线教师认为非常符合，32.31% 的教学一线教师认为比较符合，两者之和高达 92.31%，见图 10-35。

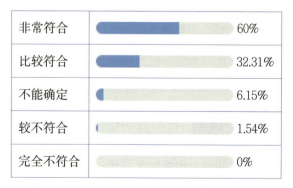

图 10-35 教学一线教师对于鲁班工坊学生就
业前景很好的评价情况

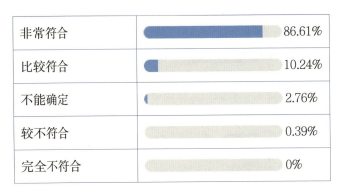

图10-36 鲁班工坊学生对于通过鲁班工坊学习，自己
的就业能力得到有效提升的评价情况

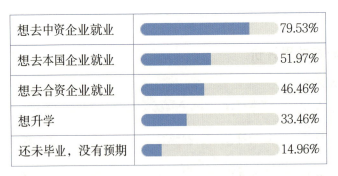

图10-37 鲁班工坊学生对于自己未来就业的预期情况

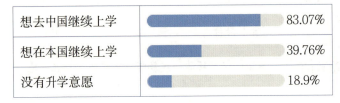

图10-38 鲁班工坊学生对于升学的意愿情况

在鲁班工坊学生调查中，鲁班工坊学生对于通过鲁班工坊学习，自己的就业能力得到有效提升给予了高度评价，其中，86.61%的鲁班工坊学生认为非常符合，10.24%的鲁班工坊学生认为比较符合，两者之和高达96.85%，见图10-36。

鲁班工坊学生对于自己未来的就业预期，79.53%的鲁班工坊学生想去中资企业就业，51.97%的鲁班工坊学生想去本国企业就业，46.46%的鲁班工坊学生想去合资企业就业，见图10-37。

鲁班工坊学生的升学意愿也表现出了对中国的向往。调查显示，在有升学意愿的学生中，83.07%的鲁班工坊学生想去中国继续上学，39.76%的鲁班工坊学生想在本国继续上学，见图10-38。

## 第三节 鲁班工坊毕业生的学业质量

学业质量是指鲁班工坊毕业生在全部完成学习后的学业成就表现。本节主要研究两部分内容：一方面，鲁班工坊毕业生在全部完成学习后，对人才培养的满意程度；另一方面，从资源管理能力、人际交往能力、信息获取和运用能力、技术应用能力、统筹能力 5 个方面的核心素养评估鲁班工坊毕业生的学业成就获得满意度。

## 一、鲁班工坊毕业生的人才培养满意度

总体而言，鲁班工坊毕业生对鲁班工坊人才培养的总体满意度很高，其中非常满意的占 77.78%，比较满意的占 20.63%，两者之和高达 98.41%，见图 10-39。

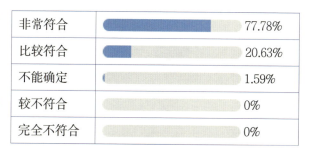

图 10-39　鲁班工坊毕业生对于鲁班工坊人才培养总体满意度的评价情况

### （一）鲁班工坊毕业生对教学的满意度评价

鲁班工坊毕业生对教学的总体满意度很高，其中非常满意的占 77.78%，比较满意的占 19.05%，两者之和高达 96.83%，见图 10-40。

| | |
|---|---|
| 非常满意 | 77.78% |
| 比较满意 | 19.05% |
| 不能确定 | 3.17% |
| 较不满意 | 0% |
| 非常不满意 | 0% |

图 10-40　鲁班工坊毕业生对于鲁班工坊教学总体满意度的评价情况

在教学目标设置方面，鲁班工坊毕业生对教学目标的满意度很高，其中非常满意的占 71.43%，比较满意的占 25.40%，两者之和高达 96.83%，见图 10-41。

| | |
|---|---|
| 非常满意 | 71.43% |
| 比较满意 | 25.40% |
| 不能确定 | 3.17% |
| 较不满意 | 0% |
| 非常不满意 | 0% |

图 10-41　鲁班工坊毕业生对于教学目标满意度的评价情况

在教学内容选择方面，鲁班工坊毕业生对教学内容的满意度很高，其中非常满意的占 71.43%，比较满意的占 25.40%，两者之和高达 96.83%，见图 10-42。

| | |
|---|---|
| 非常满意 | 71.43% |
| 比较满意 | 25.40% |
| 不能确定 | 3.17% |
| 较不满意 | 0% |
| 非常不满意 | 0% |

图 10-42　鲁班工坊毕业生对于教学内容满意度的评价情况

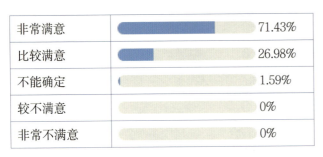

图 10-43　鲁班工坊毕业生对于教学方式满意度的评价情况

图 10-44　鲁班工坊毕业生对于鲁班工坊教学最满意方面的评价情况

在教学方式运用方面，鲁班工坊毕业生对教学方式的满意度很高，其中非常满意的占 71.43%，比较满意的占 26.98%，两者之和高达 98.41%，见图 10-43。

调查显示，课程内容丰富、教师教学能力强和教学方法多样是鲁班工坊毕业生对教学最满意的三个方面，比例分别为 66.67%、65.08% 和 55.56%，见图 10-44。

### （二）鲁班工坊毕业生对学习资源配置的满意度评价

在课程资源方面，鲁班工坊毕业生对课程设置的总体满意度很高，其中非常满意的占 69.84%，比较满意的占 26.98%，两者之和高达 96.82%，见图 10-45。其中，鲁班工坊毕业生对理论课程的满意度高达 96.82%，对实践课程的满意度高达 95.24%。

在信息化资源配置方面，鲁班工坊毕业生对信

| 非常满意 | 69.84% |
| 比较满意 | 26.98% |
| 不能确定 | 3.18% |
| 较不满意 | 0% |
| 非常不满意 | 0% |

图 10-45　鲁班工坊毕业生对于课程设置总体满意度的评价情况

息化资源配置的满意度很高，其中非常满意的占 74.60%，比较满意的占 20.63%，两者之和高达 95.23%，见图 10-46。

在教师资源方面，鲁班工坊毕业生对授课教师的满意度很高，其中非常满意的占 74.60%，比较满意的占 23.81%，两者之和高达 98.41%，见图 10-47。

在教材资源方面，鲁班工坊毕业生对所用教材的满意度很高，其中非常满意的占 63.49%，比较满意的占 33.33%，两者之和高达 96.82%，见图 10-48。

在设备资源方面，鲁班工坊毕业生对实训设备的满意度很高，其中非常满意的占 73.02%，比较满意的占 20.63%，两者之和高达 93.65%，见图 10-49。

## 二、鲁班工坊毕业生的学业成就获得满意度

总体而言，通过鲁班工坊人才培养，鲁班工坊毕业生在人际交往能力、资源管理能力、信息获取和运用能力、技术应用能力和统筹能力 5 个方面的关键能力上的获得感较强，比例分别达到 82.54%、79.37%、65.08%、50.79% 和 22.22%，见图 10-50。

| 非常满意 | 74.60% |
| 比较满意 | 20.63% |
| 不能确定 | 4.77% |
| 较不满意 | 0% |
| 非常不满意 | 0% |

图 10-46　鲁班工坊毕业生对于鲁班工坊信息化资源配置满意度的评价情况

| 非常满意 | 74.60% |
| 比较满意 | 23.81% |
| 不能确定 | 1.59% |
| 较不满意 | 0% |
| 非常不满意 | 0% |

图 10-47　鲁班工坊毕业生对于授课教师满意度的评价情况

| 非常满意 | 63.49% |
| 比较满意 | 33.33% |
| 不能确定 | 3.18% |
| 较不满意 | 0% |
| 非常不满意 | 0% |

图 10-48　鲁班工坊毕业生对于鲁班工坊教材满意度的评价情况

| 非常满意 | 73.02% |
| 比较满意 | 20.63% |
| 不能确定 | 4.76% |
| 较不满意 | 0% |
| 非常不满意 | 1.59% |

图 10-49　鲁班工坊毕业生对于鲁班工坊实训设备满意度的评价情况

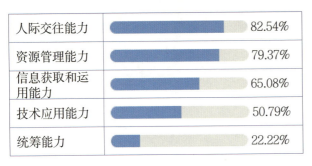

| | |
|---|---|
| 人际交往能力 | 82.54% |
| 资源管理能力 | 79.37% |
| 信息获取和运用能力 | 65.08% |
| 技术应用能力 | 50.79% |
| 统筹能力 | 22.22% |

图 10-50　鲁班工坊毕业生对于通过鲁班工坊人才培养，自己能力提升的情况

| | |
|---|---|
| 非常符合 | 63.49% |
| 比较符合 | 33.33% |
| 不能确定 | 3.18% |
| 较不符合 | 0% |
| 非常不符合 | 0% |

图 10-51　鲁班工坊毕业生对于自己能够与他人合作完成工作的评价情况

| | |
|---|---|
| 非常符合 | 68.25% |
| 比较符合 | 23.81% |
| 不能确定 | 7.94% |
| 较不符合 | 0% |
| 非常不符合 | 0% |

图 10-52　鲁班工坊毕业生对于自己能够指导他人做事的评价情况

| | |
|---|---|
| 非常符合 | 61.90% |
| 比较符合 | 31.75% |
| 不能确定 | 6.35% |
| 较不符合 | 0% |
| 非常不符合 | 0% |

图 10-53　鲁班工坊毕业生对于自己能够服务顾客的评价情况

**（一）鲁班工坊毕业生的人际交往能力得到极大提升**

在人际交往能力方面：在合作交往上，96.82%的鲁班工坊毕业生能够与他人合作完成工作，见图10-51；92.06%的鲁班工坊毕业生能够指导他人做事，见图10-52；93.65%的鲁班工坊毕业生能够服务顾客，见图10-53。

**（二）鲁班工坊毕业生的资源管理能力得到很大提升**

在资源管理能力方面：在时间管理上，96.82%的鲁班工坊毕业生能够管理好时间，见图10-54；在资金管理上，93.65%的鲁班工坊毕业生能够合理利用资金完成工作，见图10-55；在物资管理上，93.65%的鲁班工坊毕业生能够合理管理物资（如设备、厂房和材料等），见图10-56；在人力资源管理上，93.65%的鲁班工坊毕业生能够很好地领导一个小团队，见图10-57。

| 非常符合 | 63.49% |
| 比较符合 | 33.33% |
| 不能确定 | 3.18% |
| 较不符合 | 0% |
| 非常不符合 | 0% |

图 10-54　鲁班工坊毕业生对于自己能够管理好时间的评价情况

| 非常符合 | 65.08% |
| 比较符合 | 28.57% |
| 不能确定 | 4.76% |
| 较不符合 | 1.59% |
| 非常不符合 | 0% |

图 10-55　鲁班工坊毕业生对于自己能够合理利用资金完成工作的评价情况

| 非常符合 | 63.49% |
| 比较符合 | 30.16% |
| 不能确定 | 4.76% |
| 较不符合 | 0% |
| 非常不符合 | 1.59% |

图 10-56　鲁班工坊毕业生对于自己能够合理管理物资
（如设备、厂房和材料等）的评价情况

| 非常符合 | 65.08% |
| 比较符合 | 28.57% |
| 不能确定 | 6.35% |
| 较不符合 | 0% |
| 非常不符合 | 0% |

图 10-57　鲁班工坊毕业生对于自己能够很好地领导一个小团队的评价情况

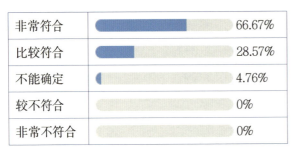

| 非常符合 | | 66.67% |
| 比较符合 | | 28.57% |
| 不能确定 | | 4.76% |
| 较不符合 | | 0% |
| 非常不符合 | | 0% |

图 10-58　鲁班工坊毕业生对于自己能够准确理解
工作文件和操作手册的评价情况

| 非常符合 | | 69.84% |
| 比较符合 | | 28.57% |
| 不能确定 | | 1.59% |
| 较不符合 | | 0% |
| 非常不符合 | | 0% |

图 10-59　鲁班工坊毕业生对于自己能够运用专业
知识解决工作问题的评价情况

| 非常符合 | | 65.08% |
| 比较符合 | | 30.16% |
| 不能确定 | | 4.76% |
| 较不符合 | | 0% |
| 非常不符合 | | 0% |

图 10-60　鲁班工坊毕业生对于自己能够运用互联
网辅助完成工作的评价情况

### （三）鲁班工坊毕业生的信息获取和运用能力得到有效提升

在信息获取和运用能力方面：95.24%的鲁班工坊毕业生能够准确理解工作文件和操作手册，见图10-58；98.41%的鲁班工坊毕业生能够运用专业知识解决工作问题，见图10-59；95.24%的鲁班工坊毕业生能够运用互联网辅助完成工作，见图10-60。

### （四）鲁班工坊毕业生的技术应用能力得到很大促进

在技术应用能力方面：95.24%的鲁班工坊毕业生能够选择正确设备完成工作，见图10-61；93.65%的鲁班工坊毕业生能够正确操作和控制设备，见图10-62；95.24%的鲁班工坊毕业生能够对设备进行日常维护，见图10-63。

| 非常符合 | | 65.08% |
| 比较符合 | | 30.16% |
| 不能确定 | | 4.76% |
| 较不符合 | | 0% |
| 非常不符合 | | 0% |

图 10-61　鲁班工坊毕业生对于自己能够选择正确设备完成工作的评价情况

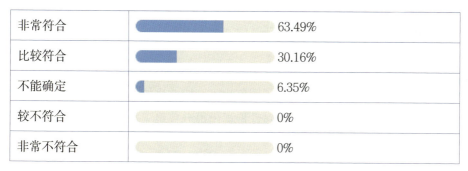

图 10-62　鲁班工坊毕业生对于自己能够正确操作和控制设备的评价情况

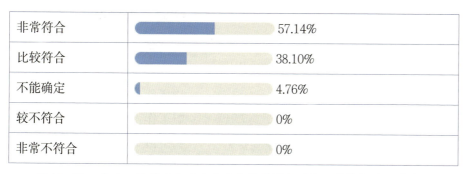

图 10-63　鲁班工坊毕业生对于自己能够对设备进行日常维护的工作情况

**（五）鲁班工坊毕业生的统筹能力得到一定提高**

在统筹能力方面：93.65% 的鲁班工坊毕业生能够对产品和服务进行质量控制，见图 10-64；92.06% 的鲁班工坊毕业生能够对产品和服务进行改进和创新，见图 10-65。

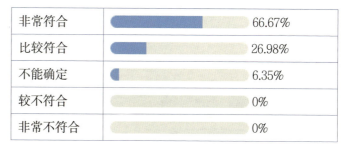

图 10-64　鲁班工坊毕业生对于自己能够对产品和服务进行质量控制的评价情况

非常符合　68.25%
比较符合　23.81%
不能确定　7.94%
较不符合　0%
非常不符合　0%

图 10-65　鲁班工坊毕业生对于自己能够对产品和服务进行改进和创新的评价情况

## 第四节　鲁班工坊毕业生的就业质量

就业质量既是检验鲁班工坊人才培养质量的重要内容，也是检验鲁班工坊建设与发展的重要指标，因此需要深入了解鲁班工坊毕业生的就业情况，全面把握鲁班工坊毕业生就业满意度，进而有针对性地提出提升鲁班工坊毕业生就业质量的有效路径。

| | |
|---|---|
| 受雇全职工作 | 50.79% |
| 受雇兼职工作 | 19.05% |
| 升学 | 19.05% |
| 自主创业 | 3.17% |
| 无工作，其他 | 7.94% |

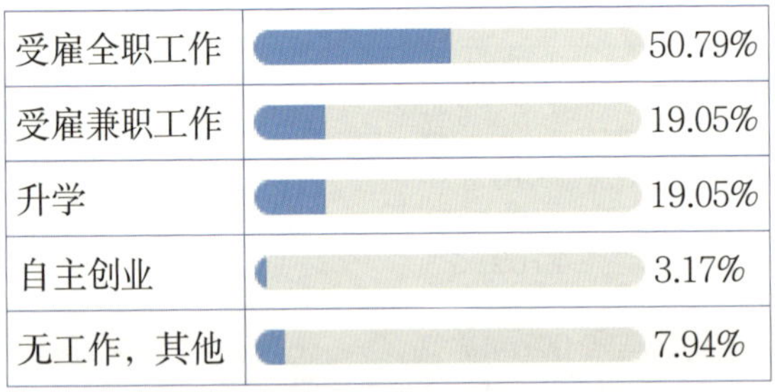

图 10-66　鲁班工坊毕业生的就业去向情况

| | |
|---|---|
| 本国 | 42.86% |
| 到中国留学 | 52.38% |
| 到其他国家留学 | 4.76% |

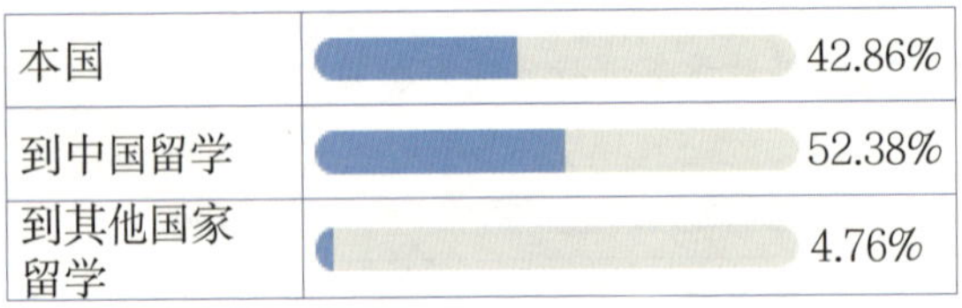

图 10-67　鲁班工坊毕业生的升学去向情况

| | |
|---|---|
| 校企合作企业 | 63.49% |
| 学校就业指导中心 | 58.73% |
| 求职网站 | 57.14% |
| 老师、同学、亲戚、朋友等 | 52.38% |
| 招聘会 | 23.81% |
| 媒体（电视、报纸、杂志等） | 17.46% |
| 宣讲会 | 9.52% |
| 其他 | 17.46% |

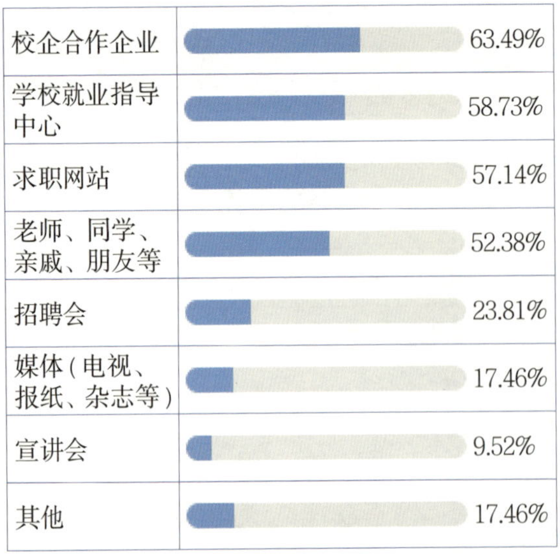

图 10-68　鲁班工坊毕业生的就业信息获取渠道情况

### 一、鲁班工坊毕业生的就业基本情况

总体而言，一半以上（50.79%）的鲁班工坊毕业生受雇全职工作，19.05%的鲁班工坊毕业生受雇兼职工作，选择升学的鲁班工坊毕业生占19.05%，选择自主创业的鲁班工坊毕业生占3.17%，见图10-66。

在升学选择中，鲁班工坊毕业生表现出对中国的向往，其中52.38%的鲁班工坊毕业生选择到中国留学，42.86%的鲁班工坊毕业生选择继续在本国读书，仅有4.76%的鲁班工坊毕业生选择到其他国家留学，见图10-67。

在就业过程中，鲁班工坊毕业生就业信息获取渠道较为多元，其中校企合作企业（63.49%），学校就业指导中心（58.73%），求职网站（57.14%），老师、同学、亲戚、朋友等（52.38%），招聘会（23.81%），媒体（17.46%），宣讲会（9.52%）是就业信息获取的主要渠道，见图10-68。

在就业选择中，工作性质（57.14%）、国家和社会需要（47.62%）、工作平台（47.62%）、工作环境（42.86%）、个人发展机会（33.33%）、薪酬（23.81%）、工作稳定性（20.63%）、专业对口（15.87%）是鲁班工坊毕业生在就业选择时考虑的主要因素，见图10-69。

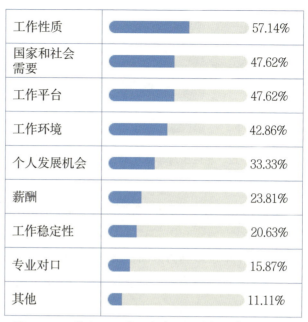

图 10-69　鲁班工坊毕业生在就业选择时考虑的主要因素情况

具体而言，在工作地点方面，大部分（79.37%）的鲁班工坊毕业生的工作地点在本国，14.29% 的鲁班工坊毕业生工作地点在中国，6.35% 的鲁班工坊毕业生工作地点在其他国家，见图10-70。

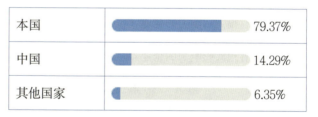

图 10-70　鲁班工坊毕业生的工作地点情况

在工作单位性质方面，46.03% 的鲁班工坊毕业生的工作单位属于本土企业，22.22% 的鲁班工坊毕业生的工作单位属于中资企业，17.46% 的鲁班工坊毕业生的工作单位属于其他合资企业，9.52% 的鲁班工坊毕业生的工作单位属于本土与中国的合资企业，4.76% 的鲁班工坊毕业生的工作单位属于外资企业，见图10-71。

| | |
|---|---|
| 本土企业 | 46.03% |
| 中资企业 | 22.22% |
| 其他合资企业 | 17.46% |
| 本土与中国的合资企业 | 9.52% |
| 外资企业 | 4.76% |

图 10-71　鲁班工坊毕业生的工作单位性质情况

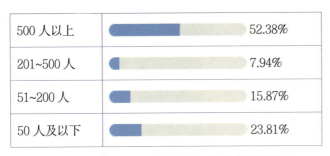

图 10-72 鲁班工坊毕业生的工作单位规模情况

在工作单位规模方面，大部分（52.38%）的鲁班工坊毕业生的工作单位规模在 500 人以上，7.94% 的鲁班工坊毕业生的工作单位规模在 201~500 人之间，15.87% 的鲁班工坊毕业生的工作单位规模在 51~200 人之间，23.81% 的鲁班工坊毕业生的工作单位规模在 50 人及以下，见图 10-72。

在工作单位影响力方面，28.57% 的鲁班工坊毕业生的工作单位属于世界 500 强企业，11.11% 的鲁班工坊毕业生的工作单位属于在欧洲具有很大影响力的企业，

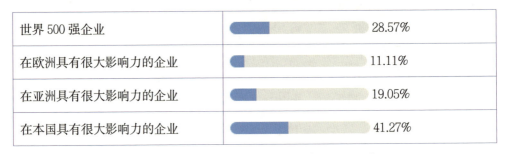

图 10-73 鲁班工坊毕业生的工作单位影响力情况

19.05% 的鲁班工坊毕业生的工作单位属于在亚洲具有很大影响力的企业，41.27% 的鲁班工坊毕业生的工作单位属于在本国具有很大影响力的企业，见图 10-73。

在工作与专业的相关性方面，44.44% 的鲁班工坊毕业生的工作与所学专业非常相关，25.40% 的鲁班工坊毕业生的工作与所学专业比较相关，两者占到了全部被调查鲁班工坊毕业生的 69.84%，见图 10-74。

在月收入方面，34.92%

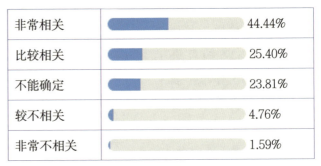

图 10-74 鲁班工坊毕业生的工作与所学专业相关性情况

的鲁班工坊毕业生认为相对于非鲁班工坊毕业生自己的月收入非常高，23.81%的鲁班工坊毕业生认为比较高，38.10%的鲁班工坊毕业生不清楚，仅有3.17%的鲁班工坊毕业生认为比较低，见图10-75。

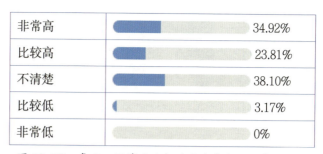

| 非常高 | 34.92% |
| 比较高 | 23.81% |
| 不清楚 | 38.10% |
| 比较低 | 3.17% |
| 非常低 | 0% |

图 10-75　鲁班工坊毕业生相对于非鲁班工坊毕业生的
月收入情况

## 二、鲁班工坊毕业生的就业满意度

总体而言，鲁班工坊毕业生对工作的总体满意度较高，其中44.44%的

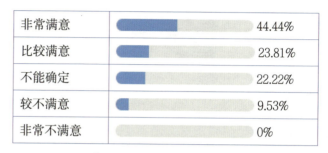

| 非常满意 | 44.44% |
| 比较满意 | 23.81% |
| 不能确定 | 22.22% |
| 较不满意 | 9.53% |
| 非常不满意 | 0% |

图 10-76　鲁班工坊毕业生对于工作总体满意度的
评价情况

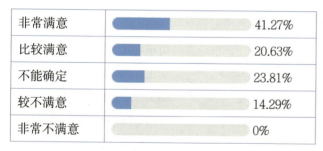

| 非常满意 | 41.27% |
| 比较满意 | 20.63% |
| 不能确定 | 23.81% |
| 较不满意 | 14.29% |
| 非常不满意 | 0% |

图 10-77　鲁班工坊毕业生对于工作薪酬满意度的
评价情况

| 完全能够胜任 | 46.03% |
| 比较能够胜任 | 36.51% |
| 不能确定 | 15.87% |
| 比较不能胜任 | 1.59% |
| 完全不能胜任 | 0% |

图 10-78　鲁班工坊毕业生对于自己能否胜任
高强度工作的评价情况

鲁班工坊毕业生对工作非常满意，23.81%的鲁班工坊毕业生对工作比较满意，两者之和占到68.25%，见图10-76。

在工作薪酬满意度方面，鲁班工坊毕业生对工作薪酬的满意度较高，其中41.27%的鲁班工坊毕业生对工作薪酬非常满意，20.63%的鲁班工坊毕业生对工作薪酬比较满意，两者之和占到61.90%，见图10-77。

在工作胜任力满意度方面：鲁班工坊毕业生对高

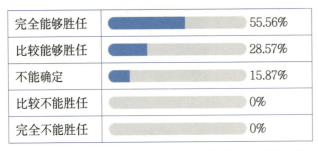

| | |
|---|---|
| 完全能够胜任 | 55.56% |
| 比较能够胜任 | 28.57% |
| 不能确定 | 15.87% |
| 比较不能胜任 | 0% |
| 完全不能胜任 | 0% |

图 10-79　鲁班工坊毕业生对于自己能否胜任复杂工作
的评价情况

| | |
|---|---|
| 完全能够 | 55.56% |
| 比较能够 | 30.16% |
| 不能确定 | 14.28% |
| 比较不能够 | 0% |
| 完全不能够 | 0% |

图 10-80　鲁班工坊毕业生对于自己是否能适应单位工
作环境的评价情况

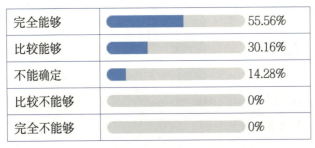

| | |
|---|---|
| 非常有帮助 | 58.73% |
| 比较有帮助 | 26.98% |
| 不能确定 | 14.29% |
| 帮助较小 | 0% |
| 完全没帮助 | 0% |

图 10-81　鲁班工坊毕业生对于鲁班工坊学习经历是否
有益于扩展未来工作发展空间的评价情况

| | |
|---|---|
| 非常愿意 | 74.60% |
| 比较愿意 | 20.63% |
| 不能确定 | 3.18% |
| 较不愿意 | 1.59% |
| 非常不愿意 | 0% |

图 10-82　鲁班工坊毕业生对于自己是否愿意将鲁班工
坊推荐给亲朋好友去就读的评价情况

强度工作胜任力较强，其中 46.03% 的鲁班工坊毕业生完全能够胜任高强度工作，36.51% 的鲁班工坊毕业生比较能够胜任高强度工作，两者之和占到 82.54%，见图 10-78；鲁班工坊毕业生对复杂工作胜任力较强，其中 55.56% 的鲁班工坊毕业生完全能够胜任复杂工作，28.57% 的鲁班工坊毕业生比较能够胜任复杂工作，两者之和占到 84.13%，见图 10-79。

在工作环境适应性方面，55.56% 的鲁班工坊毕业生完全能够适应单位的工作环境，30.16% 的鲁班工坊毕业生比较能够适应单位的工作环境，两者之和占到 85.72%，见图 10-80。

在未来工作发展空间方面，鲁班工坊毕业生对于鲁班工坊的学习经历有益于扩展未来工作发展空间的评价较高，其中 58.73% 的鲁班工坊毕业生认为非常有帮助，26.98% 的鲁班工坊毕业生认为比较有帮助，两者之和占到 85.71%，见图 10-81。

调查结果最终显示，鲁班工坊毕业生对鲁班工坊的推荐度很高，其中74.60%的鲁班工坊毕业生非常愿意将鲁班工坊推荐给亲朋好友去就读，20.63%的鲁班工坊毕业生比较愿意将鲁班工坊推荐给亲朋好友去就读，两者之和高达95.23%，见图10-82。

## 第五节　鲁班工坊人才培养质量提升策略

就业质量是检验鲁班工坊建设和发展质量的重要内容，因此需要深入了解鲁班工坊毕业生流向和就业趋势，把握其就业现状，剖析就业质量存在的主要问题，进而提出提升鲁班工坊毕业生就业质量的对策。

### 一、全面质量管理，严格把控鲁班工坊人才培养质量

全面提高人才培养质量是鲁班工坊建设与发展的根基。为保证鲁班工坊人才培养质量的全面提高，需要从全面质量管理的角度，针对鲁班工坊人才培养全过程构建一个完整的人才培养质量保证体系。

第一，全员参与，关注鲁班工坊人才培养质量的多元主体。鲁班工坊人才培养的全面质量管理首先应该是全员性的人才培养质量管理，中国与合作国家的院校、企业、第三方管理与评估机构等均是鲁班工坊人才培养质量管理的主体。此外，还应该关注鲁班工坊学生在人才培养质量管理中的重要角色，因为鲁班工坊学生既是人才培养的对象，又能动地参与了人才培养过程，是人才培养质量形成的主体，他们对人才培养质量总体的认识、对自身期望达到的质量标准决定了他们对待学习的态度，决定了最终人才培养质量的高低。

第二，全程管理，将鲁班工坊人才培养质量贯穿于人才培养的整个过程。全过程质量管理是全面质量管理的核心。在鲁班工坊人才培养的全过程管理中，应该重点关注以下关键环节：基于前期调研的鲁班工坊专业设置，鲁班工坊招生及管理，鲁班工坊人才培养方案的制订与修订，鲁班工坊教学与组织（具体包括教学目标确定、教学计划、教学设计、课堂教学、实践教学、考核考察、教学效果、教学总结等教学关键环节），鲁班工坊学生实习实训，鲁班工坊毕业生就业指导及其就业质量的追踪调查等。

第三，全方位育人，立体化提升鲁班工坊人才培养质量。鲁班工坊人才培养的全方位育人不仅包括鲁班工坊教学质量，还包括与鲁班工坊人才培养质量有关的所有工作的质量，例如鲁班工坊学生管理，包括鲁班工坊学生专业能力、实践

能力、国际化水平、创新创业能力等在内的综合素养的培养，鲁班工坊人文交流等。鲁班工坊作为职业教育国际化的品牌项目，中外参建院校与中外合作企业均应该以鲁班工坊人才培养质量为核心，协同实施全方位育人。

## 二、围绕关键能力，有针对性地提升鲁班工坊毕业生学业质量

鲁班工坊毕业生对关键能力的获得程度，既是影响鲁班工坊毕业生学业质量的重要指标，也是提升鲁班工坊毕业生学业质量的关键。

第一，全面掌握鲁班工坊毕业生对关键能力的获得情况，建立鲁班工坊毕业生关键能力数据库。自2020年泰国鲁班工坊迎来首届鲁班工坊毕业生开始，英国鲁班工坊、印度鲁班工坊、巴基斯坦鲁班工坊等相继培养出毕业生，完成了鲁班工坊人才培养的全部周期。随着鲁班工坊毕业生人数的增加，应该围绕鲁班工坊毕业生关键能力作出专项调查，以年度为单位建立鲁班工坊毕业生关键能力数据库，全面掌握并动态跟踪鲁班工坊毕业生对关键能力的获得情况。

第二，以年度数据为基础，动态优化关键能力结构。总体来看，本年度调查显示，通过鲁班工坊人才培养，鲁班工坊毕业生在人际交往能力（82.54%）、资源管理能力（79.37%）、信息获取和运用能力（65.08%）、技术应用能力（50.79%）和统筹能力（22.22%）5个方面的关键能力获得较大提升。结果显示，鲁班工坊毕业生在人际交往能力上的获得感最强，资源管理能力次之，信息获取和运用能力与技术应用能力获得感居中，统筹能力较弱。针对上述情况，应该在确保鲁班工坊毕业生在人际交往能力、资源管理能力、信息获取和运用能力、技术应用能力稳步提升的基础上，重点加强鲁班工坊毕业生的统筹能力培养，实现关键能力结构的动态优化。分项目来看，应该深入分析每一个鲁班工坊项目的毕业生关键能力获取情况，围绕不同鲁班工坊那个项目毕业生关键能力失衡问题，针对性地提出每一个鲁班工坊项目的毕业生需要重点提升的关键能力。

第三，借鉴发达国家关键能力理论，构建鲁班工坊毕业生关键能力框架。在全球范围内，世界各国纷纷调整职业教育的重心和内容，建立了行之有效的关键能力框架，如英国的"六项通用能力"等。作为职业教育国际化的品牌项目，鲁班工坊应该对接合作国家产业发展需求、企业人才需求和鲁班工坊毕业生职业发展需求，以培养鲁班工坊学生随时随地获取知识的能力、特定问题的决策能力、解决现实问题的创新能力为核心，构建鲁班工坊毕业生关键能力模型，提升鲁班工坊毕业生学业质量，使鲁班工坊毕业生在未来职业生涯中时刻保持应对职业风险的能力。

### 三、基于多元就业支持，全面提升鲁班工坊毕业生就业质量

提高鲁班工坊毕业生的就业质量是整体提升鲁班工坊吸引力，倒逼人才培养质量提升的重要途径。鲁班工坊参建单位应该紧紧围绕鲁班工坊毕业生的职业需求，给予多元就业支持全面提升鲁班工坊毕业生就业质量。

第一，准确识别并研判鲁班工坊毕业生的职业需求。由于不同鲁班工坊合作国家社会经济发展需求、产业转型升级需求、鲁班工坊毕业生个人职业生涯发展需求不同，所以鲁班工坊毕业生对职业的需求存在差异。鲁班工坊中外参建院校和中外合作企业应该将专业设置、课程设置、教学方式等与鲁班工坊合作国家的产业发展、鲁班工坊合作企业的用人需求、鲁班工坊毕业生的技能水平与职业需求相结合，准确研判鲁班工坊毕业生的职业需求，针对鲁班工坊毕业生构建职业需求测度指标体系。

第二，以鲁班工坊毕业生的职业需求为导向，结合其就业实际，联合中外参建院校和中外合作企业，联合制订《关于大力提升鲁班工坊毕业生就业质量的指导意见》，有效提升鲁班工坊毕业生就业质量。具体包括：其一，对鲁班工坊中外参建院校和中外合作企业为鲁班工坊毕业生提供全过程就业支持和职业指导作出明确规定。中外参建院校就业指导老师要从简历问诊、政策咨询、岗位推荐、面试指导、签约服务等求职关键环节为鲁班工坊毕业生提供持续性的精准指导。其二，实施鲁班工坊毕业生就业质量监测工程。以年度鲁班工坊毕业生就业质量评估结果为依据，实施全方位、针对性、动态化、持续性的帮助和指导。其三，实施鲁班工坊毕业生就业质量提升计划。引导多方力量为鲁班工坊毕业生搭建多元化就业平台，开辟绿色就业通道，增加高质量就业机会。充分运用鲁班工坊中外校企合作平台，组织一批发展良好、社会公信力高的企业，为鲁班工坊毕业生提供优质的就业岗位。充分发挥互联网招聘平台优势，通过大数据分析，针对鲁班工坊毕业生的不同特点提供就业推荐、就业指导和就业帮扶。

第三，对鲁班工坊毕业生就业质量实施长期跟踪评价。常态化跟进鲁班工坊毕业生的就业进展，发布年度《鲁班工坊毕业生就业质量报告》，对鲁班工坊毕业生就业前的人才培养阶段、就业中的职业准备阶段和就业后的职业发展阶段进行全过程跟踪评价，保持信息更新，随时为鲁班工坊毕业生提供有针对性的职业生涯发展指导，切实提升鲁班工坊毕业生就业质量。

# 第十一章 鲁班工坊专业资源建设发展报告

"平等合作、因地制宜、优质优先、强能重技、产教融合"鲁班工坊建设原则和天津市委市政府关于鲁班工坊建设"教学装备、建设场地、专业标准、教材资源、师资培训"五到位要求都强调，优质国际化专业教学资源开发对保障鲁班工坊办学质量的重要性。优质优先原则要求在建设鲁班工坊过程中，要优先选择国际化水平较高的优质专业、优质课程、优质教师、优质资源。专业标准和教材资源到位要求，更突显出优质国际化专业资源建设关系鲁班工坊的高质量和可持续化发展。5年来，鲁班工坊以中国国际化专业教学标准和所在国职业资格标准为依据，以实践创新能力为核心，以当地企业和社会需求为目标，系统化、高质量构建鲁班工坊专业教学资源，有力地保障了鲁班工坊的教学质量。

## 第一节 鲁班工坊专业资源建设情况概览

### 一、专业教学资源建设成就

#### （一）课程标准开发

鲁班工坊作为分享中国职业教育改革发展优质成果的创新模式，在实施学历教育和职业培训的过程中，依据的都是具有国际水平的专业教育资源。鲁班工坊中方参建院校以在国内领先、拥有相对优势专业或者国际水平专业为基础，结合合作国参建院校的意愿和优势专业，协商设立培养当地急需技术技能人才的专业。

课程标准由课程性质与任务、学科核心素养与课程目标、课程结构、课程内容、学业质量和课程实施6个部分组成。[①]课程性质与任务规定了课程性质是高等职业

---

① 参见教育部：《以新课标引领中职公共基础课程改革》，http://www.moe.gov.cn/jyb_xwfb/gzdt_gzdt/s5987/202001/t20200120_416129.html。

教育还是中等职业教育的课程。学科核心素养规定了学生需要具备的核心专业能力和素质，课程结构规定了学科模块和学时安排，课程实施部分对教学、考试评价、教材编写、资源开发等提出要求。鲁班工坊参建中外院校（应用技术大学）在专业教学资源建设中，以中方的国际化专业教学标准为依据，开发课程标准和进行教学资源建设。每一个鲁班工坊都开发了数量众多、具有国际水平的高质量国际化专业教学资源。据不完全统计，截至2021年7月，18个已经建成的鲁班工坊合计开设课程达到269个。其中泰国鲁班工坊实行"一坊两中心"的运营模式，"两中心"即渤海中心和铁院中心。渤海中心以天津渤海职业技术学院机电一体化技术、物联网技术、数控机床技术、新能源汽车技术等优质教育资源为支撑，铁院中心以天津铁道职业技术学院（高铁）动车组检修技术、（高铁）铁道信号自动控制等优质教育资源为支撑，根据泰国"4.0计划"及东南亚国家经济社会发展需要，结合当地中资企业的实际需求，以工程实践创新项目为教学模式，确立了国际化专业人才培养目标。根据人才培养目标，设置课程标准。根据课程标准，合理化、规范化、系统化、标准化设置课程。泰国鲁班工坊开设的新能源汽车技术专业基于泰国作为东南亚地区汽车制造行业的领导者之一和汽车制造行业处于转型升级阶段的现实需求而设立，设置的22门课程以汽车制造基础操作知识与新能源汽车制造和控制理论为主，涵盖了汽车制造和维修、语言能力培养、行业趋势分析等各方面科目，课程设置科目系统、重点突出、结合实际紧密。泰国鲁班工坊开设的（高铁）动车组检修技术基于泰国高速铁路建设的实际需求和中国参建企业采用的铁路建设和运行控制技术的实际设立，开设的6门课程专业性、针对性极强。

表11-1 泰国鲁班工坊课程设置统计表

| 新能源汽车技术 22 | 机电一体化 20 | 数控技术 20 | 物联网技术 17 | （高铁）动车组检修技术 7 | （高铁）铁道信号自动控制 6 |
|---|---|---|---|---|---|
| 中文强化 | 电机与控制 | 机床电气安装及维修 | 物联网技术基础 | 列车车厢空调与通风系统运行维护 | 联锁与轨旁信号设备 |
| 基础英语 | 单片机 | 互换性与测量技术 | C语言程序设计 | 转向架和轮对与车厢连接 | 铁路区间自动控制系统维护 |
| 体育 | 传感器与检测 | 电焊技能训练 | 单片机应用 | 铁道概论 | 通信线路维护 |

续表

| 新能源汽车技术 22 | 机电一体化 20 | 数控技术 20 | 物联网技术 17 | （高铁）动车组检修技术 7 | （高铁）铁道信号自动控制 6 |
|---|---|---|---|---|---|
| 新能源汽车概论 | 气动和液压 | 机械加工实训 | 电子技术 | 列车电气系统维护与检修 | 列车控制信号系统 |
| 新能源汽车识图与常用零件测绘 | 计算机辅助制图 | solid Works 绘图 | 计算机网络应用 | 列车制动系统维护与检修 | 铁路交通控制与管理系统 |
| 动力电池管理与控制技术 | 电机驱动 | 虚拟仪器实训 | 数据库技术应用 | 列车车厢维修 | 铁路运输通讯与电信系统 |
| 驱动电机与控制技术 | 数控加工技术 | 数控加工技术 | 图像处理 | 动车组总体技术与驾驶 | — |
| 电气维修技能训练 | 机电一体机器人计算机编程 | 数控加工工艺及编程 | CC2530 开发技术 | — | — |
| 汽车机械基础 | 机器人机械零件 | 传感器与检测 | 无线传感器网络技术 | — | — |
| 新能源汽车电控系统与检测 | 工业机械手臂 | 数控加工技能训练 | Arduino 技术应用 | — | — |
| 新能源汽车电器原理与检修 | 机器人系统的安装 | 电机驱动 | 智能小车安装与维护 | — | — |
| 现场总线与车载网络技术 | 可编程控制器 | 可编程控制器 | 网络设备安装与调试 | — | — |
| 汽车保险与理赔 | 运动和位置控制 | 气动和液压 | RFID 系统安装与调试 | — | — |
| 钳工 | 机电一体化和机器人系统的安装和维护 | 切削原理与刀具 | C# 程序设计 | — | — |

续表

| 新能源汽车技术 22 | 机电一体化 20 | 数控技术 20 | 物联网技术 17 | （高铁）动车组检修技术 7 | （高铁）铁道信号自动控制 6 |
|---|---|---|---|---|---|
| 汽车专业英语 | 工厂自动化系统 | 综合实训 1 | 物联网应用程序开发 | — | — |
| 新能源汽车综合性能检测与故障诊断 | 机器人生产过程 | 加工中心编程操作 | 智慧城市系统运行与维护 | — | — |
| 新能源汽车维护与保养 | 机电一体化与机器人系统维修与维护 | 计算机辅助制造（Mastercam、power mill） | 物联网综合应用 | — | — |
| 汽车空调技术 | 工业网络和数据通信 | 数控机床安装调试 | — | — | — |
| 新能源汽车整车实训 | 工业机器人项目 | 特种加工技术 | — | — | — |
| 可编程控制技术 | 移动机器人 | 综合实训 2 | — | — | — |
| 汽车维修接待实务 | — | — | — | — | — |
| 新能源汽车底盘技术与维修 | — | — | — | — | — |

　　泰国鲁班工坊作为第一家鲁班工坊，中外双方合作基础强、建设周期长，课程标准开发和课程建设数量多、水平高。后建鲁班工坊，也严格遵循鲁班工坊建设五原则和天津市委市政府鲁班工坊建设五到位要求，与合作外方院校紧密协作，积极开展专业资源建设。2020 年 12 月 22 日，天津机电职业技术学院参建的马达加斯加鲁班工坊成立。马达加斯加鲁班工坊开设的电气工程专业设置了电气线路安装与运行技术、工程实践创新项目、现代电气控制系统的安装与调试、自动化生产线安装与调试 4 门课程，在课程设置和专业资源建设方面做到了系统化、规

范化、高质量。

### （二）国际化专业教学资源

各鲁班工坊以培养当地急需的技术技能人才为目标，以国际化专业教学标准为依据，积极开发课程标准和与课程标准相配套的国际化专业教学资源。国际化专业教学资源在形式上多种多样，在内容上丰富多彩。既有纸质化教材，又有信息化教学资源；既有公开出版的教材，又有校本教材。据不完全统计，截至 2021 年 7 月，18 个已经建成的鲁班工坊合计公开出版相关中外文教材 83 本，编写相关校本教材（含中外文自编实训讲义、工作手册等）132 本，PPT 教学资源 2155 个，视频资源 270 多小时，还有题库、双语专业图库、在线精品课程、教案等其他庞大数量的教学资源。泰国鲁班工坊作为第一家鲁班工坊，开设的新能源汽车技术专业公开出版了《新能源汽车概论》《汽车网络技术》《电动汽车动力电池及管理系统原理与检修》《电动汽车电机控制与驱动技术》《纯电动汽车常见故障诊断与排除》《汽车空调系统原理与检修》《汽车电器设备原理与检修》《汽车底盘构造与维修实训工作页》《汽车机械基础》《新能源汽车维护与保养》《电力电子技术》《汽车专业英语》12 本教材，此外还有《汽车底盘构造与维修》校本教材 1 本，PPT 教学资源 110 个，视频教学资源 270 分钟，题库 500 个，专业教学资源建设成效显著。随着国际产业格局的迁移和升级，鲁班工坊的专业设置、课程标准开发、教学资源建设需要不断完善，因地制宜系列化高质量开发鲁班工

图 11-1　鲁班工坊各专业公开出版教材
与校本教材数量对比（2021.7）

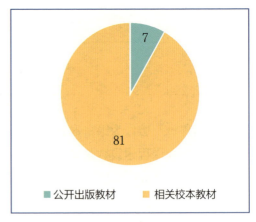

图 11-2　鲁班工坊各专业公开出版教材
与校本教材数量对比（2019.10）

坊专业教学资源。

2020 年，新冠肺炎疫情在全球肆虐，鲁班工坊建设大受影响。面对不利环境，鲁班工坊各建设单位发挥各自优势，鲁班工坊专业资源建设依然取得巨大成绩，公开出版教材和校本教材在数量上都

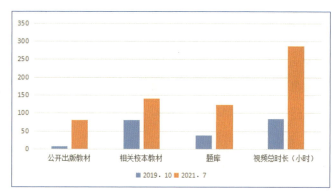

图 11-3　鲁班工坊专业资源建设数量统计

获得增长，且公开出版教材在纸质教材中的占比也大幅提高。鲁班工坊专业资源建设的成就还表现在专业信息化教学资源数量众多、形式各异、内容丰富。

## 二、专业教学资源开发特点

### （一）国际化

鲁班工坊专业教学资源建设，依托中方院校开发的国际化专业教学标准，结合当地经济社会发展和企业实际需求，由中外双方院校共同开发。鲁班工坊以培养具有国际视野、掌握核心生产能力的国际化技术技能人才为主要目标。在开发专业教学资源的过程中，不仅要考虑项目所在国的现实需求，更要结合世界上产业、行业的发展趋势，在课程标准制定、课程设置、培养目标上具有明显国际化的特征。鲁班工坊开发的教材以双语教材为主。澜湄职业教育培训中心暨柬埔寨鲁班工坊是中国与澜湄五国开展职业教育合作的重要内容之一，由外交部、教育部、天津市人民政府牵头组建，具体承办中方院校是中德应用技术大学。柬埔寨鲁班工坊遵循"立足中柬两国、服务澜湄五国、辐射东盟十国"的建设思路，建设最终目标是将澜湄职业教育培训中心暨柬埔寨鲁班工坊打造成为国际化的职业教育培训中心。柬埔寨鲁班工坊制定国际化的学历教育和职业培训标准，在专业教学资源建设中，积极开发国际化培训教材和其他教学资源。

### （二）立体化

鲁班工坊专业资源建设数量多，形式多样。不仅有公开出版的教材，还有校本教材；不仅有纸质资源，还有丰富的网上教学资源；不仅有常见的以音视频呈现的教学资源，还有以图片、合页本呈现的专业图片资源；不仅有多媒体课件，还有题库等其他形式的教学资源。另外，由于疫情影响，2020 年以来各鲁班工坊

开发出更多的线上教学资源。微课、在线精品课程、网上教案、学习软件等教学资源通过空中课堂、网络在线、邮箱等形式供学生学习使用。多样的资源形式、丰富的内容、形象的图表、鲜活的多媒体、灵活便捷的获取方式，为学生提高技能提供了立体化的教学资源保障。马里鲁班工坊在疫情期间，积极开展线上教学资源建设，开发制作针灸手法、经络腧穴等 95 个中医技术操作微课教学视频，供马里合作单位教师线上学习。

### （三）模块化

模块化、系列化开发专业教学资源，是鲁班工坊中方参建院校在总结中国职业教育教学资源建设经验基础上的必然选择。一般来说，模块化教学模式有两种，模块技能培训以岗位任务为依据确定模块，而能力本位教育以执行能力为依据确定模块。鲁班工坊结合两种模块化教学模式的优点，以模块化形式开发专业教学资源。天津市经济贸易学校以"培训包"的形式开发满足不同层次（中式烹调师初、中、高级、技师，高级技师）人员需求的一体化、模块化的课程、教材。英国鲁班工坊开设的中餐烹饪专业设置了《中国饮食礼仪文化》《热菜制作》《面点制作》《盘饰及冷菜制作》《津派面塑》5 门课程，这 5 门课程也是 5 个模块，既相对独立，又互有联系，构成了完整的中餐烹饪专业教学资源体系。

### （四）体系化

鲁班工坊专业教学资源开发路径保障了专业教学资源的高质量。鲁班工坊是国家现代职业教育改革创新示范区建设的标志性成果，是中国职业教育"走出去"，创立职业教育国际化发展的新模式。鲁班工坊专业建设以高水平国际化专业教学标准和全国职业院校技能大赛的成果为依托，以天津职业教育改革突出院校为参建主体，以中外优秀企业为合作对象，以工程实践创新项目教学模式为核心内容，紧贴行业、产业发展新趋势，运用国际先进教育理念和内容开发建设。

鲁班工坊在专业教学资源开发中，明确各供给主体供给资源的不同定位，形成一个体系完整、分工明确、组织有序的专业教学资源供给体系。鲁班工坊优先选择国际化水平较高的优质专业、优质课程和优质资源。鲁班工坊中方参建院校不仅有中职和高职院校，还有普通本科院校和应用技术大学，外方参建院校中也是当地排名靠前的名牌大学。各鲁班工坊运用最新科技成果，使课程、课件、教材等教学资源以不同的形象和方式呈现在学生面前。鲁班工坊专业教学资源开发路径保障了专业教学资源的高质量。

## 第二节　鲁班工坊专业教学资源开发的组织与实施

鲁班工坊研究与推广中心是以天津市教育科学研究院为主导，为鲁班工坊的发展提供决策、监控与支持服务的智库，专业教学资源开发是研推中心五大职能之一。2020 年 10 月以来，研推中心和非洲分中心联合鲁班工坊参建院校和单位，克服疫情不利影响，积极开展专业教学资源建设。

### 一、建立和完善管理制度

#### （一）规范专业资源开发管理

2020 年 10 月，在总结鲁班工坊专业建设经验的基础上，经专家论证和鲁班工坊院校评议，鲁班工坊研究与推广中心出台了《天津市鲁班工坊研究与推广中心专业建设项目管理办法（试行）》（以下简称《管理办法》）。《管理办法》指出："专业建设项目是指在已建或待建鲁班工坊中，组织开展的具有引领、示范作用的专业建设相关项目或任务，如国际化专业教学标准、资源库、教材等。专业项目的实施必须以服务'一带一路'倡议，配合国际产能合作为目的，紧密结合新时期职业教育发展新形势和新要求，围绕走出去中国企业和落地国经济社会发展需要，提升我国职业教育国际交流合作水平，提升技术技能人才培养质量，提升职业教育服务经济社会发展的能力。"《管理办法》对鲁班工坊专业项目建设的选题和立项原则、组织管理、审核评审、成果鉴定、结题验收、经费管理、成果发布及评优作出了详细规定。《管理办法》特别强调，"专业项目选题以我市已建或待建鲁班工坊合作企业和落地国经济社会发展需要为基础，经过深入调研、论证，科学设计建设方案，通过申报、立项评审、开发建设、验收、推广等环节，形成具有示范、引领和可推广的建设成果"，严格的选题范围、鲜明的立项目的、严谨的管理程序为专业发展奠定了良好的基础。《管理办法》的出台对于鲁班工坊专业建设的高质量提供了制度保障，进而对保障鲁班工坊建设质量，提升鲁班工坊理论研究水平，加强鲁班工坊工作的规范化、科学化管理都具有极其重要的意义。

#### （二）建立专业建设专家库

2020 年 10 月，根据鲁班工坊建设实际和现实需求，鲁班工坊研究与推广中心出台了《天津市鲁班工坊研究与推广中心专家库管理办法》，对于专家库的建立、评审专家的义务和权力、专家库的管理和使用、专家评审（咨询）费用标准等方面作出规定。《天津市鲁班工坊研究与推广中心专家库管理办法》特别规定了两项重要制度：一是研推中心项目评审专家必须通过专家库抽取方式产生，二是主动回避制度。《天津市鲁班工坊研究与推广中心专家库管理办法》的出台，为规范和加强鲁班工坊研究与推广中心项目评审专家工作的管理，确保专家履行义务，维护专家的权利提供了制度保障，充分保障了研推中心开发、建设、研究的项目评审的公正性和规范性。

根据《天津市鲁班工坊研究与推广中心专家库管理办法》，结合鲁班工坊专业建设实际需求，鲁班工坊研推中心联合天津市职业院校、鲁班工坊参建企业和天津市教育科研机构建立了鲁班工坊专家库。根据鲁班工坊专家库的建设原则，鲁班工坊研推中心建立了由全国行业职业教育教学指导委员会委员、"双高"计划院校、中职示范校、普通本科高校、研究机构专家共 90 多人组成的鲁班工坊专业建设专家库。鲁班工坊专业建设专家库的建立为国际化专业教学标准建设、专业教学资源建设等专业建设项目提供了智力支持和制度保障。

## 二、专业教学资源建设

### （一）鲁班工坊专业资源建设

#### 1. 建设目的

为推动鲁班工坊项目建设的高质量发展，天津市鲁班工坊研究与推广中心非洲分中心于 2021 年 5 月启动开展鲁班工坊专业资源建设。根据天津市鲁班工坊研究与推广中心 2021 年 5 月下发的《关于鲁班工坊专业资源建设项目申报的通知》，专业资源建设项目面向完成落地国专业认证的鲁班工坊参建单位开放，公平竞争，择优立项。《关于鲁班工坊专业资源建设项目申报的通知》对此次专业资源建设的建设目的、建设内容和建设原则作出了详细规划。专业资源建设一是服务于鲁班工坊专业建设和复合型高端技术技能人才培养的需要，二是服务于国内国际化人才培养培训的需要，三是服务于留学生培养的需要。

#### 2. 建设内容

共计建设 5 个专业资源项目。申报是面向完成落地国专业认证的 11 个专业，其中渤海职业技术学院选择 2 个专业进行建设，天津铁道职业技术学院选择 2 个专业进行建设，天津市第一商业学校选择 1 个专业进行建设。

表 11-2　符合申报要求已完成落地国专业认证的 11 个专业名称

| 序号 | 认证专业名称 |
|:---:|:---:|
| 1 | 机电一体化技术 |
| 2 | 新能源汽车技术 |
| 3 | 数控技术 |
| 4 | 物联网技术 |
| 5 | （高铁）动车组检修技术 |
| 6 | （高铁）铁道信号自动控制 |
| 7 | 铁道交通运营管理 |
| 8 | 铁道工程技术 |
| 9 | 市场营销 |
| 10 | 物流管理 |
| 11 | 云计算技术应用 |

专业资源建设项目包括专业课程标准和双语立体化教学资源建设两类。

专业课程标准开发

　　每个专业选择 3 门核心课程，按照鲁班工坊教学需要兼顾其他国际化专业教学进行课程标准开发（中英双语）。开发课程标准要基于工作过程，以职业能力为基础，以工作任务为载体。

　　每个专业选择具有代表性的 1 门课程，按照立体化模式重新构建教学资源框架，按照"1+N"（教材＋资源）的模式组建立体化双语（中英）教学资源。

立体化教学资源建设

### 3. 基本要求

《关于鲁班工坊专业资源建设项目申报的通知》对专业教学资源建设的基本要求：

项目建设必须充分体现职教最新要求和职教理念，必须充分体现行业、产业、专业发展中最新技术、工艺、材料、设备等的运用，必须体现国际化企业相关岗位的用人需求。

项目建设必须遵从实用的原则，切实做到面向使用者，从使用者的角度出发，体现便捷性、易用性、适用性和标准性。

本项目的建设必须遵从精品化、示范性、创新性和引领性的原则。

逻辑清楚，结构完整，内容充实，层次合理。

本次专业资源建设项目规划超前、目的明确、建设内容丰富且切合鲁班工坊和天津职业教育专业发展的实际需求，必将有力地促进鲁班工坊和天津职业教育的高质量发展，为天津经济社会发展和鲁班工坊所在国经济社会发展提供大量高质量的技术技能人才。

## （二）职业教育国际化专业教学标准开发

### 1. 开发意义

2013 年，天津市教委遴选 40 个与天津市优势主导产业对应的专业，进行国际化专业教学标准的开发，2015 年天津市教委发布了 50 个国际化专业的教学标准。5 年来，天津市把职业教育摆在教育改革创新和经济社会发展中更加突出的位置，牢固树立新发展理念，对接科技发展趋势和市场需求，完善职业教育和培训体系，优化学校、专业教学布局，深化办学体制改革和育人体制改革，以促进就业和适应产业发展需求为导向，着力培养高素质劳动者和技术技能人才。

5 年来，职业教育发展面临的形势不断发生变化，国际职业教育飞速发展，如何与先进国家和地区进行多层次的交流与合作，如何博采各国职业教育之长，在人才培养工作中融入国际社会先进的教育理念、施教方式、管理方式、服务标准，成为职业教育实践亟须回答的问题。因此，要进一步推进天津市职业教育国际化进程，以人才培养为核心，以培养学生具有国际视野、现代文明习惯，掌握国际先进技术和应用能力为主要任务，与世界发达学校、国际知名企业合作，努力将多年的改革与办学成果加以固化，形成具有中国特色、符合天津经济社会发展的职业教育专业教学标准。为全面落实《国家职业教育改革实施方案》《职业教育提质培优行动计划（2020—2023 年）》的要求，结合鲁班工坊国际化项目建设需求，2020 年下半年天津市教委下发《关于做好职业教育国际化专业者标准开发工作的通知》（津教职函〔2021〕7 号），启动新一轮职业教育国际化专业教学标准开发，由天津市鲁班工坊研究与推广中心具体负责。

### 2.开发思路

（1）要坚持以习近平新时代中国特色社会主义思想为统领，深入贯彻落实习近平总书记关于教育的重要论述，全面贯彻党的教育方针，坚持问题导向，突出重点任务，提升职业教育国际化专业教学标准开发水平。要坚持立德树人根本任务，强化思政课教师培养，全面加强教师队伍建设，教育引导学生做中国特色社会主义事业的合格建设者和可靠接班人。健全德技并修、工学结合的职业教育育人机制，构建一体化德育教学体系。全面加强学生劳动教育，有序安排劳动教育内容。

（2）充分体现鲁班工坊建设经验与成果。鲁班工坊是职业教育国际化发展的重大成果，是国家现代职业教育改革创新示范区建设的标志性成果，其专业建设模式是以天津职业教育的先进经验为依托，专业教学质量得到合作国家政府的高度认可。因此，国际化专业教学标准的开发要积极总结鲁班工坊建设的经验，并将成果用于示范引领职业教育的专业建设与发展。

（3）国际化专业教学标准开发工作要以学习借鉴国外在职业教育专业课程体系建设方面的先进经验与做法为基础，以培养高质量国际化技术技能型人才为核心，以与世界先进行业企业合作为基本途径，创新人才培养模式，全面提高天津市职业教育服务产业的能力和水平，为建立现代职业教育体系夯实基础。要以国际先进的职业教育理念和内容进行教学标准开发和建设，积极吸引职业教育和相关产业发达国家的学校、行业、企业共同参与合作。在专业教学标准开发的同时，要在实训条件、教材建设、师资培训、学生交流等方面整体推进。以学生为中心，遵循职业教育规律和职业岗位的变化规律，深化产教融合、校企合作，强化工学结合、知行合一，健全德技并修育人机制，使学生具备在国内外人才市场就业的基本能力与可持续发展能力。

（4）积极发挥天津区位优势和资源优势。在总结鲁班工坊建设经验的基础上，开展国际化教学标准的开发。在与知名企业合作的基础上，不断将引进的国外优质职业教育资源本土化，充实到一线教学中，边实践边改革，同时加强职业教育国际交流，推动国内外优质职业教育资源互补与共享。

（5）专业教学标准开发是提高教育质量的基础工程，实现职业教育内涵式发展，关键是提高职业教育的办学质量。建设具有中国特色、世界水平的高等职业教育专业教学标准体系，一是要注重激发学生的学习兴趣和潜能，创新形式，改革教法，强化实践。二是突出产出导向，主动对接经济社会发展需求，切实提高人才培养目标的达成度。三是在保障基本质量的基础上，要对提升质量提出前瞻性要求。专业教学标准要有定性要求，同时要注重量化指标。

### 3.开发进程

鲁班工坊研推中心 2020 年下半年启动新一轮职业教育国际化专业教学标准开发工作，根据开发思路和原则，组织专家研讨与天津市优势产业相关的专业分布情况，在广泛征求职业院校、企业需求的基础上，根据产业发展趋势，结合职业院校"十三五"专业建设实际和鲁班工坊专业建设优势，先期确定了进行国际化教学标准开发的 58 个专业和相应承担院校。

天津市职业教育国际化专业教学标准开发涵盖本科层次的高等职业教育专业2 个，专科层次的高等职业教育专业 50 个，中等职业教育层次的专业 6 个。50 个高职（专科）专业涵盖交通运输、电子信息、医药卫生、装备制造等 14 个专科大类，都是天津市起点高、在国内有一定影响力，又与天津支柱产业相关的高职专业，完全契合职业教育国际化专业教学标准的开发思路和原则。

为高质量完成国际化专业教学标准的开发工作，天津市鲁班工坊研究与推广中心先后两次组织参加国际化专业教学标准开发的学校和老师参加培训和交流会。在 2021 年 3 月举办的培训会上，与会的专家围绕国际化专业教学标准开发的背景、原则、路径、体例等方面进行了生动分享，并以动车组检修技术专业为实例，详尽介绍了标准开发的工作流程及核心要义。在 2021 年 6 月举办的交流会上，天津职业大学、天津渤海职业技术学院、天津轻工职业技术学院、天津铁道职业技术学院、天津中德应用技术大学、天津市第一商业学校和天津机电职业技术学院就各自所负责的部分建设项目，作了包含建设基础、建设思路、建设内容、建设目标、进度安排、建设阶段性成果的专项汇报。参会专家强调，职业教育国际化专业教学标准开发要反映新思想、新观念，有创新。要对接产业转型升级，对标世界先进企业和境外中资企业的需求，同时兼顾国际生的培养。在调研、分析和总结的基础上就岗课赛证、课程体系重构和教学资源建设作出新的探索。

根据计划，此轮开发的 58 个国际化专业教学标准，经过评议审核通过的，将于 2022 年结集出版，在展现天津市职业教育专业建设成果的基础上，示范和引领天津职业院校和鲁班工坊的专业教学标准建设。

## 第三节　鲁班工坊专业教学资源开发路径

### 一、鲁班工坊专业教学资源开发的基本思路和原则

#### （一）以服务区域经济社会发展为出发点

天津区位优势明显，天津港在京津冀地区处于龙头地位，天津工业基础雄厚，科教发达，人才聚集度高，天津是综合配套改革试验区、双创新区、北方第一个自由贸易试验区，各种创新发展政策在天津汇集。2015 年教育部与天津市政府签署共建天津国家现代职业教育改革创新示范区建设协议，提出天津职业教育要为我国职业教育的发展探索新经验，寻找新路径。历史的沉淀、现实的区位优势、"先行先试"定位功能以及天津职业教育在全国领先的实际表现，促使天津职业教育"走出去"，国际化专业教学标准在创新中诞生，在实践中发展，鲁班工坊应运而生，鲁班工坊的成立与天津的区位发展优势紧密相关。在总结天津市区位优势和天津市能够开发出高质量国际化专业教学标准、课程标准和专业教学资源之间的相互关系的基础上，以天津开发专业教学资源的经验为基础，研究鲁班工坊所在国经济社会发展水平、特色产业和区位优势，开发出与其所处发展水平相适应的专业教学标准、人才培养方案和专业教学资源。

#### （二）以国际先进职教理念和模式为切入点

以国际化培养为目标，重构课程体系和专业教学资源。明确树立职业教育为一类型教育的思想，学习发达国家先进的职业教育理念，勇于创新，探索与鲁班工坊所在国相适应的国际化专业教学资源。鲁班工坊是分享中国优秀的职业教育成果和职业文化的国际合作新模式，在开发国际化专业教学标准、课程标准和专业教学资源中，要及时吸取国际先进职教理念，借鉴职业教育发展新模式，将新的理念、观念、教学方法，先进的教学技术融入其中，保障开发的专业教学资源与时俱进，既保证各鲁班工坊教学需要，又能反哺天津职业教育。

#### （三）以产教融合、校企合作为依托点

鲁班工坊专业教学资源建设要主动对接国际产业技术发展最新技术标准。要

围绕所在国重点发展产业、支柱产业、特色产业的需求，要与国际先进企业、优秀中资企业合作，要对接所在国职业资格证书，以新标准、新技术、新装备、新材料、新工艺为核心内容，以产教融合、校企合作的育人模式开发国际化专业教学标准、课程标准和专业教学资源，培养满足国际化企业发展所需的复合型人才。

### （四）以"岗、课、赛、证"一体化为融合点

岗，简单说就是工作岗位，每一个工作岗位都有相应的技术技能和文化素质要求，这决定了企业需要学生会什么；课，就是职业院校设置的与专业相对应的课程，包括公共基础课程和专业课程，这决定了学生在学校学了什么；赛，就是各个级别的职业技能大赛以及参加技能大赛所应具备的技能，这决定了学生为比赛掌握了哪些技能；证，就是职业资格等级证书，这决定了学生从事某项职业应达到的相应职业技术标准。要以岗课赛证深度融合为目标，开发国际化专业教学标准、课程标准和专业教学资源。岗课、岗赛、岗证、课赛、课证之间深度融合，摒弃唯就业、唯升学、唯竞赛或者唯证件的办学宗旨，融合多种手段，提升学生综合素质。

### （五）以开发丰富的线上、线下专业教学资源为落脚点

2020年，新冠肺炎疫情对鲁班工坊的建设和正常运营造成了极大的负面影响。

表 11-3　新冠肺炎疫情对鲁班工坊建设及运营影响表现统计

| 疫情影响情况 | 表现一 | 表现二 | 表现三 |
|---|---|---|---|
| 教学秩序 | 闭校停课，中断一切教学活动。位于印度、南非、吉布提、柬埔寨、巴基斯坦等国的鲁班工坊到2021年3月初依然闭校停课。 | 实操训练暂停。比如葡萄牙鲁班工坊到2021年3月初仍然采取网络授课方式，但实操训练仍未恢复。 | 影响教学效果。因为疫情防控的原因，复课后鲁班工坊教学效果仍受影响。 |
| 项目建设（设备出口通关等） | 影响鲁班工坊教学设备和材料的出口和通关。 | | |
| 师资培训及人文交流 | 影响鲁班工坊项目师资培训及人文交流。 | | |
| 未来发展 | 影响鲁班工坊建设项目评估和验收。泰国鲁班工坊铁院中心项目已经建设两年多，准备评估验收，迎评人员出国促进项目建设受到影响。 | 建设任务延后。所有已建和在建鲁班工坊2020年度建设任务受疫情影响延后。 | 鲁班工坊规划建设项目延后甚至停滞。 |

从表11-3中的统计可以看出，新冠肺炎疫情对鲁班工坊软硬件的建设都造成

了不同程度的负面影响。线下专业教学资源是专业资源的最根本形态，纸质教材是常见的线下教学资源。随着信息技术的发展，线上专业教学资源出现并逐渐丰富。在新冠肺炎疫情在全世界的流行成为新常态的情况下，必须创新鲁班工坊的建设模式，提供更多数量的丰富的线上专业教学资源，保障鲁班工坊的正常运营及学生受教育的高质量。

## 二、鲁班工坊专业教学资源开发路径

### （一）调查研究

鲁班工坊专业设置以国际化专业教学标准为基础，但每个独立的鲁班工坊其坐落的国家和地区不尽相同，面对的经济社会发展程度不同，产业、企业需求也有差异，技术技能人才的培养规格也有区别，外方鲁班工坊参建单位专业基础各不相同，所以在开发专业教学资源伊始应该进行调查研究。调查的内容包括以下6个方面：

（1）发达地区和国家相同和相似专业的教学标准、课程标准、专业教学资源的开发路径、种类、呈现方式等。

（2）发达国家或地区颁布的职业资格证书种类及标准。

（3）国内外国际化水平较高企业的人才需求情况。

（4）鲁班工坊所在国经济社会发展水平及对人才需求的种类或特征。

（5）鲁班工坊所在国中资企业的发展情况及人才需求分析。

（6）鲁班工坊参建外方院校专业分布及专业资源建设情况。

在调查研究的基础上，形成鲁班工坊所在国和地区产业发展趋势、职业资格证书标准、从业人员岗位能力需求分析等结论性评价、分析和指标。

### （二）确立国际化专业教学标准及人才培养方案

根据调查研究，形成特定地区专业教学标准及人才培养方案，确定学制与学历、就业面向、培养目标、人才规格，尤其是从业者需具备的专业核心技能和综合素质。鲁班工坊各参建单位可根据鲁班工坊所在国及区域经济社会发展需求、办学特色和外方院校优势专业，制订国际化专业教学标准和人才培养方案。

顶岗实习是一种实践性教学形式，要认真遴选学生顶岗实习的企业，科学合理地编写实习任务书、指导书。在专业教学资源开发过程中，不能忽视编写定岗实习任务书的重要性。专业对口且与实践紧密结合的顶岗实习计划对于人才培养方案的开发完整度极其重要。

## （三）开发核心课程，构建课程体系

在开发核心课程和构建课程体系的过程中，以天津职业院校国际化专业教学标准为基础，与鲁班工坊的共建单位积极合作，与当地企业尤其是中资企业紧密合作，提高专业课程的匹配度，为学生的高就业率奠定基础。在构建课程体系的过程中，要注重课程的衔接，注重不同层次职业教育的差异和衔接。

## （四）根据资格证书和课程体系开发专业教学资源

根据国际化专业教学标准、人才培养方案和课程体系，开发形式多样、丰富多彩的专业教学资源。积极利用现代信息技术开发不同于以往纸质形式的教材、教案、微课、PPT、仿真软件，丰富线上教学资源，在注重共性的同时兼顾不同受教育群体的差异性。培养具有国际水平的高素质技术技能人才是鲁班工坊的办学目标，鲁班工坊建设相关单位一定要遵循专业资源开发路径，开发出与这一目标相适应的国际化专业教学标准、人才培养方案、课程体系和专业教学资源。

## 三、建立鲁班工坊专业教学资源库

2010年5月教育部下发《关于开展高等职业教育专业教学资源库2010年度项目申报工作的通知》，指出为"深化高职教育教学改革，加强专业与课程建设，推动优质教学资源共建共享，提高人才培养质量，决定启动高等职业教育专业教学资源库建设项目"。高等职业教育专业教学资源库的建设目标是"建设代表国家水平、具有高等职业教育特色的标志性、共享型专业教学资源库并推广使用，带动全国高职院校专业教学模式和教学方法改革，整体提升高等职业教育人才培养质量和社会服务能力"。高等职业教育专业教学资源库的建设方式是"由国家示范高职建设院校牵头组建开发团队，吸引行业企业参与，整合社会资源，在集成该专业全国优质课程建设成果的基础上，采用整体顶层设计、先进技术支撑、开放式管理、网络运行的方式进行建设"。2015年，高等职业教育专业教学资源库建设项目升级为职业教育专业教学资源库建设。2019年，《教育部办公厅关于做好职业教育专业教学资源库2019年度相关工作的通知》中对专业资源库的建设目标和方法作出了与时俱进、更加明确清晰的界定。职业教育专业教学资源库建设的总体目标是建设优质教学资源，"按照'国家急需、全国一流、面向专业'的要求，围绕国家和战略性新兴产业和支柱产业，服务产业高端和高端产业，聚焦技术技能人才紧缺的职业领域,建立健全一批优质资源库,提升教学信息化水平，带动教育理念、教学方法和学习方式变革"。职业教育专业教学资源库的平台建设要"深化产教融合、校企合作，合力调配行业企业和职业院校资源，发挥各自优势，组建并扩大共建共享联盟，共同建设并不断更新优质专业教学和职业培训资源，率先开展国家 1+X 证书制度试点工作，实现校际、校企之间优质资源的共建共享"。国家级职业教育专业教学资源库项目建设为职业教育的发展提供了丰富的优质专业教学资源，基础课程和核心课程的高质量资源决定了职业教育教育质量的不断提高，高质量的多媒体教学资源使得教与学都变得生动活泼，满足大多数受教育者的同时也兼顾特殊人群的需求。

国家级职业教育专业教学资源库建设工程已经建设运营 10 多年，开发了大量高质量的优质专业教学资源，建立了一个运转良好的运行平台，参照国家级职业教育专业教学资源库建设工程建设鲁班工坊专业教学资源库及运行平台。要以各鲁班工坊参建院校和企业为建设主体，吸纳国内优秀职业院校和国际企业，汇集全国优秀专业教学资源，制定国际化的专业教学标准、人才培养方案，开发国际化、立体化、模块化、高质量的课程体系、教学资源库。

国家级职业教育专业教学资源库服务于国家职业教育发展，面向的是整个国家的职业院校的教师学生，鲁班工坊专业教学资源库服务于已经建成和在建的鲁班工坊，因此资源建设要集中力量、突出重点，专业建设符合共建"一带一路"国家经济社会发展需要。鲁班工坊专业教学资源库运行平台建设要结合鲁班工坊所在国网络硬件水平、教师和学生的接受能力来开发。作为中国职业教育"走出去"的代表性项目，鲁班工坊专业教学资源库的建设要坚持国际化，在开发专业教学标准、课程标准和其他教学资源中，要体现出国际化的特点。

# 第十二章
## 鲁班工坊产教融合与校企合作发展报告

2013年9月至10月，国家主席习近平在出访中亚和东南亚国家期间首次提出"一带一路"合作倡议，以陆上"丝绸之路经济带"和"21世纪海上丝绸之路"为主线的两大经济带将亚欧大陆更加紧密地联系起来，为中国和共建"一带一路"国家注入新的发展动力，同时也带来了巨大的发展机遇。截至2021年1月，中国已经与171个国家和国际组织，签署了205份共建"一带一路"合作文件。[①]

2020年新冠肺炎疫情暴发冲击全球各国经济、社会等各方面发展，全球经济经历严峻挑战。尽管如此，2020年我国企业在"一带一路"沿线对58个国家非金融类直接投资177.9亿美元，同比增长18.3%，占同期总额的16.2%，较上年同期提升2.6个百分点。我国企业在"一带一路"沿线61个国家新签对外承包工程项目合同5611份，新签合同额1414.6亿美元，同比下降8.7%，占同期我国对外承包工程新签合同额的55.4%，完成营业额911.2亿美元，一大批境外项目和园区建设在克服疫情中稳步推进[②]，充分展现了"一带一路"建设的巨大生命力。

"十四五"时期，深化产教融合、校企合作是职业教育高质量发展的重要内容，随着"一带一路"建设深入推进，越来越多的中国企业走向海外参与国际市场竞争，迫切需要大批熟悉中国产品、技术、标准的技术技能人才，这是我国实施发展外向型经济的关键支撑，也是中国参与构建全球化经济新格局的有效途径。

---

① 数据源自商务部网站，http://fec.mofcom.gov.cn/article/fwydyl/zgzx/202102/20210203040640.shtml，2021年2月24日。

② 数据源自商务部"走出去"公共服务平台，http://fec.mofcom.gov.cn/article/fwydyl/tjsj/202101/20210103033338.shtml。

## 第一节　鲁班工坊产教融合发展概况

### 一、鲁班工坊产教融合的基础

产教融合是职业教育现代化的基本特征，也是职业教育类型特征的具体体现。"一带一路"倡议提出后，中国已与80多个国家签署了"一带一路"合作协议，同30多个国家开展了机制化产能合作，在沿线24个国家推进建设75个境外经贸合作区，中国企业对沿线国家投资累计超过500亿美元，创造了近20万个就业岗位，对全球发展产生积极和深远影响，为构建人类命运共同体注入强劲动力。[①]"十四五"规划时期，我国将构建国际国内双循环的新发展格局，新的发展形势下，鲁班工坊建设与发展应贯彻产教深度融合的理念，以促进我国职业教育"走出去""引进来"双轨并进，服务"一带一路"的总体发展和国际产能合作为目标，探索校企合作模式与途径的创新。

#### （一）鲁班工坊产教融合的政策依据

鲁班工坊产教融合校企合作遵循了国家经济战略发展导向。2014年《国务院关于加快发展现代职业教育的决定》明确提出积极推动与中国企业"走出去"相配套的职业教育发展模式，注重培养符合中国企业海外生存经营需求的本土化人才。《现代职业教育体系规划2014—2020》提出职业教育要服务国家对外开放，培育一批具有国际竞争力的职业院校。鼓励职业院校加强与国外高水平院校合作交流。2015年《推动共建丝绸之路经济带和21世纪海上丝绸之路的愿景与行动》阐述了"一带一路"的共建原则，明确了"一带一路"合作框架与重点，为我国各地区开放合作指明途径，突出了我国经济发展的方向，为共创世界美好未来作出积极努力。2016年教育部印发《推进共建"一带一路"教育行动》明确共建"一带一路"国家在教育领域合作的重要内容，为职业教育精准对接"一带一路"共建教育共同体指明方向。2019年国务院印发《国家职业教育改革实施方案》提出要深化产教融合、校企合作，推动企业深度参与协同育人，进一步明确了职业教育的类型特征。2020年教育部等九部门印发《职业教育提质培优行动计划（2020—2023）》，提出实施职业教育服务国际产能合作行动，提出要加强职业学校与境外中资企业合作，加快培养中资企业急需的本土技术技能人才，提升

---

① 参见《外交部部长王毅在2017年国际形势与中国外交研讨会开幕式上的演讲》（2017年12月11日），http://www.xinhuanet.com/world/2017-12/11/c_129762823.htm，访问时间为2021年8月12日。

中国职业教育的国际影响力。在 2021 年全国职业教育大会上，习近平总书记对职业教育工作作出重要指示，强调要优化职业教育类型定位，深化产教融合、校企合作，为职业教育的办学更加明确了方向。

因此从政策供给看，鲁班工坊的建设遵循平等合作、因地制宜、优质优先、强能重技、产教融合的原则，其中优质优先原则是指要选择国际化水平较高的优质专业、优质课程、优质师资、优质资源和通用性技术技能；强能重技是指在遴选优质技术装备的基础上，为合作国家培养急需的技术技能人才；产教融合原则是指要发挥天津市职业教育行业办学优势，实施"五业联动"（产业、行业、企业、职业、专业），发挥"五方携手"（政府、行业、企业、学校和科研）聚合作用，高标准建设。建设原则体现了产教融合、校企合作是鲁班工坊建设最突出的特点。

### （二）鲁班工坊产教融合的理论依据

#### 1. 要素禀赋理论

所谓要素禀赋是指一国（地区）所拥有的所有可以用于生产的要素的数量。要素禀赋论是新古典贸易理论中的一个重要理论，由瑞典著名经济学家伊·菲·赫克歇尔( Eli F Heckscher,1879-1959 )首先提出的基本观点,后由他的学生贝蒂·俄林(Bertil Ohlin) 进行系统性的完善。[①] 该理论用生产要素的丰缺来解释国际贸易的产生和进出口的类型，认为各国之间所具备的资源要素禀赋构成不同带来了商品贸易模式的不同。这里的要素禀赋指的是一国拥有的各种生产要素的总和，包括劳动力、资本、土地和技术等多种要素。衡量要素充裕程度有两种方式：一是以生产要素供给总量衡量，假如一国某种要素供给比例大于别国同种要素供给比例，则该国相对于别国而言，这一要素充裕；二是以要素相对价格衡量，假如一国某种要素的相对价格（某要素的价格和别的要素价格的比率）低于别国同种要素相对价格，则该国这一要素相对于别国更充裕。后者考虑到要素的供给与需求两方面因素，相较于前者更为科学。根据俄林对要素禀赋论的分析，贸易之所以产生是由于各个国家间的生产要素具有不同的相对价格差异，相对价格差异决定了商品的相对价格差异，这种差异决定了国家间要素的相对供给差异，由此国家间产生了比较优势，在没有运输费用的假设前提下，从价格较低的国家输出商品到价格较高的国家是可以获利的。因此，俄林得出结论，一个国家生产和出口那些大量使用本国供给丰富的生产要素的产品价格就低，有比较优势，相反生产那些大量使用本国稀缺资源的生产要素的产品，

---

① See Porter,M.E.,*The Competitive Advantage of Nations*,New York:Free Press,1990.

价格便贵，出口就不利。各国应尽可能利用供给丰富、价格便宜的生产要素生产产品进行相互交换，贸易就产生了。

要素禀赋论从各地区拥有的生产要素的数量和优势来解释贸易产生的原因，通过对不同区域生产要素进行合理配置降低成本，产生比较收益，从而提高效益，促进地区产业结构的优化，成为现代产业结构完善发展的理论依据。[①] 从这一意义上看，鲁班工坊建设与发展基本原动力蕴含着要素禀赋论的核心内涵，即依托我国职业教育的比较优势，通过与共建"一带一路"国家的交流合作，达到优化配置整合资源的目的，最终促进合作国经济社会快速发展。

### 2. 鲁班工坊的要素禀赋优势

随着劳动力市场国际化程度的不断提高，技术技能人才在全球范围内流动与迁徙成为不可避免的潮流和趋势，共建"一带一路"国家具备的要素禀赋各有不同，与我国的经济互补性较强。鲁班工坊作为我国优质职业教育资源输出方，同样具有优势资源禀赋，因此彼此合作潜力和空间都很大。

鲁班工坊是以"国家现代职业教育改革创新示范区"建设的优秀成果为总体支撑，将我国职业教育最优质的资源输出到合作国，通过"学历教育 + 技能培训"与合作国开展交流与合作，培养国际化优秀技术技能人才，促进合作国经济社会发展，为海外中资企业培养亟须的技术技能人才，实现双方的合作共赢。

2015 年，教育部与天津市政府签署共建天津国家现代职业教育改革创新示范区协议，提出要提升职业教育的国际化水平。经过多年的实践发展，天津市发挥自身职业教育的优势，从最初借鉴引进国外先进职业教育理念、经验，到创新教学模式、合作制定标准、协同研发装备、协作开发教材，不断壮大成熟，在办学模式、管理机制、教学实训等方面积累了丰富的经验，取得丰硕成果。在习近平主席提出共建"一带一路"倡议后，我国职业教育发展进入了高水平的国际交流合作阶段，与世界分享中国职业教育优质资源，发挥我国职业教育资源优势成为我国职业教育高质量发展的重要途径，为"一带一路"建设服务，为国际产能合作服务，为构建人类命运共同体服务。[②]

### （三）鲁班工坊产教融合的实践依据

产教融合是职业教育的本质特征，其内涵和外延十分广泛，它既是一个融合教育制度和产业制度的国家基本制度，也是世界各国职业教育实现高质量发展的

---

① 参见何慧爽、刘东勋：《要素禀赋论与国际产业转移的刚性及其突破》，《国际经贸探索》，2006 年第 3 期。

② 参见吕景泉：《鲁班工坊核心要义——中国职业教育的国际品牌》，天津人民出版社，2019 年。

基本途径。鲁班工坊产教融合的实践基础是鲁班工坊建设运营推进产教融合的具体实施举措，其最基本的实现途径是鲁班工坊的校企合作。[①]因此，鲁班工坊能否深入推进产教融合最终依托的载体则是鲁班工坊校企合作的质量好坏，校企合作成为鲁班工坊高质量建设的核心内容。

在我国以国内大循环为主体、国际国内双循环相互促进的新发展格局下，有利于我国的职业教育资源和产业资源优势转化为我国参与全球经济治理新格局的国际竞争优势，鲁班工坊推进产教融合发展为促进我国参与全球产业链重构发挥着重要作用，开发高质量国际化课程、制定国际化专业标准、输出高品质教师及教学资源、深化高质量校企合作，成为鲁班工坊推进高水平产教融合的核心内容。

## 二、鲁班工坊推进产教融合的现状

通过参与国际分工，中国在世界经济格局中的重要作用越来越凸显，中国"走出去"的经济实力越来越强大，中国经济发展的要素禀赋结构随之发生变化，中国成为新型经济的重要的资本和技术来源地，发展"外向型经济"的重心由"引进来"向"走出去"转变。"一带一路"建设为中国与区域内国家经济的合作与互补提供了宝贵契机。[②]

自2016年首个鲁班工坊创建至今，我国已在海外陆续建成泰国、英国、印度、印度尼西亚、巴基斯坦、柬埔寨、葡萄牙、吉布提、肯尼亚、南非、马里、尼日利亚、埃及（2个）、科特迪瓦、乌干达、马达加斯加、埃塞俄比亚共18个鲁班工坊，其中包括11个非洲鲁班工坊项目全部顺利揭牌。这18个鲁班工坊已分别与48家中资企业、18家海外企业建立了紧密的合作关系，为中资企业和合作国家培养国际化技术技能人才，在国内外产生巨大影响。

2020年11月6日，在天津召开了鲁班工坊建设联盟成立大会，由全国各地职业院校、企业、科研机构和社会组织共72家单位自愿结成鲁班工坊建设联盟，主要开展鲁班工坊标准开发、项目立项、质量监管、经验交流和学术研究等工作，全面构建鲁班工坊建设规程、准入机制，充分吸收优质职业教育资源，为鲁班工坊可持续发展提供可靠保障。

2021年4月29日，全国鲁班工坊产教融合发展联盟成立，由中国土木工程集团有限公司担任联盟理事长单位，中铁十八局集团有限公司、华为技术有限公

---

① 参见刘士祺：《校企合作与产教融合异同论》，《高教学刊》，2018年第10期。
② 参见吴福象等：《国际产能合作与中国区域经济发展》，南京大学出版社，2019年。

司、天唐集团、天津铁道职业技术学院、天津市教育科学研究院担任副理事长单位，32 家合作企业和 18 所参建鲁班工坊的职业院校成为联盟首批成员。鲁班工坊产教合作发展联盟集合了企业、鲁班工坊参建单位、科研院所的优质力量，是产业与教育协同发挥资源优势、共同促进职业教育发展的重要体现，也是鲁班工坊服务"一带一路"建设、服务国际产能合作，服务中国企业海外发展的有力支撑。

### 三、鲁班工坊推进产教融合的原则

鲁班工坊的建设原则是平等合作、因地制宜、优质优先、强能重技、产教融合。根据鲁班工坊的建设原则，鲁班工坊产教融合同样会遵循基本建设原则的要求。

第一，服务国际产能合作。鲁班工坊设置的专业均与我国经济发展联系密切。鲁班工坊建设定位就是要围绕服务我国国际产能合作，为我国"一带一路"建设提供助力。

第二，择优选取合作伙伴。鲁班工坊产教融合最直接的表现就是校企合作，合作企业均是选取针对鲁班工坊合作具有较强合作意愿，在行业领域内业绩优秀的企业作为合作伙伴，共同合作开发人才培养方案、开发课程教材。

第三，对接本地经济发展需求。鲁班工坊是建立在境外，与海外教育机构合作开展学历教育和职业培训，分享中国优秀职业教育成果的国际合作新模式，其建设目标就是对接本地经济发展需求，培养熟悉中国技术、产品、标准的本土化技术技能人才，以促进当地经济发展。

第四，促进我国职业技术教育国际化。推进中外职业教育交流，促进师资、人才的交流与合作，教学模式、培养目标、教学方法对接国际化需求。

### 四、鲁班工坊推进产教融合的特点

产教融合校企合作是职业教育发展的根本特征，鲁班工坊作为我国目前最具国际影响力的国际化职业教育新模式之一，在推进国际产教融合校企合作向更高层次发展，这也是我国新时代国际产能合作向更高水平发展的重要体现。依据鲁班工坊不同的建设模式，鲁班工坊在推进产教融合、校企合作的发展进路方面各有特点：

第一，基于国家重大发展战略推进产教融合。在 2018 年中非合作论坛北京峰会开幕式上，习近平主席对全世界宣布要在非洲建立 10 个鲁班工坊，向非洲青年提供职业技能培训，并提出实施产业促进、设施联通等"八大行动"促进非洲经济社会更快更好发展。非洲 10 个鲁班工坊的建成是天津市落实习近平主席提出的中非合作"八大行动"的重要成果，例如，吉布提鲁班工坊直接服务于"一带一路"重大项目"亚吉铁路"和工业园建设，为亚吉铁路和工业园培养大批铁路、物流、商贸技术技能人才。主要的合作企业中国土木工程集团有限公司拥有中国铁路工程施工总承包特级资质，承担着亚吉铁路及工业园开发等重要项目建设。在与吉布提鲁班工坊合作中，中土集团通过订单式培养、为鲁班工坊毕业生提供实习实训等方式参与鲁班工坊人才培养过程。鲁班工坊结合中土集团等企业需求，有针对性地设置专业，以工程实践创新项目（EPIP）教学模式培养本土化的熟悉中国轨道交通和商科类技术、产品、标准的技术技能人才。

第二，基于两国重要经济项目服务推进产教融合。鲁班工坊建设服务于国际产能合作、服务于"一带一路"建设，对于与我国长期保持密切经贸合作关系的国家，合作领域越来越广泛，合作层次越来越深入，建设鲁班工坊可以更加有力支撑我国与合作国建立的重要经济贸易项目，提升国际产能合作效能。例如，巴基斯坦鲁班工坊是"中巴经济走廊"建设的重要成果，巴基斯坦海尔－鲁巴经济区是中国商务部批准建设的首个"中国境外经济贸易合作区"，其中包括了家电、汽车、纺织等多个产业鲁班工坊将我国先进教学理念、教学模式、国际化教学标准、国赛装备引入巴基斯坦，为服务"中巴经济走廊"建设，促进巴基斯坦经济社会发展起到重要作用。又如柬埔寨是"澜湄合作"的重要成员国，柬埔寨鲁班工坊致力于打造成为服务"澜湄五国"，辐射"东盟十国"的国际化职业教育培训平台，服务澜湄沿线国家经济发展。

第三，基于行业办学优势推进产教融合。行业办学是天津职业教育发展的突出特色，依托行业办学优势输出优质职业教育资源，与优质企业进行校企合作成为鲁班工坊建设的一大特色。例如，泰国鲁班工坊于2016年3月8日揭牌，是我国在境外建立的首个鲁班工坊，由天津渤海职业技术学院、天津铁道职业技术学院、泰国大城技术学院合作共建，其定位就是开展学历教育和技术培训，服务泰国的产业发展和我国"一带一路"建设，同时辐射周边东盟国家。泰国鲁班工坊开创了"一坊两中心"建设模式，即设立了"渤海中心"和"铁院中心"。泰国鲁班工坊主要合作企业天津渤海化工集团有限责任公司作为天津渤海职业技术学院的举办方在鲁班工坊建设中提供大力支持。中国铁路设计集团有限公司与天津铁道职业技术学院有着长期校企合作关系，是铁道学院校外实训基地、定岗实训基地。又如，英国鲁班工坊在合作企业天津食品集团的支持下，成功推动利民调料、王朝红酒等民族品牌文化衍生品进入英国市场，充分展示了行业集团对鲁班工坊建设的大力支持。

第四，基于提升中国企业竞争力推进产教融合。随着国际产能合作标准化工作的不断深入推进，中国制造已经逐渐在合作国得到积极肯定并推广开来。例如，葡萄牙鲁班工坊使用了中国先进的技术设备、教学模式、自主研发的专业教材和教学标准，配备了技术级别最高的装备设施，合作企业通过鲁班工坊将中国企业先进产品、服务、标准输出海外，提升了企业的国际竞争力。

第五，基于海外中资企业订单需求推进产教融合。订单培养是鲁班工坊校企合作的主要形式，基于海外中资企业发展迅速，急需大批技术技能人才，鲁班工坊积极对接海外中资企业需求，服务国际产能合作和企业"走出去"。例如，印度鲁班工坊于 2017 年 12 月 8 日揭牌，从运营伊始就与中国中材国际工程股份有限公司、中国巨轮（印度）有限公司、中国中天科技印度有限公司、中国天津天锻压力有限公司（印度分公司）、中国晟龙生物科技（印度）有限公司 5 家大型在印中资企业签订了订单培养协议，与合作企业共同开发人才培养方案、实施用工标准指导，后鲁班工坊陆续承接印度本土企业技术技能人员的培训，为当地 300 余家中资及本土企业提供人才支持。

## 第二节　鲁班工坊校企合作调研分析

### 一、鲁班工坊校企合作调研的基本内容

#### （一）调研目的与调研实施

2021 年 4 月全国职业教育大会在北京召开，习近平总书记对职业教育工作作出了重要指示，强调了职业教育发展要优化其类型定位，深化产教融合、校企合作的重要内容，促进产教融合发展的重要性更加凸显出来。早在 2017 年 12 月，国务院办公厅发布《关于深化产教融合的若干意见》就明确提出要加强国际交流合作，鼓励职业教育、高等教育参与配合"一带一路"建设和国际产能合作。服务"一带一路"建设，为"走出去"中资企业培养本土化的技术技能人才，对接国际劳动力市场人才需求成为鲁班工坊的重要使命。2016 年至今，鲁班工坊项目实施已满 5 年，整体建设质量、投资收益、运营效果均到了需要阶段性总结与评价分析的节点。天津市鲁班工坊研推中心对鲁班工坊建设情况实施了调研分析，了解掌握鲁班工坊当前的建设进程、质量水平，以期分析当前发展中存在的问题，为未来建设高质量鲁班工坊提出改进对策。

2021 年 5—7 月，天津市鲁班工坊研推中心针对鲁班工坊产教融合、校企合

作问题展开调研，本次调研侧重于对企业认识与看法的收集，具体情况说明如下：
① 调研对象分别是已建成鲁班工坊合作企业及全国鲁班工坊产教融合发展联盟的企业成员，均与相应鲁班工坊有合作关系，对鲁班工坊校企合作情况较有了解。② 调研采用专家咨询、问卷调查和实地访谈等方法，问卷填答人员及访谈对象均是企业内主管负责鲁班工坊合作事宜的人员。③ 本次调研分为两个阶段，第一个阶段主要针对全国鲁班工坊产教融合发展联盟的企业成员展开，主要是为了了解联盟内企业与鲁班工坊合作的基本情况、企业与鲁班工坊合作的意愿是否强烈、企业对参与产教融合校企合作的满意度、企业与鲁班工坊合作存在的问题等。第二个阶段，主要针对泰国鲁班工坊合作企业展开，主要为了解企业与鲁班工坊合作的有效性和企业对校企合作的满意度。

### （二）调研对象基本情况分析

第一阶段调研对象主要是鲁班工坊产教融合发展联盟企业成员，通过对问卷和访谈资料的收集统计，本次参与调研的企业构成按照经济类型进行分类，主要分为国有企业、集体所有制企业、私营企业、股份制企业、有限合伙企业、港澳台企业、股份合作企业等，其中私营企业数量占比超过半数，其他类型企业占比相差无几（如图 12-1 所示）。这些企业基本分布在京津冀区域，主营业务有基建类、信息科技、餐饮、装备制造、商贸等。

第二阶段调研对象主要针对与泰国鲁班工坊合作的共 14 家企业，其中有 57% 的问卷来自泰国中资企业，43% 的问卷来自国内企业（如图 12-2）。

问卷主要针对企业人才需求、对鲁班工坊校企合作满意度、对鲁班工坊毕业生基本素质的满意度、鲁班工坊作用发挥、未来期望等方面进行调研，以期掌握和分析现有鲁班工坊在产教融合校

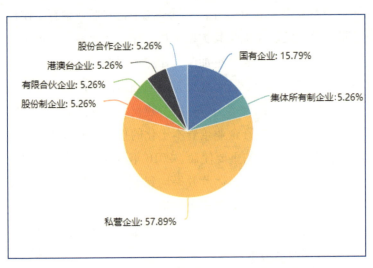

图 12-1　鲁班工坊产教融合发展调研企业构成

企合作方面的成效。本次问卷共涉及 14 家合作企业，其中 2 家企业来自北京，4 家企业来自天津，8 家企业来自泰国，问卷主要涉及企业对与泰国鲁班工坊合作的满意度评价，内容包括总体满意度、对毕业生综合职业能力满意度、对鲁班工坊职业培训满意度、企业人才需求、未来合作意愿等几个方面。

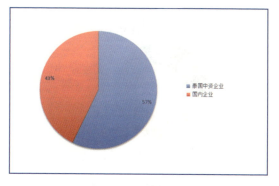

图 12-2　泰国鲁班工坊合作企业调研构成

## 二、关于鲁班工坊产教融合发展联盟

### （一）企业对与鲁班工坊合作的满意度分析

鲁班工坊作为我国职业教育国际化新模式，是我国职业教育开展国际产教融合、校企合作的重要载体与平台，企业对校企合作的满意度是衡量鲁班工坊产教融合、校企合作质量的重要指标之一。

在对鲁班工坊产教融合发展联盟中的企业进行调研时，我们发现企业对与鲁班工坊进行合作的意愿表达较好，明确表示具有非常强烈的合作意愿的高达 100%（如图 12-3），这说明合作企业对职业教育的认识程度较高，普遍能够意识到职业技术教育对企业发展的重要性及其参与职业技术教育的积极性。

联盟中的企业与鲁班工坊合作专业数量不等，通过调研汇总了企业与鲁班工

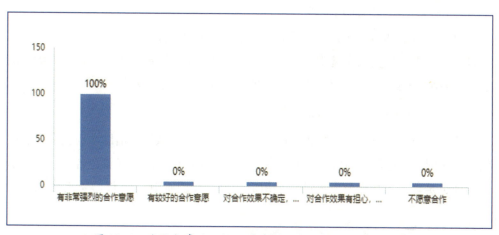

图 12-3　企业与鲁班工坊开展产教融合、校企合作的意愿

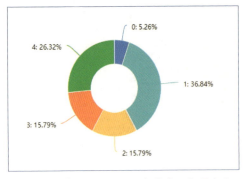

图 12-4　鲁班工坊与企业合作专业数量占比

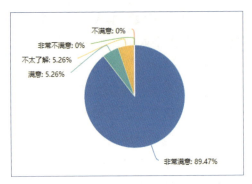

图 12-5　企业对与鲁班工坊合作的满意度情况

坊的合作专业数（如图 12-4）。如图所示，合作专业数最多是 4 个专业，企业占比达 26.32%，合作专业为 1 个的企业占比最大，达 36.84%。

在企业对目前与鲁班工坊合作情况是否满意题项中，企业对鲁班工坊的合作满意度总体达到 94.73%（如图 12-5），同时，有 42.1% 的企业专门制定了关于产教融合、校企合作的制度文件，有 47.4% 的企业处于正在制定相关制度文件中，有 10.5% 的企业已将相关制度文件的制定列入计划之中。

### （二）鲁班工坊人才培养的基本情况

鲁班工坊服务当地经济社会发展，最重要的发展就在于培养的技术技能人才适合当地社会经济发展的需要，适应劳动力市场对人才的需求，因此人才培养质量是决定鲁班工坊建设质量的关键因素之一。在人才培养方面，企业的规模和实力成为影响校企合作深入程度的重要因素。[1] 调研当中也验证了这一观点，规模越大的企业在鲁班工坊校企合作中投入越大，对人才培养的参与度也越大。调研结果显示，78.95% 的企业参与到鲁班工坊人才培养方案的设计中（如图 12-6）。

目前有 94.74% 的企业为鲁班工坊教学实训提供过技术支持，84.21% 的企业为鲁班工坊提供过实训设备支持，有 63.16% 的企业在校企合作中为鲁班工坊提供过实训教师，94.74% 企业为鲁班工坊教学实训提供过技术支持。

### （三）鲁班工坊人员培训的情况

鲁班工坊作为我国优质职业教育资源国际化的创新载体，借助学历教育和职业培训搭建国际职业教育领域的交流与合作，实现跨国产教融合与校企合作，因此职业培训也是鲁班工坊运营发展的重要组成部分。在调研中，有 42.11% 的企业曾经

---

[1]　参见潘建华：《职业教育校企合作有效性研究》，科学出版社，2021 年，第 142 页。

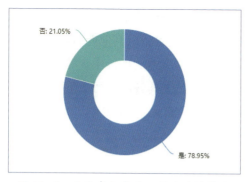

图 12-6　企业参与鲁班工坊人才培养方案设计的比例

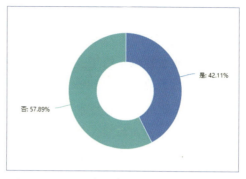

图 12-7　企业委托鲁班工坊进行员工培训的比例

委托鲁班工坊开展对员工的技术技能培训，57.89% 的企业还没有委托鲁班工坊进行过员工技术技能培训（见图 12-7）。

其中，国有大型企业中有 33.3% 的企业委托鲁班工坊进行员工培训，私营企业有 54.55% 的企业委托鲁班工坊进行员工培训，股份制企业中有 50% 委托鲁班工坊进行员工培训。通过调研发现，这些企业均以海外市场为主，在员工培训方面的需求比较大，主要集中于基础设施建设、机械类、电子信息、电气工程、国际贸易、外语等专业人才，且部分企业自身就具备较好的实习实训条件，因此在与鲁班工坊共同推进产教融合、校企合作方面具有较大潜力。

### 三、关于泰国鲁班工坊合作企业的调研

服务于国际产能合作和我国"一带一路"建设，为海外企业发展提供支持是鲁班工坊建设的重要使命之一。泰国鲁班工坊于 2016 年 3 月 8 日揭牌运营至今已满 5 年，为了解泰国鲁班工坊校企合作质量及发展情况，天津市鲁班工坊研推中心对泰国鲁班工坊合作企业进行问卷调查。

#### （一）企业对与鲁班工坊合作的满意度分析

调研结果显示，企业对与泰国鲁班工坊合作的评价结果较好，总体满意度达 78.57%，其中，非常满意占比 71.43%，具体情况如下：

#### 1. 合作企业对毕业生职业能力的满意度分析

调研组依据学术界大多数学者对职业能力界定的普遍共识，将学生职业能力分为专业能力、社会能力、方法能力、其他综合能力四个维度，专业能力指的是毕业生具备的专业知识、专业技能等能力；社会能力包括工作态度、团队协作、工作适应性、应变能力、沟通能力和工作责任心；方法能力包括学习能力、创新能力、

解决问题、组织管理、信息技术应用及外语掌握能力等；其他综合职业能力指的是除前三者界定的能力之外，毕业生从事某种职业需要具备的其他能力。

在企业对鲁班工坊毕业生具备的专业知识和技术能力的评价中，非常满意占78.57%，基本满意达 7.14%。在企业对鲁班工坊毕业生具备的学习、创新、解决问题、组织管理、信息技术运用能力的评价中，非常满意达 64.29%，基本满意达21.43%。在企业对鲁班工坊毕业生具备的工作态度、团队协作能力、应变能力、沟通能力和责任心的评价中，非常满意达 71.43%，基本满意达 14.29%。

### 2.企业对鲁班工坊提供的职业培训总体满意度

在 14 家企业中，有 10 家企业组织员工参加过鲁班工坊的技术技能培训，参与比例达到 90.91%，在这些企业对鲁班工坊提供的职业培训总体满意度的评价中，非常满意达到 80%。分析发现，企业对鲁班工坊提供的人员培训在培训内容、教材、时间安排、培训方式和条件、师资水平等方面有不同程度的认同（如图 12-8）。

其中，企业中对鲁班工坊提供的员工职业培训教材内容、培训教师专业水平、培训内容的实用程度满意度达 85.71%，对培训方式、培训时间安排和培训条件的满意度达 57.14%。

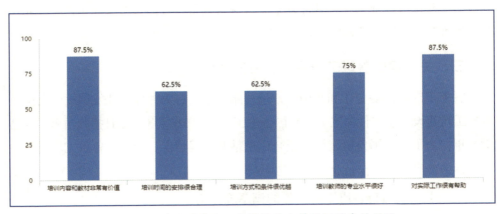

图 12-8　企业对鲁班工坊提供的人员培训满意的原因

### （二）企业对技术技能人才需求的分析

在对企业人才需求的调查中，为了解中资企业目前在海外发展最迫切需要何种专业性人才，根据"走出去"企业的主要业务领域划分，将企业需要的人才类型划分为营销类、技能型、管理类、工程型、研发类。根据调研结果，有64.29%的企业对研发类人才有迫切需求，50% 的企业对技能型人才有迫切需求，35.71%的企业对营销类人才有迫切需求、42.86% 的企业对工程型人才有迫切需求，

21.43%的企业对管理类人才有迫切需求（如图12-9）。

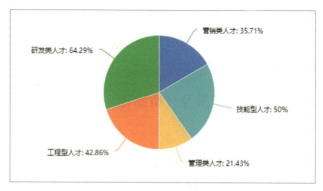

图12-9　企业迫切需要的人才类型

针对以上所需人才，企业认为其员工应具备的职业能力按重要性排序依次为专业知识与技能最为重要，其次应具备良好的工作态度、团队协作能力、适应性、应变能力、沟通能力和责任心，再次为学习能力、创新能力、解决问题、组织管理及信息技术运用与外语能力，最后是综合职业素养。因此，企业对技术技能人员的职业能力要求具有不同侧重点。

### （三）企业与鲁班工坊未来的合作意愿分析

鲁班工坊是我国优质职业教育资源国际化的新载体，其办学模式、专业设置、教学资源、师资队伍均是优先选择国际化水平较高、通用性技术技能较好的优质资源率先输出，因此无论在人才培养培训质量还是产教融合、校企合作方面都具有巨大优势和潜力。因此，企业对鲁班工坊的发展预期表达较好，有85.71%的企业认为与鲁班工坊的合作对企业在泰国的发展和国际化进程中发挥了非常重要的作用，有14.29%的企业认为鲁班工坊发挥了较大作用。其中，企业认为鲁班工坊对企业在国际市场拓展和技术研发能力提升的促进作用达到78.57%，对国际知名度的扩大的促进作用达57.14%，对企业员工素质提高达42.86%，对海外投资规模的扩大作用达35.71%，对企业海外发展风险值降低的作用达28.57%，对企业属地

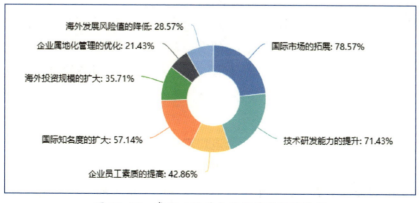

图12-10　鲁班工坊对企业发展的促进作用

化管理优化达 21.43%（如图 12-10）。

未来这些企业希望与鲁班工坊加强合作的意愿达到 85.71%，认为合作保持现状的意愿达 14.29%。

## 四、调研结果及分析结论

### （一）调研结果

调研数据体现了鲁班工坊产教融合、校企合作的现状及特点，为鲁班工坊未来发展提供了多方面的启示。

鲁班工坊校企合作情况总体评价满意度较好，对毕业生综合职业能力评价总体较好，对职业技能培训总体评价满意度较好，企业对鲁班工坊促进作用给予积极肯定，未来与鲁班工坊的合作意愿较强。

国有大型企业参与校企合作层面较广，评价效果一般。国有大型企业全部参与了鲁班工坊人才培养方案制定，全部为鲁班工坊学生提供了实习机会，全部为鲁班工坊提供过实训设施，全部为鲁班工坊教学实训提供技术支持，全部为鲁班工坊教师提供过实践机会。国有大型企业在海外开展企业文化交流活动的比例达到 100%。但同时，国有大型企业对校企合作的满意度表现评价表现各有不同（如图 12-11）。

私营企业参与鲁班工坊校企合作积极性较高，评价满意度高。有 81.82% 的私营企业参与了鲁班工坊人才培养方案的制定，72.73% 的私营企业为鲁班工坊实习实训提供过设备支持、45.45% 的企业为鲁班工坊学生提供了实习机会，90.91% 的企业为鲁班工坊教师实践提供了机会和技术支持，可以说私营企业在鲁班工坊校企合作方面都积极参与并支持，对于鲁班工坊校企合作的满意度评价达到 100%。私营企业在海外开展企业文化交流的比例为 63.64%。但同时也存在私营企业在鲁班工坊毕业生录用的比例较低现象（如图 12-12）。

鲁班工坊人才培养应具有针对性。从调研结果和不同合作企业区域需求来看，位于泰国的中资企业认为其最需要的是研发类人才，然后依次是工程类人才、技能型人才、管理类人才、营销类人才（如图 12-13）。在员工具备的职业能力方面，泰国中资企业更重视员工的工作态度、团队协作、适应性、应变能力、沟通能力、责任心等。

而本土企业在人才需求方面，最迫切需要的是技能型人才，尤其是外语类人才，其次依次是营销类人才、研发类人才、工程类人才、管理类人才。在对员工具备的职业能力方面，本土企业最为重视的是员工的专业技能和专业知识

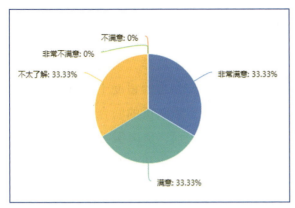

图 12-11 国有大型企业对鲁班工坊校企合作
的满意度评价

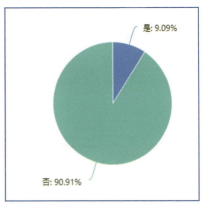

图 12-12 录用鲁班工坊毕业生
的私营企业占比

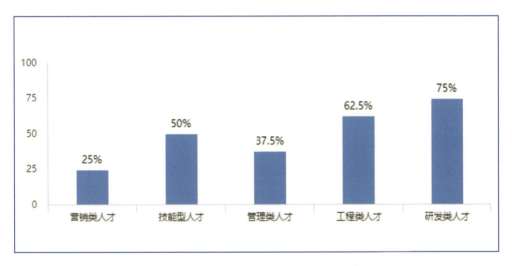

图 12-13 泰国中资企业对人才的需求情况

能力。企业对鲁班工坊毕业生质量的认可程度总体比较好，但根据企业对人才迫切需求情况来看，鲁班工坊与企业的合作关系应更紧密，鲁班工坊还需深入了解企业对人才的需求，在人才培养与培训的内容、模式及组织形式等方面还需进一步改进。

### （二）分析结论

#### 1. 鲁班工坊校企合作相关制度还不完善

尽管从国家层面到地方层面已经出台多个关于鲁班工坊建设发展的政策文件，对鲁班工坊校企合作的重要性和作用都有强调，但鲁班工坊校企合作还没有建立

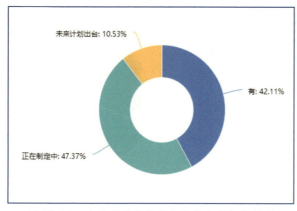

图 12-14 企业制定产教融合校企合作相关制度
文件情况

明确完善的制度。调研数据显示 78.95% 的企业参与了人才培养方案的制定，但企业参与的程度十分有限，在教师队伍的联合组建、教学实训、顶岗实习等方面，鲁班工坊和企业之间并没有真正建立起合作流程。鲁班工坊与企业之间的合作主要还是基于政府主管部门的指导、行业办学的便利条件为鲁班工坊和企业牵线搭桥、开展合作。关于鲁班工坊校企合作的接洽途径、对象遴选、内容设置、合作形式、校企双方权益保障、过程监管反馈、企业进入及退出机制等均未形成明确制度，合作深度有待加强，这在一定程度上影响了鲁班工坊校企合作的高质量开展（如图 12-14）。

### 2. 企业主体地位还未能完全体现

鲁班工坊项目主要有国际化校际合作、校企合作等模式，在人才培养、课程开发、专业标准、实习实训、师资交流等方面均有国内外企业的参与，且企业的合作意愿普遍较高，说明合作企业对高素质技术技能人才的需求非常迫切。但具体到建设运营层面，基本上都是依托在中外职业院校或普通高校的合作基础建立起来的，从整体合作实践来看，企业参与鲁班工坊项目的深度还不充分，企业的主体作用体现还不明显，与鲁班工坊互动层次还停留在较浅层面。

### 3. 鲁班工坊面向企业的服务载体还不丰富

鲁班工坊的核心目标就是服务"一带一路"建设，服务国际产能合作，服务"走出去"企业海外发展，因此作为承载着这一系列重要使命的载体，为中资企业海外拓展提供的服务平台应该是满足多元需求。但目前鲁班工坊对企业提供的服务还仅局限于本土化技术技能人才培养和培训，其他服务"走出去"企业的多元化载体还未充分开发，为企业在海外发展提供支持的力度还不足。

## 第三节　鲁班工坊推进产教融合的建议对策

### 一、发达国家产教融合发展的经验启示

随着新技术革命的到来，全球经济社会格局正在进行深刻变革与重构，职业教育产教融合成为高素质技术技能人才培养的关节，也是影响一个国家在全球产业链所处位置的重要因素。发达国家产教融合已经历了几百年的积淀，校企合作共育人才的理念深深扎根，在新的时代背景下，发达国家为有效应对技术革新的浪潮和职业世界的变化趋势，纷纷采取了新的措施推进产教融合的深化。[①]

德国的"双元制"职业教育将产教融合作为最基本的要求，政府及教育部门高度协同，共同协商制定相关法律、规范、标准，学校与企业在双元体系中的职责与分工非常明确，企业在职业教育人才培养中的主体地位明显，产教融合理念充分体现。美国的职业教育推进产教融合的过程中注重与产业紧密对接，培养开发高素质技术技能人才，尤其是学校与企业、社区联系紧密，注重人的职业生涯发展和规划。英国为了有效提升国家竞争力，将新型学徒制的建设与完善作为实现产教融合的关键内容。日本非常重视职业教育与产学研合作，将产学协同培养应用型人才作为一项基本政策实施，提倡产学官合作统筹培养适应产业需求的应用型人才，以大学等高等教育机构为对象，培养制造业具有创新意识的高端应用型人才。[②]

### 二、鲁班工坊推进产教融合的发展建议

#### （一）建立完善的鲁班工坊校企合作制度

中国校企合作已经经历了多年的实践和探索，积累了许多经验，国家也出台了相关法律法规予以保障。对于海外的校企合作目前还没有有效的保障措施，仅依靠合作备忘录和协议约束双方的行为，无法满足鲁班工坊内涵建设和高质量建设的要求，因此未来要加强制度层面的构建和完善，为校企合作双方提供保障措施；未来应建立鲁班工坊与企业合作制度性规范和准则，为鲁班工坊校企合作构建科学完善的路径，构建可持续发展的校企合作生态系统；建立健全鲁班工坊建设评价体系机制，包括合作过程的监督与跟进机制，合作质量反馈机制等，引入第三方机构开展鲁班工坊产教融合、校企合作效能评价，建立评价结果统计

---

① 参见石伟平、匡瑛：《中国教育改革 40 年：职业教育》，科学出版社，2018 年。

② 参见陈要勤、[日]冈田昭人：《日本应用型人才培养及对中国教育的启示》，《教育与职业》，2018 年第 19 期。

信息系统，作为对鲁班工坊建设质量、投资效率、人才培养质量审核的重要依据。

### （二）建立海外政策制度分析支持系统

助力企业"走出去"是鲁班工坊的重要使命之一，为深化产教融合、校企合作，鲁班工坊应积极为企业"走出去"创造更广阔平台，针对中资企业海外业务拓展及降低运营成本等需求。面对当前全球多区域政治局势持续动荡，共建"一带一路"国家经济社会发展不稳定、不确定因素带来的风险和威胁，未来鲁班工坊应建立专业的海外政策制度分析支持系统，对合作国政治、法律、经济、劳动力市场等相关政策深入分析与研判，为中资企业海外落地发展提供决策依据与信息支持，降低企业海外投资风险，为企业提供准确的人才培养目标定位，优化中资企业海外属地化管理结构，提升企业参与国际产能合作的效益与效率，成为中国企业在海外可靠的智库资源。

### （三）建立国际产教融合促进机制

鲁班工坊产教融合、校企合作还处于不断探索的初级阶段，企业的参与度和校企合作的深度广度均不够深入。同时，全球新冠肺炎疫情的持续蔓延对鲁班工坊建设项目造成的阻碍短期内难以解决，也为校企合作有效开展造成极大阻碍。未来鲁班工坊一方面需要更加及时地跟进企业发展需求，精准制定培育计划，将企业生产过程与学员培养培训过程进一步融合，才能保证学员技术技能掌握程度与企业生产需求高度相符，从而提升培养和培训的效果。另一方面，要借鉴国内外先进的校企协同育人模式经验成果，进一步吸引海外优秀企业和标杆企业加入职业教育，在人才培养、师资建设、课程设置、资源开发、资金支持等方面充分发挥企业的主体地位，针对不同类型企业的人才需求作深入细致分析，对企业所处发展阶段应有清晰了解，针对不同发展阶段急需的技术技能人才类型，对专业设置、课程开发及培养模式进行调整，更精准地对接到企业发展需求，为促进中资企业在海外的发展提供优质人力资源支持。同时，借助全国鲁班工坊产教融合发展联盟的广阔平台，积极拓展更多校企合作项目，扩大我国优质职业教育资源国际化影响力，构建开发高质量国际化技术技能人才培养标准，承接高规格的国际技能大赛，推进国际产教融合校企合作高质量发展。

### （四）建立国际化复合型技术技能人才培养标准

鲁班工坊作为我国职业教育国际化的创新发展模式，同时也是国际化产教融合、校企合作的新型载体，承载着培养国际化技术技能人才和促进中外人文交流合作的重要使命。随着新技术革命的兴起，全球产业链格局正在发生变革性重构，国际市场多元化，生产技术不断进步，产品结构不断优化，许多新兴产业异军突起。"互联网＋"信息技术在国际产能合作中的应用越来越广泛，企业对技术技能人才的需求越来越多元，对创新性的复合型人才的需求越来越迫切。围绕"一带一路"国际产能合作不断升级的需求，鲁班工坊应及时了解国际市场发展，在对接行业企业中凸显创新性和前瞻性，构建国际化复合型技术技能人才的培养标准，为企业技术更迭提供动力，提升中国企业的国际竞争力。

# 第十三章 鲁班工坊建设联盟发展路径研究

鲁班工坊建设联盟的成立和发展，是鲁班工坊发展从天津走向全国、成为中外人文交流领域国家名片、职业教育国际化领域重要品牌的必然结果。联盟的本质在于促进跨组织合作，提高各成员单位的竞争力，提高整体的发展效率。携手全国职业院校和相关行业、企业，协同相关研究机构，共建鲁班工坊建设联盟，促进中国优质职教资源和职教品牌走出去，提升合作国家青年人才技能水平，与合作国家职业教育体系互鉴互补，为全球职业教育发展提供符合全人类利益的国际公共产品，为全球职业教育治理体系共享中国方案和中国智慧，这是鲁班工坊建设联盟的宏大使命。鲁班工坊建设联盟的科学的功能定位、管理体制、组织结构和运行机制、管理方法、发展策略，以及成员单位职业教育国际化发展的坚实基础，为联盟的稳健起步提供了组织和制度保障。

## 第一节 鲁班工坊建设联盟的发展战略

鲁班工坊建设联盟的成立和发展，是我国全面加强职业教育国际交流和合作，提升全球职业教育治理水平的重要途径，是规范鲁班工坊项目市场，对鲁班工坊进行品牌化建设与管理，整体提高中国职业教育国际影响力和竞争力的重要保障，也是积极参与"一带一路"建设，配合中国企业"走出去"的重要平台。鲁班工坊建设联盟的发展，有利于反哺中国职业教育提升办学质量，提高人才培养水平，促进国际人文交流，在更广层面更深层次上丰富职业教育国际化、教育对外开放等理论内涵和实践形态。

## 一、全面加强职业教育国际交流和合作，提升全球职业教育治理水平

国家在促进高校境外办学、扩大教育对外开放、推动共建"一带一路"教育行动共同体方面做了很多工作，形成了"携手同行、顶层设计、政策倾斜、重点突破"发展新格局。如自 2016 年起，教育部与 18 个省（区、市）分批签署了部省（区、市）共建"一带一路"教育行动备忘录，[①]与 116 个国家签署以推动职业教育领域国际交流合作为主要内容的共建"一带一路"谅解备忘录，有 44 所高校（以高职院校为主体）在共建"一带一路"国家举办 28 个境外办学机构，建设了 47 个项目。[②]《高等学校境外办学指南（试行）（2019 年版）》《推进共建"一带一路"教育行动工作计划（2021—2025 年）》等一系列政策，聚焦于职业教育服务"一带一路"建设，为进一步加大与共建国家职业教育框架体系的衔接与合作，开展更大范围、更高水平、更深层次的职业教育国际合作交流提供了重要指导。天津高校（包括中高职和本科院校）在境外 17 个国家成功建设了 18 个鲁班工坊，实现了共建"一带一路"国家技术技能人才培养的本地化。

但是职业教育国际化发展是不平衡的，质量也参差不齐。为了中国职业教育对外开放、积极推进境外办学工作的行稳致远，有必要在一个基础性的行业标准框架内开展实质性工作，把项目做扎实，把基础打坚实，实现有基础的更丰富、有根基的更牢固、有潜力的大发展的良好发展格局。通过鲁班工坊全国联盟的创设和运行发展，带领更多的优质职业院校进入鲁班工坊建设行列，从个别地区试点到全国普遍实践，中国职业院校担当起更多国际责任，使得中国职业教育在海外的声音更响亮、色彩更鲜艳、形态更多样、治理能力更强更有效。

## 二、进行品牌化建设与管理，整体提高中国职业教育国际影响力和竞争力

品牌化管理是鲁班工坊建设联盟保证鲁班工坊建设标准和运行质量的重要方式，也是中国职业院校聚力推进高质量"走出去"的重要策略。

中国引领全球有序发展，规范发展，高质量发展，要掌握技术控制权、创新引领权和市场话语权，以技术、标准、产品为核心形成一个品牌，并对品牌进行科学

---

① 参见教育部：《全面推进共建"一带一路"教育行动 教育部与四省市签署〈推进共建"一带一路"教育行动国际合作备忘录〉》，http://www.moe.gov.cn/jyb_xwfb/gzdt_gzdt/moe_1485/201902/t20190219_370193.html，访问时间为 2021 年 8 月 10 日。

② 参见教育部：《关于政协十三届全国委员会第三次会议第 4902 号（教育类 450 号）提案答复的函》（教职成提案〔2020〕100 号），http://www.moe.gov.cn/jyb_xxgk/xxgk_jyta/jyta_zcs/202010/t20201022_496138.html，访问时间为 2021 年 8 月 10 日。

管理和运行，塑造品牌形象，达成品牌共识，找准品牌定位，制定品牌战略，构建品牌话语，精心进行品牌维护，帮助中国职业院校合力共同"走出去"，造福全球。

### 三、积极参与"一带一路"建设，配合中国企业"走出去"

中资企业在海外开展业务，需要熟悉当地情况、精通公司业务的本地技术人员和管理人员。这既有利于顺利开展工作，也降低了大量的人力成本，同时，也造福本地人民，通过培训、招聘、录用本地的人才，为当地创造就业岗位，也为工程交付、使用本地化提供智力和人才支持。

目前，中资企业在海外开展业务体量庞大，对各类技术人员和管理人员的需求也比较急迫。据联合国《世界投资报告 2021》，近年来中国一直是全球对外投资最大投资国，2020 年为 1330 亿美元。[1] 据中国商务部、外汇局统计， 2020 年我国对外全行业直接投资 9169.7 亿元人民币，覆盖全球 172 个国家和地区的 6790 家境外企业。[2] 对外承包工程新签项目的八成集中在基础设施领域，而这类项目对设备和人员的数量和技术要求都比较高。如作为我国对外承包工程第二大业务单位——中国建筑集团有限公司累计在境外 130 多个国家和地区承建 6000 多个项目。[3] 中石油在全球 37 个国家经营 95 个油气项目，海外项目现有中方员工 17000 多人，外籍雇员超过 9 万人。[4] 在非洲大陆最长距离的跨国电气化铁路——亚吉铁路上，2019 年仅有当地员工 275 人，[5] 本国合格的铁路技术人员和管理人才不足成为影响亚吉铁路建设的重要障碍。

鲁班工坊全国建设联盟的发展，为联合中资企业在海外可持续发展，诸如海外投资、工程承包、商贸物流、工业园区建设等领域的本地化人才规模化培养，提供更多的优质可靠的教育支持平台，解决中国大型企业在海外经营人才储备的后顾之忧。

---

① See UNESCO. world investment report 2020 [R/OL].[2021-08-19]. https://worldinvestmentreport.unctad.org/world-investment-report-2020/ . 与 UNESCO. world investment report 2021 [R/OL].[2021-08-19]. https://worldinvestmentreport.unctad.org/world-investment-report-2021/ .

② 参见《2020 年我国对外全行业直接投资简明统计》，http://hzs.mofcom.gov.cn/article/date/202101/20210103033289.shtml，访问时间为 2021 年 8 月 22 日。

③ 参见亢舒：《中国建筑累计在境外 130 多个国家和地区承建 6000 多个项目》， http://www.ce.cn/xwzx/gnsz/gdxw/201807/09/t20180709_29666737.shtml，访问时间为 2021 年 8 月 22 日。

④ 参见《中企已覆盖全球 160 多国家 海外安保需多少"吴京"》， http://finance.sina.com.cn/roll/2017-08-28/doc-ifykiurx2484643.shtml，访问时间为 2021 年 8 月 22 日。

⑤ 参见刘茜、陈建强：《鲁班工坊出国记——天津职教助力"一带一路"建设纪实》，https://news.gmw.cn/2019-05/08/content_32813700.htm，访问时间为 2021 年 8 月 22 日。

## 四、深度反哺中国职业教育提升办学质量，提高人才培养水平，促进国际人文交流

鲁班工坊全国建设联盟的创设和发展，能够在更新更深更广层面上促进鲁班工坊服务和反哺中国职业教育。鲁班工坊的建设不仅仅培养合作国家技术技能人才，服务国家"一带一路"建设，服务中国企业"走出去"，促进国家间人文交流，也反哺了我国鲁班工坊参建单位的发展，各参建学校和科研机构在国际化水平上有了新的开拓。

近几年的鲁班工坊建设，参建单位特别是职业学校的发展理念、领导观念、管理水平、教师素质、师资培训、人才培养、学生素质、教材建设、专业发展等，产生质的飞跃。这对职业学校和教师都有巨大的直接影响。就中国职业教育整体而言，合作国接受或认证了中国职业教育的理念、培养模式、人才培养方案、专业标准、教学设备、课程与教学资源等与职业教育相关内容，说明中国的职业教育经过多年的发展与改革，已经走到国际前沿，与国际接轨。特别是理实一体化的教学模式，使得一些对方国家还停留在课堂讲授理论知识的教学有了质的改变。强调学生实习实践，强调企业参与办学，是鲁班工坊的重要特色。如作为第一个本科合作层次的印度鲁班工坊就是天津 2 所职业院校联合中国驻印度 5 家企业与印度金奈理工学院联合建设的，同招收的印度学生签订培养订单，毕业直接进入当地中资企业就业，学生和企业实现双赢。又如教育部在天津职业院校试点实施50 个职业教育国际化专业标准，实践证明是有效的。截至目前，通过鲁班工坊建设，我国 8 大类 11 个专业标准获得合作国家认证，[①]正式进入对方国家的国民教育体系。中国的职业教育从输入转向输出，甚至被发达国家教育体系接纳，证明了多年来我国职业教育改革的方向是正确的，校企合作、产教融合的发展道路是有生命力的。

鲁班工坊全国建设联盟的成立和运行，必将在更广的层面上进一步加强职业院校与行业、企业的合作，加强职业教育与经济产业的融合发展，在中外职业教育交流的互学互鉴、合作共赢中进一步反哺我国职业教育质量提升。

## 五、在更广层面更深层次上丰富职业教育国际化、教育对外开放等理论内涵和实践形态

鲁班工坊实践活动还在更深更广的层面上丰富了职业教育国际化发展的内涵，

---

① 参见杨延、王岚：《中国职教"走出去"项目鲁班工坊国际化品牌建设研究》，《中国职业技术教育》，2021 年第 12 期。

成为教育对外开放的新形态。"引进来"和"走出去"是我国对外开放基本国策的两个方面,二者之间紧密联系、相互促进,是一个整体,缺一不可。但是"引进来"一直是我国教育对外开放的主要形式,中国高校在境外办学这一"走出去"的教育开放形态还比较少。如厦门大学马来西亚分校、复旦大学布达佩斯校园项目等。目前,我国大约有44所高等学校赴共建"一带一路"国家举办28个境外办学机构、47个项目。① 在职业教育领域,以天津为先的职业院校在亚洲、欧洲、非洲17个国家开办了18个鲁班工坊项目。

鲁班工坊办学实践对提高我国职业教育国际化发展水平、增强国际竞争力有着不同寻常的意义:首先,大力践行"走出去"理念,增强中国职业教育在国际上的自信。破除一味"引进来"单一行为,坚持在学习、吸收、守正的基础上进行持续不断的创新,探索适合职业教育特点和中国国情的职业教育模式和教学方法,并走出国门,进入合作国的教育体系,接受对方认证。鲁班工坊实践,让中国职业教育从"适应国际规则"到"制定国际规则"转变有了可能。其次,始终坚持职业教育服务大局意识,遵循教育规律办事。鲁班工坊境外办学,最高目标是践行构建人类命运共同体理念,为合作国青年人提供技能培训机会,提供就业助力。就中国而言,参与"一带一路"建设,服务中资企业海外项目和业务,为其提供基础性技术人才和管理人员。最后,开创了中外平等合作的新模式,为成功"走出去"并持续运行下去提供基层经验。天津鲁班工坊海外建设的"五到位""五共原则"为中国职业院校成功"走出去"提供了一种可选模式,也是再次践行了"亲、诚、惠、容、通"国际合作的共商共建共享原则,为建设"一带一路"教育共同体、开创国际教育合作与交流新局面提供了本土化的经验基础。

鲁班工坊建设联盟的创立,是鲁班工坊做大做强的必要环节和重要保证,致力于提升各个学校管理政策,对于职业教育"走出去"标准方面提供一套可以借鉴的模式和路径,从而将职业教育国际化的路子走得越来越宽广,对职业教育国际化的内涵汇入更丰富的理解和诠释。

---

① 参见教育部:《关于政协十三届全国委员会第三次会议第0184号(教育类012号)提案答复的函》(教外 提案〔2020〕271号),http://www.moe.gov.cn/jyb_xxgk/xxgk_jyta/jyta_gjs/202012/t20201203_503267.html,访问时间为2021年8月22日。

## 第二节　鲁班工坊建设联盟成员的能力基础状况

联盟发展是现代社会组织发展的常见形式，无论在企业界还是教育界，联盟都成为个体单位发展的重要选择，一些单位参与了多种类型多种层次的各种联盟组织，即联盟组合，为自身发展寻求生产、信息、人才、科研等各种资源的联合与合作，以提高本单位的组织竞争力。联盟的功能定位和组织架构，决定着联盟的使命达成程度，是鲁班工坊建设联盟的发展组织保障。联盟成员单位的合作期望、类型特征和能力基础状况，也极大地影响着联盟的运行效果。从现有资料来看，鲁班工坊建设联盟成员单位的职业教育国际化积累了一定的发展基础，为鲁班工坊建设联盟的良性发展提供了可靠的能力保障。

### 一、鲁班工坊建设联盟的理论内涵

联盟是经济全球化的必然产物，是组织机构间合作的一种重要形式。为了进一步发展的需要，个人或组织间会进行联合、约定，为了共同的利益和目的成立一个新组织，这个过程或跨组织即为联盟。本质上，联盟是一种基于契约的个人和组织间重新集合所形成的新组织，如欧洲联盟、非洲联盟、上海经合组织、阿拉伯国家联盟，这些是政治联盟，还有企业间、教学机构、科研机构间的产业联盟、技术标准联盟等，如 2015 年在甘肃敦煌成立的"一带一路"高校联盟、2019 年由中国矿业大学（北京）发起成立的"一带一路"矿业高校联盟、2020 年在湖南成立的中非经贸合作职业教育产教联盟、清华大学的亚洲大学联盟、西安交通大学的丝绸之路大学联盟等，不一而足。

在现实世界中联盟的发展形成了一定的谱系，形态多样。按照组织对成员约束力程度从强到弱划分，比较紧密的组织有政治同盟和宗教组织等，他们新设一个新的主体对所有成员进行管理，而联盟仅仅是增加了相互约定条款；比较松散的联合组织如学会、协会、研究会等。无论哪种形式的联盟（广义的联盟），判断其最终归属有三个构成要件：①基本的共同的政策信仰，②隐性的或显性的共享利益，③正式的或非正式的组织关系。[①]其本质上是一个利益团体，一种更高层级的组织结构，如社会组织、政治组织、学术组织、技术组织或经济组织。

---

① 参见陈学飞：《理想导向型的政策制定——"985 工程"政策过程分析》，《北京大学教育评论》，2006 年第 1 期。

联盟有效运转有赖于一定的内部结构和功能。作为组织的联盟都有其成立背景、组织宗旨、组织性质、组织成员和权力架构，以及普遍性程度和影响力等。联盟的运行机制可以大致概括为组织协调机制、利益交换机制，以及共生共享机制等。为了有效地发挥联盟的应有效用，应该处理好联盟运行中的几对关系：信任与控制、竞争与合作、战略与执行，这些关系并非非此即彼的对立的，而是可以在一定条件下融合共存甚至是紧密相关、成为一体的。要慎重对待联盟演化发展不同阶段的针对性治理变革，按照生命周期理论对联盟的组建、成长、成熟和解体（跃升）等阶段有基本认识，建立和完善相适应的治理体系，提升治理能力。认真对待对联盟绩效评估，提高联盟的效用、增强联盟的功能，不断提高联盟成员的能力水平和联盟的治理水平。

## 二、鲁班工坊建设联盟组成结构与功能定位

鲁班工坊建设联盟是鲁班工坊发展到一定阶段的必然产物。从 2016 年天津在泰国建设第一个鲁班工坊以来，以高职院校为主体，联合中职、普通高校，配合中国（天津）驻外企业，陆续在亚洲、欧洲、非洲等 17 个国家建立了 18 个项目，为中国职业教育在国际上树立形象、推广成果做了许多工作。大部分学校都承担了一个项目，一些学校承担了两个甚至三个项目。特别是在从 2019 年 3 月在非洲吉布提建立第一所鲁班工坊开始，到 2021 年 4 月埃塞俄比亚鲁班工坊揭牌成立，天津在两年的时间内在非洲建立了 11 所鲁班工坊，兑现了在 2018 年 9 月中非合作论坛北京峰会上的承诺。尤其是在新冠肺炎疫情全球肆虐，人员货物流动都基本处于停滞的国际形势下，鲁班工坊建设者们通过互联网技术跨洋过海，"云揭牌""空中课堂"等多种形式，一步步推动着项目建设，最终顺利完成任务。

在非洲鲁班工坊建设过程中，院校之间密切合作，从合作国家学校选择论证，到参与企业的商谈共议，最后到天津院校的承担实施，有效地建立起学校间的沟通协调机制，也明确了鲁班工坊建设各方的权利责任，更确立和巩固了鲁班工坊服务"一带一路"建设、构建人类命运共同体中的价值意义。

为了进一步推动鲁班工坊的全国发展，加强对已建成鲁班工坊运行的质量保障，经过一年多的筹备，2020 年 11 月"鲁班工坊建设联盟"在天津成立。鲁班工坊建设联盟是中国教育国际交流协会的二级协会机构，属于民间性质的行业协会组织，为鲁班工坊项目的设立、培训、评估、管理等事项提供帮助。目前，鲁班工坊建设联盟有 72 家成员（为发起单位），以高职职业院校为主体的教育机构

有60所（每个省市提供两所院校参与联盟），企业有8个，科研院校4所。天津职业大学当选为第一届理事长单位和秘书处单位，副理事长单位有18个，其中企业行业协会3家。联盟还内设了专家委员会，为鲁班工坊建设标准和评估规范等学术性事项提供智力支持。鲁班工坊建设联盟，具有民间自发性、实体项目支撑性以及国家政策导向性。鲁班工坊建设联盟的成立，标志着鲁班工坊项目由地方经验正式上升为国家品牌，从天津走向全国，为全鲁班工坊建设标准和规范提供高质量服务。鲁班工坊首创于天津，反哺于中国职业院校的国际化发展，最终为世界各国提供一种优质的职业教育公共产品。

### 三、鲁班工坊建设联盟成员单位的国际化办学实践路径

在教育对外开放，开展国际化办学过程中，教师互派、学生互换、学分互认、学历互认、学位互授联授、引进优质资源联合办学等都是重要形式，而中国院校走出国门，到对方国家开展办学行为，则是重要突破，而这个突破，则是建立在长期的教育培训合作和留学生教育的基础上，是建立在彼此承认和互信的心理基础上。在各省实践中，诸如山东、广东等省市出台了支持职业教育对外开放文件，也有部分职业院校在海外办学、设置办学点、培训中资海外企业员工，形成了中国职业教育境外办学的新探索，是我国职业教育对外开放的新生力量。总结这些办学经验，对于鲁班工坊建设联盟的发展构想具有基础性作用。

#### （一）承接政府对外援助等重大国际项目，培训外籍教师、官员和技术人员

一些具有"外"字特色的院校培训国外人员的项目比较多，时期较长，经验丰富。查阅鲁班工坊建设联盟成员的2020年的人才培养报告中国际合作与交流的部分材料，发现外贸类、交通、机械、矿油类等理工类的院校占比较多，这些学校有很深厚的与行业、政府部门合作的背景，或者过去就是行业办学、部门办学转设而来，与行业主管部门的人才培养培训关系非常密切。如山东外贸学院、湖南外贸学院等与商务部、本省商务厅的合作紧密，是出国人员培训基地，也是国务院对外援助办公室委托承接国外技术人员、政府官员等培训的指定单位，多年来一直承担着非洲很多国家的国际贸易等方面的专业培训项目，在非洲具有很广泛的影响力和良好的口碑。

#### （二）进行师生国际交流活动，推动国际理解教育

高职院校吸引国外特别是非洲国家的留学生（包括进修教师）来中国学习语言、贸易、医学、机械、农业等对方国家急需的专业技术，这也是各地政府

针对留学生提供财政项目支持的。接受外方职业院校教师来中国进行技术和教学方法培训，以及派遣中国专任教师到境外进行专业技术指导和培训，也是中外职业教育交流的重要形式。如山东潍坊职业学院派遣2名教师赴刚果（金）开展农业培训，培养当地专业技术人员300余人；湖南铁路科技职业技术学院培训国（境）外人员达12.5万人日，在国（境）外企业承担专业技术服务的专任教师数达74人，等等。天津的鲁班工坊项目参建院校因为该项目的成功，在合作国家形成一定的影响力传播力，吸引了对方国家以及该国周边地区的青年人来华学习语言和技术，提升就业技能，很多院校也因此开启了留学生教育的新篇章，留学生数量在逐年增长，为学生的多元化、培养人才的国际化赋权增能。留学生毕业后期待到所在国中资企业工作，或者在当地企业中开展与中国的贸易工作，他们的教育经历和对中国的亲身体验，为其岗位适应和国际贸易工作便利提供了坚实的基础。

### （三）联合行业企业"走出去"在境外设立海外学院

各省高职院校在境外办学情况已有时日，规模也相当大。据各省2020年高等职业教育人才培养质量报告，山东省内高职院校国（境）外办学点达20个，江苏省高职院校国（境）外办学点39个，湖南全省高职院校国（境）外合作办学点在校生数达2438人，其中，湖南铁路科技职业技术学院海外培训基地数达30个。另外，建成境外分院的有北京农业职业学院泰国分院、山东外贸职业学院华盛顿州分校、山东理工职业学院泰国分校，等等。[①] 行业主导崭露头角。其中，规模比较大的成熟的是以中国有色矿业集团有限公司（简称"中国有色"）、中国土木工程集团有限公司（简称"中土集团"）和中铁十八局集团有限公司（简称"中铁十八局"）等行业和跨国公司为主导的在所在国建立的培训中心，有的是以此为基础建立了制度化的教育教学机构，如2019年正式运行的中国－赞比亚职业技术学院。作为在境外合作举办的三年制高等职业技术学院，教育部同意，依托中国有色金属工业协会及全国有色金属职业教育教学指导委员会，以中国有色金属矿业集团作为试点企业，北京工业职业技术学院、吉林电子信息职业技术学院、哈尔滨职业技术学院、南京工业职业技术学院、湖南有色金属职业技术学院、广东建设职业技术学院、陕西工业职业技术学院和甘肃白银矿冶职业技术学院8所学校作为试点院校，

---

① 以上数据源自相关省份\院校的2021年高等职业教育人才培养质量年度报告，https://www.tech.net.cn，访问时间为2021年10月8日。

主要面向赞比亚高中毕业生开展三年制高等学历教育，面向在赞比亚的中资企业员工开展技能培训。学校采取"总院＋二级分院"模式，每个二级学院作为国内合作院校的海外分院，由合作院校分别承建，各校提供的设备仍归本校所有。赞比亚职业教育与培训管理局共批准了中国高职院校开发的 8 个国际化专业教学标准为赞比亚国家职业教育教学标准：机械制造与自动化、信息与自动化、机电一体化、金属与非金属矿开采、机电设备维修与管理、珠宝设计与加工、储能材料技术专业、导游专业。学生修满专业学分并达到汉语六级后可参加赞比亚国家统一考试，考试合格者颁发中国－赞比亚职业技术学院毕业证书。毕业生如进入中资有色金属企业工作，将以高于平均薪资 30% 的薪酬优先录用。[①] 另外深职院－巴登符腾堡双元制应用技术大学职业教育培训与研究中心也比较典型。[②]

### （四）与国外教育部门或教育机构合作，嵌入当地大学课程和专业

比较灵活的方式，是中国职业院校开发了专业教学标准和课程标准被对方教育部门和学校接受认可，纳入其国民教育体系，成为教师开展教学的标尺。这是因为合作国家高校中没有相关专业，有的甚至缺失高等职业教育阶段，教育体系尚不完备。比如吉布提的铁道等相关专业是空白，虽然有了非洲最长的跨国铁路亚吉铁路，但是在人才培养上尚是空缺，暴露出教育对该国家经济发展支撑力度不足。目前，中国职业院校在国际化专业教学标准制定上有了显著成效，如 2020 年，天津职业院校开发并被境外职业院校采用专业教学标准和课程标准分别达到 13 个、58 个；山东全省分别为 63 个、335 个；江苏省为 240 个、1658 个；湖南省为 138 个、382 个，还有其他标准 191 个，总体数量可观。与合作学校分享中方院校的课程与教学成果，比在海外建立分校合作办学要降低很多成本，但是最终在学校教学中的成效，取决于对方教师的理解、掌握和运用。另外，我国已经形成以专业目录、专业教学标准、课程教学标准、顶岗实习标准、专业仪器设备装备规范 5 部分为基础的职业教育国家教学标准

---

① 　参见翟帆：《中国－赞比亚职业技术学院开学》，http://edu.people.com.cn/n1/2019/0806/c1053-31278510.html，访问时间为 2021 年 8 月 22 日。

② 　参见赵继政、杨文明、王永学、巫忆苏：《职教撑起"一带一路"建设的深职院行动》，《中国教育报》，2020 年 11 月 26 日。

体系框架<sup>①</sup>，是全国各职业院校制定国际化专业教学标准、课程标准等规范性文件，各种教学资源在各合作国落地的过程中还要灵活地适应当地国家教育体系，最大化地满足当地青年人的学习需求。

## 四、鲁班工坊建设联盟成员单位的教育国际化发展特点

具有行业办学基础的职业院校，通过国家和地方政府的大力支持和投入，近年来发展迅猛。很多学校借助产业经济发展优势和财政性项目支持，获得领先发展，成为示范性优质院校。这些学校通过职业教育的多种形式的合作与交流，实现了中国为合作国家提供人才支撑、促进民心相通、实现共同发展的重要目标，中国也在国际职业教育一些事务中提出中国方案，与全球职业教育治理共享中国智慧。通过资料分析，这些合作与交流形式主要有以下四种。

### （一）国家项目 + 技能培训的推进策略

借助于国家对外开放政策、"一带一路"建设以及多年来的国家对外援助工程，一些高职院校，特别是具有行业办学悠久历史的学校，承担了一部分教育国际化功能，开展对方国家教师、技术人员和行政官员等培训工作，助力国家外交方针政策的实施。

### （二）政校行企等多方合作的固定规则

借助于国家对外政策和交流平台，学校在行业、企业等主导下，选择合适的境外学校合作办学，进行人员培训，比如天津铁道职业技术学院在中土集团的帮助下，在吉布提和尼日利亚鲁班工坊建设过程中，驻地企业为鲁班工坊的中方教师提供了包括安保、食宿、交通，甚至鲁班工坊建设的费用支持等，可以说，如果没有中国驻外企业和当地中国大使馆等部门的大力协助，单凭学校自身力量是无法在境外建立办学机构或者培训中心的。

### （三）示范 + 对话 + 合作的多样形态

教育国际化发展、中国职业院校能够"走出去"需要日积月累以人才培养

---

① 目前，我国职业教育领域国家教学标准体系的建设成果包括：2个专业目录，即《中等职业学校专业目录》（教职成〔2010〕4号）及其设置管理办法和《高等职业学校专业目录》（教职成〔2015〕10号）及其设置管理办法；230个中职专业教学标准和410个高职专业教学标准；9门中职公共基础课教学大纲、9门中职大类专业基础课教学大纲；70个职业学校专业（类）顶岗实习标准以及9个专业仪器设备装备规范等。资料来源：教育部：《关于政协十三届全国委员会第一次会议第3178号（教育类329号）提案〈关于优化职业教育协同中资企业实施"一带一路"战略的提案〉答复的函》（教提案〔2018〕第29号），http://www.moe.gov.cn/jyb_xxgk/xxgk_jyta/jyta_zcs/201901/t20190118_367345.html，访问时间为2021年8月22日。

质量为中心，一步一步形成良好的社会示范效应，进而形成境外传播，进行中外国际对话，得到对方国家的院校甚至高层领导人的认可。比如，以装备制造、电子信息类专业为领先的陕西工业职业技术学院吸引了马拉维共和国总统、新西兰驻华大使先后到校访问，马拉维共和国总统对该院的人才培养模式和质量高度肯定，希望能与马拉维合作办学，共同培养优秀人才。这种以学校自身教学、实训实力和办学成就为基础，与境外机构与人员特别是高级别官员、领导人的对话和交流，为高职院校开展对外合作交流，推动境外办学提供了潜在的可能。如陕西工业职业技术学院顺利成为中国－赞比亚职业技术学院的承办方之一，建立了机械制造与自动化学院，机械制造与自动化专业标准得到赞比亚官方的批准。

### （四）基地＋友谊＋常态化交流的工作模式

在承接国家人力资源对外援助项目的过程中，一些高职院校特别是外贸特色的行业新高校，以培训基地为依托，在完成外籍人员的培训任务的同时，也与对方结下了深厚的友谊，建立了常态化的沟通交流机制，特别是与对方高级别官员建立的这种联系，为学校的出海办学提供了可靠的信息和资源保障。在学校的常态化国际交流中，主要有接待国（境）外代表团访问交流，培训外籍人员提升技能，招收国外学生，开展留学生教育；派遣教师出国（境）参加学术会议，开展学术交流，或者学习研修、学历提升，或者参与国际大赛，展示中国风采，参与国际性教育组织，发出中国声音，等等。这些丰富的教育国际化项目都构成了高职院校教育对外开放的重要内容，在建立了信任、结下了友谊的国家中，显得更为突出，也是中国职业教育走出国门办学的实践基础。

## 第三节　鲁班工坊建设联盟发展的未来选择

作为中国高职院校国际化发展的联合组织，鲁班工坊建设联盟成立将近一年时间，其属性定位、功能发挥、治理体系建设和治理能力的提高，都存在极大的挑战；对联盟成员国际化发展要求及其需求满足等，也还在探索中；联盟重要成员的领导能力、权威性、成员单位的国际化经验优势等，都需要进一步总结和提高。而对于联盟成员外的更多的职业院校，更多的时候是有参与发展愿望，但是选择境外合作方、开展合作模式等没有头绪，更没有经验。处理好这些问题，需要在共识引领、发展路径和运行机制等方面作好设计安排。

## 一、达成价值共识，明确目标导向

达成鲁班工坊建设联盟的价值共识的前提，是准确厘定该组织的属性和功能。鲁班工坊建设联盟隶属于中国教育国际交流协会的二级机构，属于民间协会性质的社会组织，各高职院校自发组织、自主参加。

联盟的主要价值和目标在于"两服务、一面向"，即服务于构建人类命运共同体，服务于中外人文交流；面向合作国青年人提供技能培训和职业发展机会。在服务构建人类命运共同体方面，主要服务"一带一路"建设、服务中资企业"走出去"，最为重要的是服务中外人文交流，推进中外各国文明互鉴、民心相通。通过积极推进高质量建设鲁班工坊，境外青年实现中文语言学习、职业技能培训和就业的本地化，促进了当地经济发展。有了既熟悉本地风土人情，又有高素质当地技术技能人才的软实力保证，中资企业海外项目才能更好地服务于当地经济社会发展。联盟各成员单位只有坚定秉持和积极践行构建人类命运共同体理念，支持中国职业教育与对方学校合作建设，共同发展，为当地经济社会发展培养更多的技术技能型人才等发展导向，积极推进各地具有行业特色的高职院校积极与境外教育机构合作，合作培养技术技能型人才，才能够充分利用联盟的伙伴资源、网络资源，发挥联盟的最大效用。

一般而言，联盟的具体事务有6个方面：评估每个合作伙伴对联盟所作的贡献，就联盟范围达成一致意见，就决定联盟成功与否的关键任务达成一致意见，衡量合作项目成功，联盟的进展和持续时间，紧张点。[①] 在咨政建言、标准制定、质量评估、理论创新、舆论引领等方面，联盟有能力发挥作用。

## 二、确立发展思路，选择合适路径

### （一）明确对联盟本身类型属性的认识

根据联盟成员对联盟的贡献和联盟的产出的划分标准，[②] 鲁班工坊建设联盟同时具有互补型联盟、准集中化联盟和供应共享型联盟三个类型的一些特征。联盟发起人成员的来源，主要有四种类型：① 各省市高职院校、少量中职和普通高校，

---

① 参见 [美] 伊夫·多兹、[美] 加里·哈默尔：《联盟优势》郭旭力、鲜红霞译，机械工业出版社，2004年，第55~56页。

② 参见 [法] 杜尚哲、[法] 加雷特：《战略联盟》，李东红译，中国人民大学出版社，2006年，第67页。

共计60家；② 企业7家；③ 行业协会1家；④ 科研院所4家。不同类型的成员构成属性不同、资源不同、模式不同的组合，企业＋院校＋行业＋科研机构的组合，使得联盟各类成员单位之间不构成相互竞争关系，有利于各类型组织之间资源互补，通力合作。

同时要注意到，占主体地位是人才培养机构，他们之间具有一定的竞争关系，他们之间的竞争可能大于合作，如果在输出专业和课程雷同或者近似的情况下，这种竞争关系就不可避免。如何处理好学校间微妙的竞争关系，对联盟成员的良好合作和联盟自身的长远发展，都至关重要。

按照联盟产出性质划分，鲁班工坊建设联盟具有准集中化联盟的类型属性。这些主要由具有竞争性质的成员组成的联盟，都集中于一个项目上——职业教育国际化项目，具体而言就是在境外建设鲁班工坊项目。但是联盟本身不具体负责各院校海外鲁班工坊具体的建设和管理过程，不直接面对海外合作国和教育机构等合作对象，不提供一个最终产品，与企业界的准集中化联盟又有本质上不同。鲁班工坊建设联盟更多的是具有行业协会性质的组织机构，对鲁班工坊的标准、质量等规范进行认定和控制。同时，鲁班工坊建设联盟也具有供应共享型联盟的类型属性。一些成员单位可能在未来的某一个国家大的鲁班工坊项目中参与其中一个专业、课程或者其他环节建设，并形成专业化，即此鲁班工坊并非一所院校建设，而是多个院校合力完成的，那么联盟完成了成员间的共享功能。在基本要求前提下，各学校的课程、专业、师资培训、教学设备等品类多样，具有较强的互补性。中国－赞比亚职业技术学院的建设过程就具有这种特征。

### （二）建立鲁班工坊国际品牌，实行品牌化管理

中国职业院校参与全球性事务，特别是多所院校通过一个个具体的项目与境外教育机构合作，避免假冒仿造、良莠不齐的局面，需要中国职业教育作为一个整体的面貌和形象出现，进行品牌管理，通过行业协会性质的集体性组织，制定准入规则，提出评估标准，进行合格验收，更有利于形成统一的教育标识，打开国际职业教育市场，提高鲁班工坊在海外的认知度，推动我国职业院校顺利"走出去"。

利用品牌思维进行鲁班工坊建设管理，有利于统一形象、统一标准、统一服务，保障鲁班工坊建设质量。品牌化管理对推进治理现代化尤为必要。"从联盟章程、规则体系和质量监控三个维度提高联盟战略管理能力，为联盟稳定运行提供制度保

障，推进联盟治理现代化，塑造联盟品牌。"①

### （三）主动学习，为联盟发展不断增值提供持久的动力

联盟的价值不仅能够为各成员单位之间学习合作、能力提升提供机会，还在于能够为成员单位提供更宽广的发展平台。加强联盟与有影响力的国际组织合作，主动学习交流，提升服务能力；积极争取参与国际职业教育规则、评价体系制定。②例如，充分利用联合国教科文的国际组织体系，参与国际教育事务，发出中国声音，提供中国方案和中国智慧。与世界职业院校与技术大学联盟（World Federation of Colleges and Polytechnics, WFCP）、"一带一路"职教联盟、中国—东盟职业教育国际合作联盟等职业教育国际组织合作与交流，参与金砖国家职业教育合作机制、上海合作组织合作机制和东北亚合作机制，拓展发展路径，学会参与世界建设，帮助成员单位完成依靠自身力量所无法完成的任务，不断创造新的价值。

### （四）因地制宜，顺势而为

发挥各主体力量，发挥各地区职业教育发展特色和各高职院校专业和师资优势，在本地区本学校现有的教育国际化基础上按照鲁班工坊的建设标准，结合各地区的职业教育国际化发展规划，进一步提升各地区各学校的教育国际化水平。例如，教育部与广东签约，"支持在深圳设立世界职业院校与应用技术大学联盟秘书处，建成中国职业教育对外交流与展示的重要窗口"，计划"推动职业学校在中资企业海外市场的主要国家和地区布局设立10个左右职业教育培训中心"。③通过鼓励和保护、扩散各省市境外办学的积极性创造性做法与经验，有利于丰富鲁班工坊品牌内涵，讲好每个省份、每个学校、每个项目的故事，也有利于鲁班工坊境外有效传播，增强国外人士对中国概念的形象化理解。④

---

① 郑丽娜：《德国理工大学联盟战略管理的实践及启示》，《现代教育管理》，2021年第1期。

② 《中国教育现代化2035》中提出，我国要积极参与全球教育治理，深度参与国际规则评价体系制定，推动国际组织以及专业机构的交流合作，健全对外交流机制。

③ 教育部：《广东省人民政府关于推进深圳职业教育高端发展 争创世界一流的实施意见》，https://www.sohu.com/a/447695251_414933，访问时间为2021年8月22日。

④ 参见《"一带一路"五周年，16个国家智库专家这样评价》，中国一带一路网公众号，访问时间为2021年8月22日。

## 三、健全运行机制，优化行动策略

多元成员的联盟组成结构，管理难度和复杂性剧增。有必要健全内部治理体系，提升联盟的治理能力，使联盟健康而有生命力。

### （一）完善内部管理体制

根据联盟的任务和功能，确立联盟面向未来的组织架构，形成简便顺畅的管理体系，制定合作行为规范，为鼓励成员单位共同工作提供一个指导方针。其中，要根据情况建立几个机制：领导机制、决策机制、管理体制（项目运作前后的质量保证机制）、协商机制、争议解决机制、交流机制（与承担任务有交集的联盟及其成员单位的交流沟通）、自我评价机制等。

### （二）建立项目库管理机制

联盟的重要功能是各鲁班工坊建设总体上协调，而不是具体执行单位，在评估、监管、研究、平台方面发挥统筹功能，建立各项目库，对各地区各院校的项目进行静态和动态管理，并为学校、行业、企业的决策提供咨询建议，具备智库的部分功能。为此，联盟应该具有风险管理、稳定发展、运行管理、绩效管理的部分辅助功能。

同时，建立服务思维，识别成员院校的国际化类型（竞争性、互补性），提供不同的管理策略和针对性服务。如产品高度类似的，建立准集中化管理——统一提供产品，各自负责服务；竞争性同行，建立供应共享型管理，为整个项目提供各个环节和某些过程服务。

### （三）构建学习平台，服务联盟成员发展

构建组织学习机制，促使知识、技术在成员单位"内部化"转移是建设联盟的重要功能。知识学习理论认为，战略联盟是解决经验型知识转移的有效途径，可以通过缔结战略联盟创造一个便于知识分享的动态的宽松环境，通过人员交流、技术分享、访问参观联盟伙伴的设施等办法将经验型知识有效地移植到联盟各方，进而扩充至更新企业的核心能力，真正达到企业间合作的目的。学习不仅是产生联盟的重要原因，也是联盟获得成功的一个重要因素。加强联盟与各相关联盟、各行业、研究机构（智库）等方面的协作，加强联盟成员的信息沟通交流、能力提升、资源共享，最大化发挥联盟的平台中介作用。尝试建立"干中学"平台和机制，类似挂职锻炼形式，帮助项目承担成员单位获得优势合作者的隐性知识与

技能，并且共同创造出可以共享的新知识、新技能。

### （四）构建良性联盟文化，营造开放包容的合作环境

联盟发展具有生命周期特征，与任何一种组织一样，随着时间的推移和联盟环境的改变，联盟伙伴特征及其之间的关系也会呈现出不同的变化。信任、宽容、坦诚、合作、承诺、互利的联盟文化是联盟长久发展的宝贵资源。

# 后 记

　　《2021 年鲁班工坊建设与发展报告》是在天津市教委指导下、天津市鲁班工坊研究与推广中心（以下简称"研推中心"）的重要研究成果，是研推中心与各个鲁班工坊建设院校联合研究团队集体智慧的结晶。研究团队采用实地访谈、问卷调查、文献分析等多种研究方法相互结合的方式，对截至 2021 年 4 月之前建成的 18 个鲁班工坊项目，开展面向中外的学生、教师、行政主管部门以及海外中资企业等多个层面的调查研究。研究团队克服了全球新冠肺炎疫情影响，网络通信不畅、海外问卷回收难等困难，获得了泰国、英国、印度、印度尼西亚、巴基斯坦、柬埔寨、葡萄牙、吉布提、肯尼亚、南非、马里、尼日利亚、埃及（2 个）、科特迪瓦、乌干达、马达加斯加、埃塞俄比亚 17 个国家 18 个项目鲁班工坊建设与发展情况珍贵的第一手资料。通过对海内外大量翔实的数据分析与系统梳理，全面总结和记录了鲁班工坊建设与发展 5 年来的整体建设成效、区域建设成效、典型项目发展经验、重点建设领域的发展策略等。

　　研究团队分工合作、严谨科学，确保了研究成果的高质量出版。发展报告整体框架由天津市教育科学研究院院长金永伟负责设计，研推中心办公室副主任杨延负责统稿编辑，联合研推中心办公室和各参建单位合作完成。章节分工为：第一章杨延、王岚、王晓宗，第二章黎志东，第三章张颖，第四章李立功，第五章李志慧、祖晓东，第六章李彦、刘盛，第七章任静、邢路路，第八章戴裕崴、王娟，第九章孔维军、谭起兵，第十章王岚，第十一章张超，第十二章王凤慧，第十三章戴成林。

　　《2021 年鲁班工坊建设与发展报告》凝聚了多方支持和帮助，在此特别感谢市教委白海力副主任对报告研究工作的大力支持，感谢市教委职教处李力处长的指导，感谢天津教育科学研究院给予研究团队提供强大的科研技术支持，感谢天津铁道职业技术学院、天津渤海职业技术学院、天津现代职业技术学院、天津城市职业学院、天津职业大学、天津轻工职业技术学院、天津工业职业学院 7 个鲁班工坊参建院校的全力配合。正是凭借研究团队每一位老师的坚持不懈、齐心合力与辛勤奉献，该报告才能如期高质量完成。

未来，天津市鲁班工坊研究与推广中心将继续对鲁班工坊进行深入研究，发布年度鲁班工坊建设与发展年度报告，为鲁班工坊建设提供模式标准与实践路径的参考。

天津市鲁班工坊研究与推广中心

2021 年 10 月